contexto
LATINOAMERICANO

REVISTA DE ANÁLISIS POLÍTICO
no.8 / 2008

D1662598

ocean
sur

una editorial latinoamericana

Contexto Latinoamericano es una revista de análisis político publicada por la editorial Ocean Sur. Su propósito es fomentar y divulgar el intercambio de ideas entre los líderes y activistas de los partidos, organizaciones y movimientos políticos y sociales de la izquierda, con la participación de especialistas de las ciencias sociales, comunicadores y artistas comprometidos con la emancipación de los pueblos de América Latina y el Caribe.

con**texto**
LATINOAMERICANO

Director: **David Deutschmann**
Editor: **Roberto Regalado**
Editora Adjunta: **Ivón Muñiz**
Diseño Gráfico: **Víctor MCM**
Composición: **Miriam Hernández**

Consejo Editorial: **Jesús Arboleya** (Ocean Sur), **María del Carmen Ariet** (Cuba), **José Reinaldo Carvalho** (Brasil), **Jaime Caycedo** (Colombia), **Gustavo Codas** (Brasil), **Héctor de la Cueva** (México), **Javier Diez Canseco** (Perú), **Patricio Echegaray** (Argentina), **Saúl Escobar** (México), **Gloria Florez** (Colombia), **Eliana García** (México), **Fermín González** (Colombia), **Medardo González** (El Salvador), **Pablo González Casanova** (México), **Sergio Guerra** (Cuba), **Néstor Kohan** (Argentina), **Claudia Korol** (Argentina), **Gilberto López y Rivas** (México), **Fernando Martín** (Puerto Rico), **Vivian Martínez Tabares** (Cuba), **Hugo Moldiz** (Bolivia), **Julio A. Muriente** (Puerto Rico), **Valter Pomar** (Brasil), **Renán Raffo** (Perú), **Germán Rodas** (Ecuador), **María Guadalupe Rodríguez** (México), **Javier Salado** (Ocean Sur), **Niko Schvarz** (Uruguay), **John Saxe Fernández** (México), **Guillermo Teillier** (Chile)

Cada trabajo expresa la opinión de su autor. La opinión de *Contexto Latinoamericano* se expone en *Palabras del editor* y en aquellas notas que así lo indiquen.

no.8 / abril-junio 2008
Derechos © 2008 Ocean Sur • Derechos © 2008 Con**texto** **Latinoamericano**
ISSN: 18340679 • ISBN: 978-1-921235-87-0

Redacción: Juan de la Barrera no. 9, Colonia Condesa, Delegación Cuauhtémoc, CP. 06140, México D.F.
tel. (52) 5553 5512 • contextolatino@enet.cu • www.oceansur.com
Informes y suscripciones: info@oceansur.com

Impreso en México por Quebecor World S.A., Querétaro

Cubierta: Bandera puertorriqueña en la Estatua de la Libertad, 24 de octubre de 1977, Nueva York

sumario

sumario

palabrasdeleditor

Auspiciado por el Frente Amplio, con la asistencia de 844 delegados de 35 países, del 23 al 25 de mayo de 2008 se celebró en Montevideo, Uruguay, el XIV Encuentro del Foro de São Paulo, cuyo tema central fue «La izquierda en América Latina y el Caribe en el nuevo tiempo: la riqueza de la diversidad». Ese enunciado refleja el nuevo punto de equilibrio alcanzado por el Foro, tras rebasar la crisis creada por la elección de varios de sus miembros al gobierno, cambio cualitativo que lo mantuvo a punto de estallar desde finales de 2002 hasta inicios de 2007.

La historia del Foro de São Paulo es parte indisoluble de la historia de la izquierda latinoamericana durante la última década del siglo XX y la primera del siglo XXI. Su surgimiento fue el resultado de una reacción intuitiva frente al «cambio de época» provocado por el derrumbe de la URSS y el campo socialista europeo, que abrió el camino a la imposición del llamado Nuevo Orden Mundial. Esa reacción no solo fue motivada por el desbalance del sistema de relaciones internacionales, que hubiese bastado para preocupar a la izquierda latinoamericana, sino sobre todo porque ella se movía «a tientas» entre el cierre de la etapa de luchas abierta por el triunfo de la Revolución cubana, caracterizada por el choque entre las fuerzas de la revolución y la contrarrevolución, y la apertura de otra en la cual lo predominante es la movilización social y la competencia político electoral dentro del esquema de «democracia neoliberal».

A la izquierda latinoamericana le ha sido muy difícil desentrañar las interrogantes abiertas por el «cambio de época», y más difícil aún adaptarse a las nuevas condiciones. En ambos aspectos, la contribución del Foro es vital por varias razones: le dio un alcance continental y una proyección mundial a la ruptura de los viejos compartimentos sectarios que se estaba produciendo en los ámbitos nacionales; fomentó el conocimiento entre los líderes y las direcciones nacionales de los partidos y movimientos políticos de izquierda de todos los países de la región, lo que repercute en una mayor comprensión y colaboración entre ellos; facilitó la búsqueda de respuestas a interrogantes que eran difíciles de descifrar de manera individual; permitió realizar pronunciamientos y emprender acciones colectivas en los ámbitos multilaterales, y dar apoyo y solidaridad a las luchas nacionales en torno a las cuales existe consenso dentro de él; e incluso en los temas sobre los que no existe consenso, facilita el acercamiento y el trabajo conjunto de la parte de sus miembros que sí coinciden en ellos, lo que no necesariamente crea divisiones, sino que, cuando es bien canalizado, se convierte en un nivel de actividad complementario.

La interacción de las diversas corrientes políticas e ideológicas de la izquierda latinoamericana en el Foro es compleja porque no presupone que desaparezcan las contradicciones históricas sobre objetivos, estrategias y tácticas de lucha. A veces de manera abierta y otras encubierta, a veces de manera consciente y otras inconsciente, a veces en el debate político y otras camuflada tras la adopción de acuerdos organizativos y de procedimiento, y a veces con enfrentamientos que casi lo hacen estallar y otras con diálogos menos polarizantes, en el Foro de São Paulo no recesa la polémica entre reforma y revolución.

En sus casi dieciocho años de vida, el Foro ha realizado catorce Encuentros en siete países, un promedio de cuatro reuniones anuales de su Grupo de Trabajo y numerosos intercambios con fuerzas políticas de Norteamérica, Europa, Asia, África y Medio Oriente. En los Encuentros del Foro han llegado a participar más de ciento cuarenta partidos y movimientos políticos de la izquierda latinoamericana y caribeña, aunque la actualización más reciente hecha por el Grupo de Trabajo en 2007 arroja un total de 75 miembros activos. Ello obedece, en primer término, a una merma en la asistencia de los partidos del Caribe de habla inglesa para los cuales resulta muy caro viajar a las ciudades latinoamericanas donde con mayor regularidad se efectúan sus actividades, al distanciamiento de varios miembros latinoamericanos y a la desaparición de algunos partidos y movimientos políticos que, con el tiempo, se han fundido con otros.

En virtud del desarrollo de la lucha electoral de la izquierda, la historia del Foro puede dividirse en dos etapas: una que abarca desde su nacimiento, en julio de 1990, hasta el XI Encuentro, celebrado en Antigua Guatemala en diciembre de 2002. El fin de la primera y el inicio de la segunda están determinados por la elección de Luiz Inácio Lula da Silva a la presidencia de Brasil, ocurrida en octubre de ese último año. Durante la etapa comprendida de 1990 a 2002 ninguna corriente político-ideológica había demostrado –o había creído demostrar– la validez de su proyecto específico, por lo que el debate sobre objetivos, estrategias y tácticas de lucha se mantenía en términos menos concluyentes. En la iniciada a finales de 2002 se hace más complejo su funcionamiento debido a la coexistencia entre sus miembros de partidos y movimientos políticos que acceden al gobierno, con otros partidos y movimientos políticos que no se proponen –o carecen de posibilidades– de llegar a él. Esto obedece que el ejercicio del gobierno tiende a obligar a las fuerzas políticas a hacer una afirmación y una defensa más perentoria de su compromiso con la preservación del *statu quo* institucional, de cuya alternabilidad entran a formar parte, y a actuar con moderación para mantener una relación funcional con las potencias mundiales, los organismos financieros internacionales y los otros gobiernos de la región.

El Foro es atacado por la derecha y por las corrientes más radicales de la izquierda. La derecha lo tilda de promotor de actividades conspirativas y terroristas. Las corrientes más radicales de la izquierda lo acusan de vacilante e inútil. La primera es una falsedad grosera; la segunda es una apreciación desacertada. El Foro no es «bueno» ni «malo» en si mismo. Sus virtudes y defectos son las virtudes y los defectos de la propia izquierda latinoamericana *en su conjunto*. Ella es, en definitiva, la que se pronuncia o no, y la que actúa o no por conducto del Foro. Esos pronunciamientos y actuaciones reflejan una correlación de fuerzas no solo numérica, sino también basada en el peso político de cada uno de sus miembros.

En el Foro de São Paulo, una mayoría, permanente o circunstancial, puede violentar la norma del consenso e imponer una posición y derrotar otra, pero si el peso político de esa mayoría no rebasa el de la minoría, lo aprobado o rechazado carece de significación o, peor aún, puede ser contraproducente. De eso no se debe acusar al Foro, porque así es la política, en sentido general, incluida la política de izquierda. Podrá haber muchos partidos y movimientos políticos con posiciones muy radicales, pero, en un escenario de luchas en el que la unidad es clave, como lo es hoy América Latina, la efectividad se mide por la capacidad de lograr que la masa crítica del movimiento popular asuma tales posiciones, y lo cierto es que hasta hoy son las corrientes progresistas y socialdemócratas las que ejercen el control de la dirección de la mayoría de los principales partidos y movimientos políticos de la izquierda latinoamericana, mientras que en otros partidos y movimientos políticos lo disputan con mucha fuerza. El Foro de São Paulo sirve para medir eso, es decir, sirve como termómetro de la correlación de fuerzas existente dentro del conjunto de la izquierda latinoamericana, tanto en sentido general, como con relación a temas o coyunturas particulares.

Es natural que la *izquierda transformadora* –nombre con el que ahora se acostumbra a llamar a la que conocíamos como *izquierda revolucionaria*– luche en todos los espacios por cambiar la correlación de fuerzas a su favor. En esa lucha tiene buenas condiciones para triunfar porque el capitalismo contemporáneo, y en particular el capitalismo latinoamericano, dependiente y deformador, es incapaz de asimilar o tolerar una reforma social progresista, como lo demuestran los obstáculos que enfrentan los partidos y movimientos políticos de izquierda que llegaron al gobierno durante los últimos años. Sin embargo, ese cambio no se producirá mediante la acumulación de victorias pírricas en las votaciones del Foro, sino mediante la acumulación política y social alcanzada en la lucha cotidiana librada en los países de la región. Los pueblos solo emprenden una revolución cuando se percatan de que todos los demás caminos están cerrados, pero ese aún no es el caso de los pueblos de América Latina.

Ni el Foro de São Paulo «dirige» a la izquierda latinoamericana, ni va a encabezar la revolución que América Latina necesita, pero conocer mejor al Foro ayuda a conocer mejor a esa izquierda y a calibrar mejor las condiciones necesarias para esa revolución. Ahí radica la importancia de que este espacio haya logrado consolidar un nuevo punto de equilibrio en su XIV Encuentro.

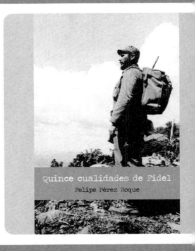

México: álbum de fotos

LUIS HERNÁNDEZ NAVARRO

Vicente Fox comenzó su sexenio con una fiesta popular. Felipe Calderón inició el suyo con una parada militar. Ha transcurrido casi un año y medio desde que el nuevo inquilino de Los Pinos asumió el cargo en diciembre de 2006 y lo que sobresale de su mandato es su afición por los uniformes castrenses, las fanfarrias y los actos públicos con las Fuerzas Armadas como telón de fondo.

El 3 de enero de 2007, en Apatzingán, durante su primera actividad pública en ese año, el Jefe del Ejecutivo se hizo retratar con uniforme de campaña, con una gorra de campo de cinco estrellas y el escudo nacional. A su lado se encontraban el Gobernador del estado de Michoacán, ataviado con guayabera, y los titulares de las secretarías de Defensa y de Marina, de riguroso uniforme.

Apenas el 8 de mayo de ese año, en el mismísimo Apatzingán, la foto era una continuación de la del 3 de enero: elementos del ejército, utilizando vehículos blindados y lanzagranadas, se enfrentaban con presuntos narcotraficantes.

El discurso de endurecimiento de Felipe Calderón busca mandar mensajes de dominio y disciplina tanto fuera de las fuerzas armadas como dentro. Enfrentado al fantasma de que en la mayoría de las casillas electorales cercanas a los cuarteles triunfó masivamente Andrés Manuel López Obrador, y de que parte de la oficialidad alejada de los privilegios de los mandos que despachan la Ciudad de México simpatizaron con el *Peje*[1] durante las pasadas elecciones, el nuevo Jefe del Ejecutivo quiere hacer sentir su autoridad sobre el cuerpo castrense.

Acosado por manifestaciones ciudadanas que impugnaron su triunfo en la fase de presidente electo, Felipe Calderón desea romper su aislamiento social y carencia

---

[1]   El «Peje» es el apodo con que popularmente se identificaba a Andrés Manuel López Obrador durante la campaña presidencial de 2006. [*N. del E.*]

de legitimidad, utilizando como pretexto la guerra al narcotráfico. Sin más apoyo que el de los poderes fácticos que lo hicieron mandatario, desde el inicio mismo de su administración, ha pretendido hacer del ejército su principal sostén.

Ciertamente, esta guerra existe, pero no se trata de un enfrentamiento entre el Estado y el crimen organizado, sino de una versión de un grave enfrentamiento del Estado contra el Estado mismo. Ese es el tamaño de la penetración del narcotráfico dentro de las instituciones. La guerra, sin embargo, ha sido claramente utilizada para tratar de disuadir las expresiones de descontento popular.

Felipe Calderón no ha podido quebrar su propio cerco. La única forma de garantizar que sus actos públicos no sigan siendo un foro para las denuncias en su contra es la instalación de muros, vallas y grandes dispositivos policiales y militares. Sus apariciones tienen que ser organizadas en secreto, en medio de grandes medidas de resguardo. Su seguridad tiene más que ver con su aislamiento que con su protección. Y cuando, a pesar de ello, grupos ciudadanos protestan, se ha utilizado la fuerza pública para acallarlos.

Este aislamiento ha querido ser solucionado con mensajes divulgados en radio y televisión. El uso masivo de los medios de comunicación para proyectar la imagen presidencial, que tanto se le criticó a Vicente Fox, ha reaparecido en este sexenio sin contención alguna.

Militarizar la política con el pretexto de una supuesta cruzada contra la delincuencia, polarizar más a la sociedad mexicana haciendo de la Presidencia de la República una figura inaccesible, y endurecer la respuesta gubernamental a las demandas sociales en nombre del Estado de derecho y el respeto a las leyes no harán al país más gobernable. Por el contrario. Si algo quedó claro con la intensa movilización popular de 2006 es que el país es un polvorín que puede muy fácilmente estallar, y que, el autoritarismo, lejos de alejar esa posibilidad, la acerca.

El álbum de fotos del primer año y medio muestra una Presidencia débil que trata de mostrarse fuerte. Evidencia una semiótica del autoritarismo renacido que no intimida, exaspera. En política, la verdadera fortaleza es aquella que no teme negociar e incluir, y que no sólo lo declara, sino que lo hace.

La ruta de lo social

Más de lo mismo, pero peor. Así se resume la posición de Felipe Calderón frente a los graves problemas sociales que sacuden al país. El choque de trenes entre un movimiento social radicalizado, un movimiento ciudadano agraviado, y un gobierno federal torpe y endurecido no puede descartarse.

Una nueva conflictividad social sacude al país. Los síntomas son claros. Ha aparecido una multiplicidad de nuevos actores. Los métodos de lucha de las organizaciones populares se han radicalizado al tiempo que los problemas se multiplican. Los canales institucionales para atender sus demandas han sido frecuentemente desbordados.

Los funcionarios encargados de la gobernabilidad y los servicios de inteligencia del nuevo gobierno no han entendido la naturaleza de la nueva problemática social. Lisa y llanamente, no comprenden el nuevo fenómeno que tienen que enfrentar: hay una crisis en el modelo de mando, en virtud de la cual, una parte nada despreciable de quienes estaban acostumbrados a obedecer, no quieren obedecer a quienes estaban acostumbrados a mandar.

Durante los últimos meses de su administración, Fox quiso suplir su desconcierto ante la creciente rebeldía social con el uso de la fuerza pública. Con acciones relámpago, en nombre del Estado de derecho, la firmeza y el uso legítimo de la violencia, se reprimió a movimientos paradigmáticos de esta nueva conflictividad, como el de los mineros de Lázaro Cárdenas-Las Truchas, Atenco y la sublevación oaxaqueña. Sin embargo, lejos de solucionar los conflictos, la «salida» policial los complicó más. La población enfrentó indignada a la fuerza pública y, lejos de atemorizarse, ha mantenido su lucha. El gobierno mexicano acabó pagando un alto costo ante la comunidad internacional de derechos humanos por las graves violaciones a las garantías individuales que los destacamentos policiales cometieron. La cuenta completa todavía no llega y el gobierno de Felipe Calderón deberá pagarla.

Los desplantes autoritarios del panismo responden, en parte, al gran temor que estas luchas desde abajo provocan en los sectores acomodados. Desde que a raíz de la Marcha del Color de la Tierra en marzo de 2001, el ideólogo empresarial Juan Sánchez Navarro recomendó a los suyos encerrarse ante el empuje del *pobrerío*, en las clases pudientes hay miedo. Para su gusto, hay demasiado desorden y en lugar de aplicar la ley se negocia con los inconformes.

Esta nueva conflictividad social tiene un punto de arranque en 1999, al desarrollarse una intensa lucha social que enfrentó con relativo éxito las políticas gubernamentales de privatización. Como no se había visto en décadas, una parte del movimiento sindical, trabajadores de la cultura, maestros, estudiantes, campesinos y jóvenes ganaron la plaza pública no para pedir salarios, sino para conservar conquistas sociales. Muchas de las características que asumieron los movimientos sociales los años posteriores se perfilaron en ese año.

A partir de 1999 la sociedad civil se hizo pueblo y las demandas ciudadanas se reciclaron en lucha de clases. Por supuesto siguen desarrollándose luchas cívicas e identitarias, pero la mayoría de ellas se expresan en clave clasista. El protagonismo de las ONG y las organizaciones ciudadanas dio paso a la acción de organismos gremiales y profesionales. El afán de avanzar en las propuestas se transformó en un retorno a la protesta. Surgieron grandes expresiones gremiales de resistencia, movimientos de base «feos» para el mundo de la política formal y una multitud de luchas locales contra el despojo. A diferencia de otros tiempos, una parte de esas movilizaciones han sido parcialmente exitosas.

Desde entonces se ha producido una tenaz movilización social. Centenares de protestas de indígenas, campesinos, trabajadores, pobres urbanos, mujeres, defensores de derechos humanos, ecologistas y en contra de la privatización del petróleo han surgido en todo el país con diversas demandas. Algunas, incluso, han decidido darse sus propias formas de gobierno.

La lucha contra el desafuero de Andrés Manuel López Obrador, primero, y contra el fraude electoral de 2006 después, hicieron que sectores medios de la población se sumaran al actual ciclo de protestas. La radicalización llegó a franjas sociales que anteriormente desconfiaban de esos métodos de lucha. El *pobrerío* anda alborotado y las élites cada vez más temerosas con ese alboroto.

Estas luchas expresan el hastío hacia una cierta forma de hacer política. Está presente en su seno una tradición antipartidista y una desconfianza en la política institucional. Sin embargo, la radicalización social proviene también del entorno de la política institucional. El fraude electoral de 2006 provocó que una muy importante parte de la población que confiaba en los partidos y las elecciones se haya sumado a una dinámica de movilización antinstitucional y de resistencia civil pacífica. La iniciativa del presidente Felipe Calderón para privatizar el petróleo y el intento para hacerlo aprobar por la vía rápida han recrudecido esa dinámica.

Efectivamente, a mediados de 2008, el Ejecutivo envió a la Cámara de Senadores una iniciativa para privatizar la industria petrolera. Bajo la conducción de Andrés Manuel López Obrador, miles de ciudadanos se movilizaron y tomaron las calles cercanas al Senado, mientras los legisladores del Frente Amplio Progresista –alianza del Partido de la Revolución Democrática (PRD), el Partido del Trabajo (PT) y Convergencia Democrática– tomaron las tribunas del Poder Legislativo, con el objetivo de evitar la aprobación inmediata de la reforma.

Es así como muchas de las expresiones de malestar social reciente han tomado forma de acciones de desobediencia civil. Han emprendido acciones voluntarias y públicas que violan leyes, normas y decretos porque son considerados inmorales, ilegítimos o injustos. Han hecho de la transgresión que persigue un bien para la colectividad, un acto ejemplar de quebrantamiento público de la norma por razones de conciencia.

Desobedientes

No fue un berrinche personal. Cuando Luis Enrique Flores Fuentes rompió el diploma que le entregó Marta Sahagún el 29 de mayo de 2002 estaba expresando la irritación de muchos jóvenes ante la imagen de México como un país de novela rosa transmitida desde el poder: un país en el que el influyentismo se ha vestido de filantropía.

El caso del estudiante Flores Fuentes no fue un hecho aislado. El malestar social, la indignación contra el gobierno y la desobediencia civil han crecido en la misma proporción en que se frustran las esperanzas. Lejos de disminuir durante el gobierno de Felipe Calderón, esas muestras de inconformidad han crecido.

En un episodio lleno de simbolismo (la imagen del poder es el poder de la imagen), maestros de la Coordinadora Nacional de Trabajadores de la Educación (CNTE) arrancaron barrotes de la Secretaría de Gobernación, rompieron las puertas del Senado, tomaron las instalaciones de la Secretaría de Educación Pública (SEP) e irrumpieron en las oficinas del Instituto de Seguridad y Servicios Sociales de los Trabajadores del Estado (ISSSTE).

En las escuelas normales rurales de Amilcingo y Atequiza los estudiantes secuestraron y quemaron vehículos como medida de presión para que sus demandas fueran atendidas. En un medio sin futuro, como es el campo mexicano, las escuelas normales rurales son la última oportunidad de ascenso social para los hijos de labriegos. Su radicalidad ha sido una constante durante décadas, pero se ha incrementado en los últimos años.

En Aguascalientes y otros estados, donde existe riego agrícola por bombeo, se han producido fuertes movilizaciones de productores rurales en contra del incremento de las tarifas eléctricas, acompañadas de amenazas de toma de edificios públicos. En Chihuahua, el contrabando de diesel desde los Estados Unidos se ha hecho práctica común de los agricultores, como las protestas en contra del Tratado de Libre Comercio. En toda la frontera es patente la inconformidad de los hombres del campo por la oferta presidencial de entregar agua a los Estados Unidos.

Usualmente se piensa que ese malestar responde a la manipulación de grupos de poder desplazados. En esas circunstancias la radicalización es inevitable. Las acciones de desobediencia civil son parte central de la vida política nacional. Lo seguirán siendo.

El regreso de la lucha de clases

Las plegarias del panismo hecho gobierno no han surtido efecto. En lugar del solidarismo, el productivismo y el «humanismo profundo» que sus gobiernos pregonan, regresó al país la lucha de clases. En los últimos años los ejidatarios de Atenco impidieron la construcción de un aeropuerto en sus tierras; los campesinos protagonizaron las protestas contra el libre comercio y la política agropecuaria más importante de décadas; los trabajadores al servicio del Estado se rebelaron, primero para recibir un bono y luego en contra de la Ley del ISSSTE; los transportistas bloquearon carreteras; los sindicalistas del Sistema Mexicano de Electricidad (SME) se movilizaron contra la privatización eléctrica; los trabajadores del Instituto Mexicano del Seguro Social (IMSS) han defendido su régimen contra viento y marea; y los oaxaqueños se rebelaron abiertamente contra su gobernador.

Estas luchas son, apenas, las burbujas que revientan en una olla con agua a punto de hervir. Otros conflictos sociales están a punto de estallar. Se caracterizan por la combinación de demandas elementales (un bono, fin a la competencia desleal, conservación de la tierra, defensa de un régimen de pensiones) con acciones de gran radicalidad (paros masivos, toma de calles, bloqueos de carreteras, barricadas) conducidas con frecuencia por fuera de los canales de interlocución tradicionales o por dirigentes oficiales presionados por sus bases. Son el termómetro de la temperatura que ha alcanzado el malestar social como resultado de años de políticas de ajuste y estabilización. Son una muestra del enorme rezago que existe entre las demandas de la población, sus liderazgos y los mecanismos de relación con la administración pública. Evidencian la forma en que se ha segregado a la población hasta el punto de acercar en sus demandas y formas de lucha a actores antes enfrentados.

Estas protestas, sin embargo, han tenido desenlaces diferentes. En un primer *round*, los ejidatarios de Atenco descarrilaron el negocio del sexenio, aunque luego hayan sufrido la revancha de los poderosos. Los estudiantes universitarios impidieron el incremento de cuotas aunque terminaron «autosuicidando» el movimiento. Durante años los trabajadores del IMSS obligaron a sus dirigentes nacionales a romper los compromisos pactados con el gobierno hasta que fue aprobada una reforma que no dejó contento a nadie. Una reforma indígena de verdad abortó, y muchas comunidades pasaron a organizar la autonomía de facto en sus municipios y regiones.

Como esos toreros que culminan una gran faena pinchando en hueso a la hora de matar, así remató el movimiento campesino la más importante movilización contra la apertura comercial en el agro realizada en años. Los líderes rurales perdieron en la mesa de negociación con el gobierno lo que habían ganado en las calles, carreteras y plazas públicas. Aceptaron cuentas de vidrio a cambio de su aval a la política oficial. El movimiento no aguantó más y desde hace años su principal demanda pública como sector es que se cumpla el Acuerdo Nacional para el Campo. En diciembre de 2008 trataron de levantar nuevamente la protesta. La llama de la inconformidad llegó al campo pero, después de una numerosa manifestación en contra del Tratado de Libre Comercio de América del Norte (TLCAN), el malestar cesó de expresarse en las calles.

En el sureste mexicano, miles de indígenas rebeldes han organizado cinco gobiernos regionales de facto. Sin pedir permiso, al margen de los poderes instituidos, ejerciendo la autonomía, nombran autoridades, ejercen justicia, se hacen cargo de programas educativos, de salud y agropecuarios. Son un nuevo poder constituyente que florece en medio de cercos militares y acciones de los paramilitares.

Los gobiernos panistas se han equivocado al esperar que en nombre de la democracia las demandas sociales dejen de reivindicarse. Quizá, sólo por necedad de la historia, la lucha de clases no desapareció. Por el contrario, regresó para quedarse.

EPR: lo político y lo militar

El 5 y el 10 de julio, y el 10 de septiembre de 2007 el Ejército Popular Revolucionario (EPR) hizo explotar varios ductos de Pemex. Los atentados no causaron muertos ni heridos. Las pérdidas económicas fueron enormes. Decenas de empresas automotrices, de petroquímica secundaria, calzado, textiles y cerámica tuvieron que parar sus actividades durante varios días ante el desabasto de gas. Tan sólo Nissan reportó pérdidas por 1 200 millones de dólares.

Las explosiones fueron la primera acción militar de gran envergadura efectuada por el EPR en más de 10 años. La única ofensiva bélica de importancia y alcance nacional efectuada previamente por esta organización fue la campaña del 28 de agosto de 1996, en la que atacó destacamentos del ejército en varias entidades.

Durante la década transcurrida entre el ataque a Las Crucecitas en Hutaluco y los bombazos en la petrolera mexicana, el EPR sufrió una feroz persecución, ajustes de cuentas internos y varias escisiones. A lo largo de ese tiempo, algunos de sus desprendimientos organizativos realizaron acciones de propaganda armada, colocando petardos en bancos y bloqueando caminos. Otros han protagonizado campañas militares de mediana envergadura en estados como Guerrero.

Pero que no se realicen acciones bélicas ofensivas no significa que el EPR haya estado inactivo a lo largo de estos años. Se ha extendido más allá de Chiapas, Guerrero, Oaxaca y las Huastecas. Ha participado en importantes luchas sociales. Mantiene una prensa escrita regular. En la antinomia entre lo político y lo militar, parecía haber privilegiado la lucha de masas sin renunciar a la lucha armada. Ni siquiera durante las recientes protestas en Oaxaca, donde tiene amplia presencia, efectuó acciones guerreras.

Los atentados a Pemex cambian dramáticamente esta orientación. El EPR pasó a poner el acento de su actuación en la realización de las acciones bélicas por sobre la lucha política. Meses después, a finales de abril de 2008, ofreció abrir negociaciones con el gobierno federal y propuso la formación de una comisión de intermediación.

¿Por qué el EPR pasó a la ofensiva militar y después ofreció dialogar? ¿Se trata de medidas publicitarias para ganar la atención de los medios informativos? ¿Acaso ha modificado su estrategia y se ha transformado en una fuerza insurreccional? ¿Piensa que estas acciones acercan al país al socialismo?

Los eperristas han dado una explicación muy clara sobre el por qué de sus ataques: forman parte de una «campaña nacional de hostigamiento contra los intereses de la oligarquía y del gobierno antipopular» para presentar con vida a sus militantes, detenidos y desaparecidos en la ciudad de Oaxaca, el pasado 25 de mayo. Sus acciones son parte de la «autodefensa armada», no un objetivo de la guerra popular prolongada.

La organización político-militar informó sobre la desaparición de Edmundo Reyes Amaya y Gabriel Alberto Cruz Sánchez, militantes suyos, en un documento público difundido el 5 de junio de 2007. Entre esa fecha y el ataque del 5 de julio emitió 14 comunicados, firmados por su comandancia nacional y por comités estatales y regionales, denunciando el crimen de lesa humanidad cometido contra sus dirigentes y advirtiendo de su inminente respuesta.

En el comunicado con fecha del 20 de junio, el EPR insistió en la vía política y previno: «la fuerza está en la prudencia, todo lo hemos resuelto privilegiando soluciones políticas, pero también el pueblo nos ha dado el derecho de la autodefensa, por lo tanto podríamos cambiar de táctica, y si en esta táctica de autodefensa la hacemos como tal es agotando la solución política y dando otro paso».[2]

Pero nadie en el gobierno federal se dio por enterado de la gravedad de la situación. La dinámica de confrontación entre el campo del eperrismo y el gobierno federal existente hasta ese momento estaba a punto de transformarse, pero los servicios de seguridad del Estado hicieron caso omiso de las señales que la guerrilla envió.

¿Había alguien interesado dentro del Estado en propiciar el recrudecimiento de la confrontación militar con el EPR? ¿Subestimaron los aparatos de inteligencia la capacidad de respuesta de la organización armada? ¿No había dentro de la administración de Felipe Calderón idea de lo que podía suceder? Con la información disponible es muy difícil deducir lo que pasó dentro del gobierno federal, por qué ignoró los avisos que se le enviaron.

Algunos comentaristas han señalado que los desaparecidos fueron víctimas de la propia organización o de alguna facción rival. Se trata de una afirmación irresponsable. El único argumento a su favor es que no sería la primera vez que agrupamientos de esta naturaleza efectúan *ajusticiamientos*. Pero cuando ellos han *ejecutado* a infiltrados o disidentes, reivindican sus actos. Éste no es el caso. No hay evidencia seria alguna de que la desaparición de Edmundo Reyes Amaya y Gabriel Alberto Cruz venga de sus propias filas. Tampoco de que hayan sido detenidos por otra organización armada. La mayoría de ellas han condenado el hecho y se han sumado a la exigencia de la presentación con vida de los eperristas. Por el contrario, hay señales claras de que la desaparición fue obra del gobierno.

Los atentados tuvieron un costo elevado para la organización armada. A pesar de asegurar que «en ningún momento hemos obstaculizado la lucha de masas, ni lo haremos pero también es el momento que nos permitan cambiar de táctica si así se requiere»,[3] los ataques han precipitado su aislamiento de organizaciones de masas y han descarrilado la dinámica sobre la que habían crecido desde hace años. Por diferencias genuinas o por temor a la represión, dirigentes sociales se han deslindado de las explosiones. Así es que si el EPR se aventuró a seguir ese camino es porque el gobierno federal lo colocó en una situación límite.

Sobre advertencia no hay engaño. Los guerrilleros anunciaron que «las acciones de hostigamiento no pararán hasta que sean presentados con vida nuestros compañeros [...] así como todos los desaparecidos denunciados en Oaxaca, del estado de México y Guerrero».[4]

---

[2] El texto de este comunicado aparece en: *Regeneración Radio* (www.regeneracionradio.org).

[3] Ibidem.

[4] Ibidem.

¿Puede el gobierno mexicano darle al desafío una salida exclusivamente represiva? Parece evidente que no. Los *operativos* del Ejército y la policía para golpear al EPR han resultado infructuosos. No en balde la organización tiene más de 40 años de vida y ha sobrevivido en condiciones muy adversas. Más le valdría al gobierno federal plantearse seriamente la construcción de una salida política digna al conflicto.

Internacionalmente, la imagen de la administración Calderón quedó mal parada. Durante meses hizo de la seguridad su tarjeta de presentación ante el mundo. De repente, sus servicios de inteligencia y aparatos de seguridad quedaron en entredicho. Frente a inversionistas extranjeros y corredurías la capacidad del Ejecutivo de garantizar condiciones mínimas de seguridad está mermada.

El ofrecimiento de dialogar con el gobierno federal convirtió al EPR, de inmediato, en un actor político nacional. Súbitamente los medios de comunicación electrónicos dejaron de referirse a él como una fuerza «terrorista» y comenzaron a calificarlo como guerrilla.

Hasta el momento, las indagaciones gubernamentales parecen indicar que la desaparición de los dos militantes de la organización fue obra de funcionarios policiacos de segundo nivel del estado de Oaxaca. Una versión poco creíble.

Del Plan México a la Iniciativa Mérida

El 22 de octubre de 2007, el presidente George W. Bush dio otro paso en su plan de correr la frontera de su país un poco más hacia el sur. O si, se quiere, avanzó en sus planes de relocalizar sus conflictos en otros territorios.

Ese día, el mandatario estadounidense pidió al Congreso un presupuesto de 550 millones de dólares, como «financiamiento de emergencia para otras actividades críticas de seguridad nacional», entre las que mencionó la «asistencia vital a nuestros socios en México y Centroamérica, quienes están trabajando para vencer a los *cárteles* de la droga, combatir el crimen organizado y detener el tráfico humano. Todas esas son prioridades urgentes de los Estados Unidos, y el Congreso debe financiarlas sin demora.»[5]

La partida se presentó como anexo de una propuesta por 46 mil millones de dólares para sostener las intervenciones militares en Afganistán e Irak. Un acto simbólico. Para Washington, las relaciones con México son una pieza más del rompecabezas bélico global. La guerra sigue siendo el poder constituyente desde el que quiere trazar la nueva geografía planetaria.

En un hecho que anticipa cómo se van a manejar las cosas, el anuncio de la iniciativa fue una medida unilateral, a pesar de ser un programa binacional. Durante días se habló de que los mandatarios de los Estados Unidos y México darían a conocer

---

[5] *La Jornada*, México D. F., 23 de octubre de 2007 (www.jornada.unam.mx).

a la opinión pública el proyecto de manera conjunta. No fue así. Finalmente fue George W. Bush quien lo difundió.

El proyecto de cooperación fue bautizado como Iniciativa Mérida. Se quiere hacerlo aparecer como producto de la reunión efectuada en la ciudad mexicana de Mérida, Yucatán, entre los Jefes del Ejecutivo de los Estados Unidos y México en marzo de 2007. Durante meses se habló de la propuesta de colaboración como Plan México, un programa que evocaba al Plan Colombia, crecientemente cuestionado dentro de los Estados Unidos y con mala reputación en el resto del continente.

Dentro de los Estados Unidos, la noticia tuvo un perfil bajo. Por el contrario, en México provocó un gran revuelo mediático. Legisladores estadounidenses se quejaron de que no fueron consultados para su elaboración. Las Cámaras de Senadores y Diputados de México convocaron a la Canciller para explicar los compromisos del gobierno mexicano.

El programa de cooperación tiene como telón de fondo la creciente importancia de México como abastecedor de drogas ilícitas a los Estados Unidos, el crecimiento de la narcoviolencia y el incremento de la migración.

Cosecha sangrienta

La cabeza cercenada de Mario Núñez Magaña, comandante de la Policía Federal Preventiva de Acapulco, apareció frente a las oficinas de la Secretaría de Administración y Finanzas del gobierno de Guerrero. Era el 20 de febrero de 2006. Un mensaje escrito advertía: «Para que aprendan a respetar.» No ha sido la única decapitación de la temporada. Cabezas sin cuerpo han aparecido en otras ciudades mexicanas.

El macabro espectáculo de personajes degollados es parte de la guerra que protagonizan los más poderosos cárteles de la droga de México. En ella se disputan las plazas y las rutas de trasiego de las drogas. Sus principales víctimas son sicarios o policías al servicio de las organizaciones criminales.

De acuerdo con el gobierno mexicano existen siete grandes grupos de narcotraficantes. Los más importantes, nombrados por su lugar de origen (del Golfo, Sinaloa y Juárez) están implantados en casi todo el territorio nacional. Recientemente han pactado alianzas entre sí. El cártel de Juárez acordó con el del Golfo. Varios otros más se asociaron en «La federación».

La violencia es incontenible. En los primeros diez meses de 2007 se produjeron 2 113 ejecuciones. Durante 2006 la cifra alcanzó poco más de 2 mil muertos. A lo largo de 2007 fueron asesinados 220 miembros de las fuerzas de seguridad. Cinco estados, Guerrero, Nuevo León, Michoacán, Sinaloa y Sonora, concentran los mayores índices de nota roja.

Las bandas han reciclado viejos cultos para honrar a sus muertos. Monterrey, la capital del rico estado de Nuevo León, es sede de una las más cruentas luchas entre los cárteles del Golfo y de Sinaloa. Abundan las ejecuciones, balaceras y secuestros.

Desde hace tres meses, a 16 kilómetros de la frontera con los Estados Unidos, sobre la carretera que va de esa ciudad a Nuevo Laredo, Tamaulipas, aparecieron 21 altares dedicados a la Santa Muerte. En las capillas hay flores, mensajes, tabaco, botellas de licor, rezos, veladoras ardiendo, efigies, fotografías y cuadros de la Santísima Muerte.[6]

Plata o plomo

México es un importante productor de drogas y territorio de paso para su distribución en los Estados Unidos. Es el principal abastecedor de marihuana y uno de los más importantes proveedores de metanfetaminas. Aunque su producción de heroína es relativamente pequeña, suministra una parte importante de la que se consume en la Unión Americana. El Departamento de Estado estima que el 90% de la cocaína que se vende en aquel país llega a través de México.

La cocaína se vende en Colombia a $2 500 el kilo. En México alcanza un precio de $8 500. Al pasar la frontera con los Estados Unidos sube a $12 000. En los mercados de Nueva York y Los Ángeles llega a $35 000 y $40 000.

El narcotráfico en México ha cambiado aceleradamente en las últimas dos décadas. Los cárteles buscan hoy no sólo protección, sino también poder político. Si antes negociaban protección en una relación de subordinación frente a la autoridad, hoy son capaces de fijar reglas en temas económicos, sociales y políticos.

Un cambio importante en el modelo de relación entre los grandes cárteles dominantes de la droga, Cali y Medellín, y sus socios mexicanos, se produjo en 1989. Hasta entonces, los colombianos pagaban por protección a los mexicanos con dinero. Sin embargo, a partir de esa fecha el pago comenzó a hacerse en mercancía, esto es, en droga. Se modificó así la dinámica de operación de los mexicanos, que no tenían mucho personal en su infraestructura. La necesidad de comercializar la droga los hizo crecer. A partir de ese momento, México dejó de ser un país de tráfico para convertirse también en uno de consumo.[7]

Los cárteles colombianos y mexicanos lavan anualmente en México entre $8 mil y $25 mil millones.[8] Sus ganancias los obligaron a poner en práctica un nuevo esquema de lavado, invirtiendo en una gran cantidad de negocios. El dinero del narcotráfico en actividades lícitas provocó que diversos segmentos de la sociedad se beneficiaran, con mejores precios y condiciones de financiamiento. Ese derrame generó redes de complicidad.

---

[6] *El Universal*, México D. F., 23 de octubre de 2007.

[7] Simón Vargas Aguilar: ¿Narcoestado o auge del narcotráfico?, citado por Gabriel León Zaragoza en «El actual gobierno gana batallas, pero pierde la guerra contra el narcotráfico», *La Jornada*, México D. F., 30 de agosto de 2006.

[8] Collen W. Cook: «Mexico's Drug Cartels», *CRS Report for Congress*, Washington D. C., October, 16th., 2007.

Según el *Nacional Drug Intelligence Center*, quienes dominan el mercado de la droga en los Estados Unidos son los cárteles mexicanos. De acuerdo con José Luis Vasconcelos, subprocurador General de la República, son los colombianos quienes mantienen el control del tráfico.

El 19 de enero de este año, el gobierno mexicano dio a conocer la extradición de 15 presuntos delincuentes, entre los que se encontraban importantes capos. Entre enero y agosto de 2007 el número de extradiciones llegó a 64. La controvertida medida violentó el marco legal establecido.

Para enfrentar el desafío, las dependencias gubernamentales encargadas de reprimir el comercio de estupefacientes cambiaron sus esquemas de operación. La estructura de la Procuraduría General de la República se modificó. La participación de las Fuerzas Armadas se incrementó, creando incluso áreas especializadas para atender la problemática. Se formó la Policía Federal Preventiva y las autoridades de los gobiernos estatales y municipales tienen mayores funciones en la lucha contra el narcotráfico. La cooperación e intercambio de información con la comunidad internacional creció. Simultáneamente, se modificó el sistema de justicia penal y los procesos penales. Se destinaron más recursos humanos, materiales y financieros. Sin embargo, los resultados fueron escasos. Armados con plata y plomo, los narcotraficantes penetraron significativamente áreas claves del Estado mexicano.

El muro virtual

En la fotografía publicada el 30 de noviembre de 2006, George W. Bush, el presidente de los Estados Unidos, viste una chamarra de la «Patrulla Fronteriza», hecha en México. Lo acompaña Rick Perry el gobernador de Texas y varios agentes. A sus espaldas puede verse un vehículo policial y la barda que separa la frontera en la ciudad de El Paso. El mensaje de la instantánea es claro: el comandante supremo de las Fuerzas Armadas pasa revista a sus hombres en el campo de batalla.

Bush describió la frontera con México como «peligrosa» y anunció la construcción de un nuevo muro. «Tenemos una cerca –dijo– pero vamos a tener una valla virtual cuando traigamos tecnología y los mejores agentes para custodiar la frontera, por la que lo mismo cruzan almas inocentes que sólo vienen a buscar trabajo, que gente que busca pasar drogas».

Para levantar ese nuevo muro Washington gastará $139 millones. Aviones no piloteados, cámaras infrarrojas y 12 500 agentes fronterizos vigilarán el territorio del país de la Estatua de la Libertad. Una barrera de 12 kilómetros se construirá solo cerca de la ciudad de San Diego y otras ciudades se protegerán con mallas.

La nueva valla forma parte de una política que hace de la cuestión migratoria un asunto de seguridad nacional, y de los indocumentados criminales.

En los últimos 13 años, desde que entró en funcionamiento la *Operación Guardián*, más de 4 000 indocumentados mexicanos han muerto buscando llegar a los Estados

Unidos. Unos se han ahogado en ríos, otros han fallecido de sed y calor en el desierto. Muchos cadáveres ni siquiera alcanzan la dignidad de tener un nombre y son, apenas, una cifra más en la danza macabra de la contabilidad que da cuenta de las víctimas.

Otros más, mueren de otras maneras. Como José Alejandro Cruz, a quien mataron a balazos. Lo asesinó un agente de la Patrulla Fronteriza, en El Paso, Texas, el 8 de agosto de 2007. Tenía 23 años de edad. Era obrero de la maquila. Su «delito» fue no tener papeles y reclamar la liberación de una mujer, a punto de ser deportada, que la guardia tenía detenida.

México, asegura el Banco Mundial en su *Reporte mundial 2006: equidad y desarrollo* –en el que, probablemente como un gesto de su modestia, no reconoce la enorme responsabilidad que tiene en la hazaña–, es la primera nación expulsora de mano de obra en el mundo: 2 millones de personas en el quinquenio 1995-2000. Desde hace seis años, el promedio de inmigrantes indocumentados que se dirigen a los Estados Unidos es de casi medio millón de personas al año.

Del otro lado de la frontera norte, José Alejandro Cruz es una nueva víctima de la xenofobia, el racismo y la hostilidad que sufren los indocumentados mexicanos. Es un ejemplo más del pasmo en el que vive el gobierno mexicano a la hora de defender a sus connacionales en los Estados Unidos. La Iniciativa Mérida pretende que ese trabajo «sucio» se haga del lado mexicano.

A más de tres mil kilómetros de distancia de la frontera con los Estados Unidos, en Tenosique, Tabasco, guatemaltecos, hondureños y salvadoreños reciben de la policía mexicana un trato similar al que los mexicanos padecen en los Estados Unidos. El 14 de agosto, elementos de la Policía Federal Preventiva y agentes de migración, con el apoyo del ejército, arremetieron contra cerca de 3 000 centroamericanos. Estaban varados en comunidades como Faisán Vía porque el ferrocarril Chiapas-Mayab suspendió el servicio, luego de que la empresa Genesse&Wyoming se declaró en quiebra.

Los agentes de migración quemaron las pequeñas chompas en las que los indocumentados acampaban mientras les disparaban con armas de fuego para evitar que huyeran. Los detenidos fueron golpeados y sus escasas propiedades hurtadas.

El drama de los migrantes centroamericanos es más grave que el que viven los mexicanos en los Estados Unidos. Antes de llegar a su destino final deben recorrer México, sufrir penurias extremas, extorsión de los policías y exponerse a asaltos y –en el caso de las mujeres– a violaciones. Los conflictos armados en la región, los efectos devastadores de los huracanes *Mitch* y *Stan* registrados en 1998 y 2005, la crisis en los precios del café a partir de 1989, propiciaron el desplazamiento de refugiados hacia México.

Entre 2000 y 2006 fueron expulsados del país más de un millón 200 personas. Casi 650 mil indocumentados fueron deportados por las autoridades de nuestro país durante 2006. Cuando menos, 314 inmigrantes de Guatemala, El Salvador y Honduras han muerto este año en su paso por México o en los Estados Unidos.

En su frontera sur, el gobierno mexicano le hace el trabajo sucio a la administración Bush. Se ha vuelto su policía: mete a la cárcel a quienes prestan ayuda a los migrantes mientras sus gendarmes se ceban con los indocumentados centroamericanos. En eso consiste la Iniciativa Mérida.

Programa de Cooperación Contra el Crimen Organizado

El Programa de Cooperación contra el Crimen Organizado, también conocido como Iniciativa Mérida, tiene vínculos con tres instancias de cooperación regional: la Alianza para la Seguridad y la Prosperidad de América del Norte (ASPAN), el Comando Norte y el Plan Anti-narcóticos de la Frontera Suroeste.

El ASPAN busca establecer una alianza estratégica regional para fomentar la competitividad y la seguridad de la región. Tiene como antecedentes el TLCAN y la propuesta de instrumentar un TLCAN *plus*.

Hasta el momento se han efectuado tres encuentros del ASPAN. Sus Declaraciones Conjuntas establecen compromisos para el mejoramiento de la seguridad fronteriza, la seguridad aérea y marítima, la creación de un modelo común para enfrentar amenazas extrarregionales, y, alianzas en materia de información e inteligencia. Desde su primer reporte planteó la necesidad de un acuerdo trilateral en materia de seguridad.

En 2002, en el contexto de la guerra contra el terrorismo, los Estados Unidos procesaron una de sus mayores reformas en el ámbito de la seguridad. Entre los cambios operados se encuentra el establecimiento del Comando Norte, las modificaciones al Centro de Comando de las Fuerzas Conjuntas y la fusión de comandos estratégicos y espaciales.

El Comando Norte tiene como antecedente un acuerdo firmado con Canadá, en virtud del cual se creó el Comando Sur, responsabilizado de proteger la zona en el plano comercial, de vigilancia fronteriza, colaboración tecnológica e informativa, y de coordinación de los servicios de inteligencia y espionaje. Por medio de él se elaboró un proyecto de transformación de las fuerzas armadas continentales, para convertirlas en fuerzas de apoyo o complementarias a los ejércitos latinoamericanos, a los que se les agregaron funciones policíacas.

En 2002 el Ejército Mexicano estableció que no se involucraría en el Comando Norte. Sin embargo, recibe entrenamiento militar en *Fort Bragg* y *Fort Benning*, en los Estados Unidos. La Fuerza Aérea ha obtenido tecnología para el desarrollo de una plataforma de vigilancia aérea, y la Armada, fragatas destructoras.

Distintos analistas han señalado que, como resultado de esta influencia, México ha creado cuerpos policiales a semejanza del Buró Federal de Investigaciones (FBI); ha formado cuerpos especiales del Ejército, y ha establecido instrumentos legales como la Ley de Seguridad Nacional.[9]

El Plan Anti-narcóticos de la Frontera Suroeste fue diseñado por un grupo al mando del Departamento de Seguridad Interior, la Oficina Antinarcóticos y el Departamento de Justicia. Aunque funciona desde 2006, su existencia apenas fue dada a conocer en octubre de este año. Su objetivo es lograr una disrupción significativa del flujo de drogas hacia los Estados Unidos.

Entre sus prioridades se encuentran el establecer un acuerdo para que oficiales de los Estados Unidos aborden embarcaciones con bandera mexicana que se encuentran en aguas internacionales, sin necesidad de un permiso específico del gobierno de México. También el fijar un programa de monitoreo aéreo de la frontera, suspendido por desacuerdos mutuos relativos al estatus de los operadores.

Un reporte del Congreso de los Estados Unidos señala que la operación y estrategia del plan no había sido consultada con México. Asimismo, consigna una queja del Departamento del Tesoro, sobre los impedimentos que la ley mexicana impone a las autoridades estadounidenses para el decomiso de bienes financieros.

Menciona, además, un conjunto de recomendaciones de la Oficina de Narcóticos de la Embajada de los Estados Unidos en México, que concuerdan con los lineamientos de la Iniciativa Mérida: asistencia en infraestructura, entrenamiento, coordinación militar y apoyo aéreo para decomiso y monitoreo. Asimismo, establece la prioridad central del Pentágono: la participación del Ejército Mexicano en un esquema de cooperación que pase de la fase actual de entrenamiento y disposición de equipo, a la fase de coordinación que en la doctrina se conoce como interoperabilidad de los cuerpos militares.

El Plan México

Presentada como «un nuevo paradigma de cooperación en materia de seguridad», la Iniciativa Mérida responde a los esquemas establecidos en el marco del Plan Antinarcóticos de la Frontera Suroeste, el Comando Norte y el ASPAN.

El paquete erogará aproximadamente $1 400 millones durante tres años. El porcentaje es 10 veces superior al promedio de asistencia estadounidense en ese rubro durante los últimos años. Hasta ahora, México se encontraba entre los 15 países del mundo que reciben más ayuda militar y policial de su parte, y en cuarto sitio en el hemisferio, luego de Colombia, Perú y Bolivia. Sin embargo, de ser aprobado por el Congreso de los Estados Unidos, se convertirá en el programa de cooperación anti-drogas más grande en el hemisferio, después del Plan Colombia.

---

[9]   Consúltese a Laura Carlsen: *El Plan México y el acuerdo antinarcóticos de los mil millones de dólares*. Programa de Las Américas, CIP, 9 de octubre de 2007.

La iniciativa contempla el establecimiento de programas de capacitación de fuerzas antidrogas en México, el fortalecimiento y mejoramiento de algunos aspectos del sistema judicial, mejora de las telecomunicaciones, uso de tecnologías avanzadas como el monitoreo del aeroespacio y las vías marítimas. Estrategia antinarcóticos y antiterrorismo absorberá $306 millones. Seguridad Pública obtendrá $56 millones. El de construcción de instituciones y Estado de derecho $100 millones. El gobierno mexicano obtendrá 10 aeronaves y vehículos blindados.

El *Dallas Morning News* reportó que el plan podría incluir la participación de contratistas militares privados estadounidenses para la capacitación de efectivos mexicanos en el uso de nuevas tecnologías. Funcionarios de ambos países han reiterado que no contempla que tropas o agentes estadunidenses realicen operaciones en México. Sin embargo, la DEA, el FBI y otras agencias tienen ya presencia en México.

Según, *El País*, Stephen Jonson, subsecretario del Departamento de Defensa, vinculó en una reunión con Diálogo Interamericano, en términos estratégicos este acuerdo a la amenaza que los Estados Unidos y algunos aliados sienten por el ascenso del presidente venezolano, Hugo Chávez, y los gobiernos de Ecuador, Bolivia o Nicaragua.[10]

Tres mil kilómetros de frontera

El Plan México coloca el combate a las drogas y la delincuencia en territorio mexicano como una de las «necesidades críticas» de la seguridad nacional estadounidense. Al hacerlo, abre las puertas para que actúen impunemente y sin control agentes de su vecino. Los Estados Unidos, no puede olvidarse, ha utilizado mecanismos de cooperación bilaterales para realizar acciones de espionaje, intervenciones encubiertas en la vida política y chantajes diplomáticos.

El Plan busca someter al Ejército Mexicano a los dictados del Pentágono. Hasta ahora, las fuerzas armadas mantienen una doctrina militar propia, atravesada por el nacionalismo. Como decía un alto mando castrense con una larga experiencia en el trato con Washington: «A los norteamericanos hay que cumplirles lo que se les ofrece, no ofrecerles lo que no se va a cumplir y no abrirles la puerta para que pasen, porque sino no, no se les saca nunca…»

La iniciativa compromete a México con la persecución de los migrantes centro y sudamericanos y, muy probablemente, con el hostigamiento a sus ciudadanos que quieren cruzar la frontera indocumentados.

El plan abre la puerta para que, bajo el pretexto de la lucha contra la inseguridad, se limiten los derechos humanos y se criminalice la protesta social.

En el caso mexicano, el acuerdo fue negociado por fuera del Congreso y de la opinión pública. Fue presentado como un hecho consumado.

---

[10] *El País*, Madrid, 21 de octubre de 2007.

Falta aún que se discuta en el Congreso de los Estados Unidos. El debate puede atorarse, precisamente porque la iniciativa fue presentada como parte de una propuesta bélica de más largo alcance, y en las cercanías del cambio de inquilino en la Casa Blanca. Mientras tanto, una de sus consecuencias inesperadas, ha sido el rebrote de una actitud antiestadounidense en no pocos mexicanos.

Un futuro incierto

La ruta de la confrontación social en México marcha acompañada de la militarización del país, la subordinación creciente a los Estados Unidos y un grave deterioro de los derechos humanos.

Caminando a contracorriente de los nuevos vientos que soplan en América Latina, el gobierno de Felipe Calderón se empeña en seguir las directrices del Consenso de Washington.

Frente a ese panorama para los próximos meses se anuncian fuertes tormentas políticas, el recrudecimiento de la violencia, inestabilidad política creciente y mayor crispación social. El desenlace final de la batalla por el país, dista, sin embargo, de estar claro.

LUIS HERNÁNDEZ NAVARRO

Es columnista y coordinador de opinión del diario mexicano *La Jornada.*

Origen y situación actual del PRD mexicano

ONEL ORTÍZ FRAGOSO

En el contexto de su XIX aniversario e inmerso en la crisis interna más severa de su historia, se presentan los aspectos más relevantes del origen, situación actual y perspectivas de Partido de la Revolución Democrática (PRD), el partido de izquierda más importante de México.

El PRD nació el 6 de julio de 1988 y se constituyó formalmente casi un año después, el 5 de mayo de 1989. En sus 19 años de existencia, ha sido protagonista y testigo crítico de los acontecimientos más relevantes de la última década del siglo xx y los primeros años del siglo xxi. Pertenece a la era de lo inédito en la historia de México. Su aparición en el sistema político dio vida al subsistema de partidos. Como Frente Democrático Nacional (FDN), fue vértice de la unidad de las izquierdas. Como PRD, se convirtió en una alternativa para un sector importante de la sociedad que impulsaba el cambio por la vía electoral.

El PRD ha acompañado a la sociedad mexicana en el movimiento ciudadano más consistente y generalizado de las últimas dos décadas: la lucha electoral. Desde su nacimiento apoyó a los movimientos nacionalistas, democráticos y progresistas, a veces de manera adecuada y altamente eficiente; en otras ocasiones, con resultados cuestionables.

En 19 años, el PRD ha experimentado triunfos y derrotas electorales y políticas, adhesiones y desprendimientos, escándalos de corrupción, y no quisiera dejar de mencionar que también ha actuado con congruencia en los temas sustantivos de la nación. Electoralmente su crecimiento ha sido significativo: 8% de la votación nacional en 1991; 17%, en 1994; 25%, en 1997; 19%, en 2000; 18 %, en 2003 y un importantísimo 35%, en 2006.

Desde 1997, gobierna el Distrito Federal; desde 1998, Zacatecas y Baja California Sur; desde 2001, Michoacán; desde 2005, Guerrero y forma parte de la coalición gobernante en Chiapas. Además, cuenta con más de 300 presidentes municipales y 14 delegados políticos en la Ciudad de México; 380 síndicos y más de 3 000 regidores.

Su representación en el Congreso de la Unión y los congresos locales es de gran relevancia: 125 diputados federales, 28 senadores de la República y más de 215 diputados locales, considerando los congresos de 31 estados y la Asamblea Legislativa del Distrito Federal (ALDF).

Sin embargo, la contribución más significativa del PRD a la transición política mexicana ha sido su papel de contrapeso en un sistema por 71 años dominado por el Partido Revolucionario Institucional (PRI), su disputa por la nación y sus contribuciones a la cultura democrática mexicana.

En contraparte, la vida interna del PRD se ha caracterizado por conflictos entre sus dirigentes, grupos y corrientes de opinión, tanto que en la actualidad enfrenta una crisis derivada de la disputa por su dirección interna que lo ha colocado al borde del rompimiento.

Las elecciones de 1988 y el FDN

El Frente Democrático Nacional inició su campaña electoral unificando a grupos y partidos minoritarios que postularon a la presidencia de la República a Cuauhtémoc Cárdenas Solórzano, hijo del General Lázaro Cárdenas del Río, el presidente de la República más querido por los sectores populares mexicanos, que gobernó de 1934 a 1940 y aplicó profundas reformas en beneficio de campesinos y obreros, recibió a los exiliados de la República Española y nacionalizó la industria petrolera. El FDN llegó al día de las elecciones de 1988 convertido en un movimiento nacional sin precedente en la historia de México.

Cuauhtémoc Cárdenas recorrió toda la geografía mexicana. Realizó más de 1 200 actos en 746 localidades; de éstos, cuatro actos influyeron de manera sobresaliente en el ánimo de la campaña:

1. El recibimiento que los campesinos de la Comarca Lagunera dieron a Cárdenas los días 10 y 11 de febrero de 1988. La Comarca Lagunera es la región que comparten los estados de Durango y Coahuila en el norte del país caracterizada por una gran tradición comunera y que fue directamente beneficiada por el reparto agrario que realizó el presidente Cárdenas en la década de 1930.

2. El mitin de Cárdenas realizado en la Ciudad Universitaria, invitado por la comunidad de la Universidad Nacional Autónoma de México (UNAM), la institución de educación superior más importante del país y de América Latina, el 27 de mayo.

3. La declinación que hizo a la candidatura presidencial el 3 de junio, Heberto Castillo, líder histórico del movimiento estudiantil y popular de 1968 y abanderado del Partido Mexicano Socialista (PMS), a favor de Cuauhtémoc Cárdenas. La candidatura de Heberto Castillo representaba la tradición más significativa de la izquierda partidaria en México. En el cierre de campaña en la Plaza de la Constitución, el 26 de junio, la sociedad civil se volcó por primera vez de manera masiva a favor de un candidato de oposición. En ese cierre de campaña,

derrotar al PRI –lo que hacía apenas unos meses parecía imposible– resultaba entonces al alcance de la mano producto de un movimiento electoral, el FDN, que en ese acto llegaba a su clímax.

4. La irrupción del FDN en el escenario político mexicano, el 6 de julio de 1988. Ese acontecimiento fue la revelación de lo desconocido: hecho improbable en el sistema político posrevolucionario.[1] Los primeros resultados que llegaron a la Comisión Federal Electoral (CFE), instancia dependiente de la Secretaría de Gobernación, encargada de organizar las elecciones, fueron adversos al candidato priista Carlos Salinas de Gortari. A partir de ese momento, el aparato de control del Estado mexicano operó con toda su fuerza.

Alrededor de las 19:00 horas, Diego Fernández de Cevallos, que fungió como representante del Partido Acción Nacional (PAN)[2] ante la Comisión Federal Electoral en esos comicios declaró que la computadora del Comité Técnico de Vigilancia del Registro Nacional de Electores había fallado. Esta declaración marcó el fin de la campaña electoral del FDN y fue el inició de su lucha en contra del fraude electoral.

Ante la desconfianza generada por los resultados y el descontento de sectores importantes de la sociedad, el FDN enfrentó una disyuntiva, cuya trascendencia para el futuro político de México ahora se puede aquilatar mejor: llamar a la desobediencia civil o intentar abrir el régimen por medio de la lucha política-electoral dentro del Estado de derecho. Se optó por la segunda y, el 21 de octubre de 1988, miles de ciudadanos convocaron a la creación del Partido de la Revolución Democrática.

La constitución formal del PRD

El nacimiento del PRD ocurrió en un contexto nacional adverso, pues Carlos Salinas de Gortari tomó posesión como presidente de la República y, por ello, fundar un nuevo partido fue un reto enorme. Como todo movimiento social, el FDN sumó a organizaciones muy disímiles. El punto de convergencia, derrotar al PRI, unió por unos meses a muchas fuerzas políticas, pero, más allá del antipriísmo, no existían vínculos para avanzar a otro nivel de organización.

---

[1] Se refiere al sistema político establecido tras el desenlace de la Revolución Mexicana de 1910-1917, caracterizado por la existencia de un solo partido político hegemónico, fundido con el Estado, que durante las últimas décadas ha mantenido el nombre de Partido Revolucionario Institucional. [N. del E.]

[2] El Partido Acción Nacional históricamente ocupa la posición extrema derecha entre las fuerzas políticas mexicanas que poseen registro electoral. Afiliado a la Internacional Demócrata Cristiana (IDC) y a la Organización Demócrata Cristiana de América (ODCA), el PAN funciona en el ámbito internacional en coordinación con el Partido Popular de España (PP) y otras organizaciones caracterizadas por sus posturas recalcitrantes de derecha. [N. del E.]

En un llamado a los militantes del Partido Mexicano del Trabajo (PMT) y del Partido Mexicano Socialista (PMS), Heberto Castillo explicó las necesidades y conveniencias de sumarse al nuevo esfuerzo partidario, y en una frase sintetizó el contenido del ánimo que privaba en ese momento: «…para sumar fuerzas con alguien no preguntes de dónde vienes sino a donde vas…». Para Gilberto Rincón Gallardo, último secretario general del PMS, los objetivos del PRD eran transformar las relaciones políticas del país e instaurar un sistema democrático que reflejara la pluralidad de la sociedad mexicana. El PRD debería luchar contra lo que significaba el PRI: presidencialismo abusivo, corporativismo y sistema de partido de Estado.

El viernes 5 de mayo de 1989 se inició la Asamblea Constitutiva del PRD. En el Zócalo de la Ciudad de México, Cuauhtémoc Cárdenas informó sobre la situación de los trabajos de organización. Para esa fecha se habían realizado 242 asambleas distritales y existían ya más de 80 mil afiliados. Destacó que era la primera vez que un partido se organizaba cumpliendo los requisitos de un código particularmente antidemocrático. Cuauhtémoc Cárdenas terminó su discurso diciendo de la nueva organización: «…el partido del pueblo mexicano, el partido que nació el 6 de julio, nuestro partido de hoy y el partido del mañana; el partido que demanda ¡democracia ya, patria para todos!…»

El 26 de mayo, la CFE publicó el acuerdo en el que aprobó el cambio de nombre, de PMS a PRD. En el mismo texto se dio autorización para que en las elecciones constitucionales siguientes participara con las nuevas siglas.

El PRD tenía que ser un partido diferente a todos los que habían existido en el sistema político mexicano para estar a la altura de los propósitos y declaraciones de sus promotores. Tenía que ser un partido de masas, que no reprodujera el corporativismo del PRI y un partido de cuadros que no se aislara de la sociedad. Debería contar con una sólida base popular, y al mismo tiempo convocar a los diversos sectores y estratos sociales. Tendría que combinar la capacidad de movilización con la capacidad de propuesta y la elaboración de alternativas, ganar elecciones y, principalmente, ser capaz de defender sus triunfos. Sería un partido moderno que recuperaría las mejores tradiciones de lucha del pueblo mexicano. En pocas palabras, tenía que ser un superpartido.

El PRD se diseñó más como un deber ser de la política y del país que como una organización para ganar elecciones. La ventaja de esta perspectiva era la promoción y posterior introducción de valores democráticos a la cultura política mexicana y una posición firme en contra del salinismo. La desventaja: ser un partido condenado a funcionar permanentemente entre el voluntarismo y la indefinición.

El partido ideal no nació. El resultado fue una organización opositora al PRI en lo político y contraria al neoliberalismo en lo económico. En su nacimiento, el PRD descansó en cuatro pilares: la unidad como autodefensa ante el hostigamiento sistemático del gobierno de Carlos Salinas de Gortari; los fuertes liderazgos de algunos de sus miembros, principalmente de Cuauhtémoc Cárdenas, Porfirio Muñoz Ledo, Heberto Castillo, Gilberto Rincón Gallardo y Arnoldo Martínez Verdugo, entre otros; el objetivo compartido de derrotar al PRI y hacer valer el voto ciudadano; y, finalmente, una base social y movilizada en varias entidades federales, municipios y comunidades.

La oposición al salinismo

A partir del 5 de mayo de 1989, Cuauhtémoc Cárdenas fue coordinador nacional del PRD, y desde el 18 de noviembre de 1990 hasta el 28 de febrero de 1993 su primer presidente. En este tiempo, la mejor cualidad del PRD fue su capacidad de resistencia a los embates del gobierno, lo que costó la vida a más de 600 perredistas. La firmeza de Cárdenas para no negociar con Salinas le permitió mantener al núcleo mayoritario del PRD unido, a costa de la proliferación de visiones maniqueas y fundamentalismos. En los años dorados del salinismo, el PRD fue objeto de críticas y estigmatizaciones pues se le asoció con un pasado caduco y violento.

El PRD realizó su I Congreso Nacional del 16 al 20 de noviembre de 1990. A éste fueron convocados 1 800 delegados provenientes de todas las entidades federales del país, con el propósito de aprobar sus documentos básicos y elegir a sus dirigentes nacionales.

En su Declaración de Principios, el Congreso se pronunció por: una economía en donde el interés público predominara sobre el interés privado, y un Estado y organizaciones de productores y trabajadores que regularan la competencia y el mercado para generar y estimular la productividad y el uso eficiente de los recursos. El PRD pugnaría por construir una sociedad en donde la igualdad de oportunidades se fincara en la igualdad de posibilidades para el acceso a la salud, a la alimentación, a la educación y a la vivienda. Postuló la plena igualdad entre hombres y mujeres, el respeto a las minorías étnicas y la preservación y equilibrio ecológicos. Reafirmó la soberanía nacional como el valor supremo de la República. Se declaró heredero y continuador de las ideas, los movimientos sociales y las instituciones que forjaron los episodios históricos más importantes de México.

En 1994, la aparición del Ejército Zapatista de Liberación Nacional (EZLN) y el asesinato del candidato presidencial del PRI, Luis Donaldo Colosio, definieron la coyuntura electoral. El PRD postuló por segunda vez a Cuauhtémoc Cárdenas como candidato a la Presidencia de la República; sin embargo, el desgaste y la confrontación políticos que se vivieron durante todo el régimen de Salinas tuvo como consecuencia que el partido quedara en el tercer lugar de dicha contienda.

Es importante mencionar que la relación del PRD con el EZLN experimentó diversos momentos y etapas que influyeron en dicho resultado. El PRD, desde el surgimiento del EZLN, mostró coincidencias con la causa zapatista, mas no con su método, lo que se fue haciendo evidente a través de varios comunicados y pronunciamientos. En esta relación, y hasta antes de la aprobación de la Ley Indígena en 2001,[3] a la que el PRD dio su voto a favor, lo cual fue cuestionado por el EZLN y amplios sectores de la sociedad, se registraron dos momentos de tensión: el primero cuando el subcomandante Marcos criticó la actuación del PRD en el contexto de una visita que Cárdenas realizó a la zona zapatista durante la campaña electoral de 1994; el segundo cuando apareció la convocatoria para la creación del Frente Zapatista de Liberación Nacional (FZLN) y los zapatistas exigieron a los miembros del Frente no participar o militar en otra organización política o partido.

Como habíamos mencionado antes, el 23 de marzo de 1994 fue asesinado el candidato priista a la Presidencia de la República, lo que generó un ambiente de incertidumbre ante el cual, tanto Cuauhtémoc Cárdenas como candidato presidencial y Porfirio Muñoz Ledo como presidente nacional del PRD, mantuvieron una actitud de prudencia y responsabilidad. El PRD se sumó a la indignación social y condenó el magnicidio, al tiempo que declaró la necesidad de llegar a fondo en las investigaciones y preservar el respeto a la ley.

La transición pactada

El III Congreso Nacional del PRD se realizó del 23 al 27 de agosto de 1995 en Oaxtepec, Morelos. Este Congreso abrió una nueva etapa en la vida del PRD pues se aprobó una línea política que propuso una transición pactada, pacífica y constitucional a la democracia, se realizó un balance de su situación organizativa y se intentó definir con mayor precisión las relaciones del partido con los movimientos sociales.

El momento culminante de ese congreso ocurrió la noche del 25 de agosto cuando ante más de mil delegados provenientes de todo el país, Cuauhtémoc Cárdenas y Porfirio Muñoz Ledo, los dos líderes más importantes de este tiempo, tuvieron un duro enfrentamiento. En medio de un ambiente de confrontación, Andrés Manuel López Obrador, entonces dirigente del estado de Tabasco, llamó a buscar una solución de consenso, lo cual surtió efecto y se inició la época de la aprobación de una línea política ambigua que equilibrara las posiciones divergentes para permitir mantener la «unidad».

Se aprobó la necesidad de trabajar en pactos y compromisos para salir de la crisis y lograr la transición a la democracia. El PRD desarrollaría una intensa campaña de movilización y buscaría una política de acuerdos, coincidencias y alianzas con otras fuerzas, organizaciones y personalidades con el propósito de construir una correlación de fuerzas favorable al cambio democrático.

---

[3] Se refiere a la Ley de Derechos y Cultura Indígena aprobada a finales de abril de 2001 por el Senado y la Cámara de Diputados de México, la cual fue rechazada de inmediato por el Congreso Nacional Indígena, el Ejército Zapatista de Liberación Nacional y otras organizaciones políticas y sociales. [*N. del E.*]

El PRD en movimiento y la elección de Cárdenas como jefe de gobierno de la Ciudad de México

El PRD ya con Andrés Manuel López Obrador como presidente nacional desplegó un plan de acción que le permitió cosechar sus primeras victorias electorales de relevancia. El objetivo de López Obrador fue convertir al PRD en una verdadera alternativa de gobierno. Para lograrlo concentró sus esfuerzos en cuatro líneas de acción: ganar más votos provenientes de todos los sectores de la sociedad; elaborar propuestas que sirvieran de base para la construcción de un nuevo proyecto nacional; contribuir a la transformación del régimen político; y articular las demandas de los movimientos sociales.

La dinámica de trabajo impuesta por López Obrador generó un ambiente de unidad. Las diferencias existían, mas se subordinaron al objetivo compartido de ir a fondo en las elecciones de 1997. Andrés Manuel fijó la meta: el PRD tendría que obtener el 17% de la votación federal o él renunciaría a la dirección del partido. Para algunos, este reto sonó a chantaje, pero sirvió para acelerar los trabajos del PRD.

Este año, Cuauhtémoc Cárdenas ganó la elección a jefe de gobierno del Distrito Federal. Fue nuevamente un 6 de julio, nueve años después, que el movimiento político y social que apareció en 1988 triunfó en la capital del país y ese triunfo sí le fue reconocido. Cuauhtémoc Cárdenas ganaba de manera contundente la ciudad más importante y simbólica del país.

Durante el sexenio de Salinas, el PRD fue estigmatizado al ser prácticamente el único actor político que mantuvo una posición crítica hacia ese proyecto. En nueve años las condiciones del país fueron modificándose al igual que el ánimo de la sociedad. Para 1997 había ya un árbitro autónomo pues el Instituto Federal Electoral (IFE) se «ciudadanizó», lo cual permitió que hubiera observadores electorales nacionales y extranjeros, al mismo tiempo que se empezaba a dar mayor apertura en los medios de comunicación.

Durante la campaña, Cárdenas buscó el contacto directo con la gente en plazas y calles, pero la labor electoral no se agotó allí: se agregaron nuevos elementos de propaganda y se tendieron nuevos puentes de comunicación con la ciudadanía. Se elaboró propaganda profesional en televisión y radio. Cientos de jóvenes se sumaron a las «brigadas del sol» que realizaban actividades casa por casa. El ánimo de lucha volvió a correr con fuerza entre los simpatizantes del PRD. En torno al lema de «Una ciudad para todos», se elaboraron muchas propuestas para darle futuro a la ciudad. Lo cierto es que en el fondo de la campaña se encontraba una idea más importante: proponer una alternativa desde la ciudad al neoliberalismo impulsado desde el gobierno federal. Cárdenas, por lo general de rostro serio, en su campaña de 1997 apareció sonriendo. Resulta interesante comentar que el mismo día de la jornada electoral y ante la inminencia del triunfo de PRD, Vicente Fox un pintoresco personaje miembro del PAN, inició su campaña por la Presidencia de la República.

El entonces gobernador guanajuatense no estaba dispuesto a permitir que Cárdenas tomara la delantera en la sucesión del año 2000.

De las elecciones de 1997 se derivaron dos imágenes para la historia de la transición política en México. La primera, el 1ro. de septiembre, en el III Informe de Gobierno de Ernesto Zedillo, cuando Porfirio Muñoz Ledo habló ante un Congreso de la Unión de mayoría opositora, pues el PRI había perdido el control de la Cámara de Diputados. A diferencia de lo ocurrido un día como ese en 1988, esta vez no tuvo que pedir a gritos la palabra, ni interpelar al Presidente, ni salir del recinto de sesiones entre insultos. La segunda, ocurrió el 5 de diciembre, cuando el presidente Zedillo acudió a la toma de posesión de Cuauhtémoc Cárdenas como el primer jefe de gobierno electo en la Ciudad de México y ante una Asamblea Legislativa (cámara local en la capital) de mayoría perredista.

El gobierno de Rosario Robles y el triunfo de Andrés Manuel en el Distrito Federal

En la elecciones del 2000, Vicente Fox ganó la Presidencia. Aunque Cuauhtémoc Cárdenas quedó nuevamente en tercer lugar de la contienda nacional, el PRD, con Andrés Manuel López Obrador, ganó por segunda ocasión el gobierno del Distrito Federal.

Andrés Manuel desplegó una campaña con ejes de trabajo bien definidos. Primero reconoció el terreno y, consecuente con su estilo, se dedicó a recorrer cientos de barrios y unidades habitacionales del Distrito Federal, para establecer contacto directo con la gente y conocer los problemas de la capital –lo que le permitió formar rápidamente una base social propia–, realizó dos actos de agitación política de gran envergadura y, observando las debilidades de sus adversarios, les asestó duros golpes. Uno de los hechos que más se recuerda de su campaña ocurrió el 6 de marzo de 2000, cuando debatió con un conservador y belicoso panista, Diego Fernández de Cevallos, en uno de los más importantes noticieros matutinos de la época, el de Joaquín López Dóriga.

Esa mañana, el candidato del PRD no le dio tregua al dirigente del PAN. Le recordó su participación en la venta fraudulenta de un negocio bancario y, mediante un video, demostró la complicidad de Fernández de Cevallos con el PRI cuando, desde la tribuna de la Cámara de Diputados, exigió quemar las boletas electorales del 6 de julio de 1988, y con ello ayudó a borrar las huellas del fraude electoral.

En junio de 2000, las encuestas concedían a Andrés Manuel casi diez puntos de ventaja; al final el PAN acortó la diferencia, en buena medida por el empuje de la campaña de Vicente Fox.

Para poder competir en la contienda electoral, Cuauhtémoc Cárdenas renunció al gobierno de la ciudad y fue sustituido por la dirigente del PRD y entonces secretaria general del gobierno cardenista, Rosario Robles, quien contribuyó de manera importante para que el PRD siguiera gobernando la capital del país por un segundo período. Robles mantuvo el proyecto impulsado por Cárdenas, mas imprimió su propia personalidad al gobierno, lo colocó a la ofensiva marcando fuertes puntos de contraste con el gobierno federal, al mismo tiempo que encaraba directamente a sus adversarios. Utilizó magistralmente su imagen en los medios de comunicación para difundir las obras de gobierno y promocionarse, apareciendo como una figura política fresca en el escenario político de la capital y del país.

Sin embargo, el acumulado político que logró como primera mujer al frente del gobierno de la ciudad más importante de México, lo que la llevó incluso a la presidencia Nacional del PRD en el 2001, se perdió y eclipsó por su relación política y sentimental con un empresario de origen argentino, Carlos Ahumada, que con su gran poder corruptor llevó a Rosario Robles y al PRD al tránsito de la nota política hacia la de de las intrigas y traiciones.

Video-escándalos y desafuero

A partir del 2004, el principal problema del PRD no ha sido electoral, sino ético. De la relación entre Robles y Ahumada se derivaron varios escándalos por la difusión en la televisión nacional de videos de connotados líderes de ese partido –uno de ellos el ex secretario general del Gobierno de Andrés Manuel López Obrador– recibiendo dinero de manos del empresario Ahumada, lo que golpeó el corazón mismo del PRD y de la izquierda social representada en el mismo.

Cuando el gobierno de Fox decide emprender su aventura de juicio político para quitarle el fuero (protección) constitucional a Andrés Manuel López Obrador (y con ello inhabilitarlo para la candidatura presidencial) bajo el argumento de que había desacatado una orden del poder judicial, era evidente la naturaleza política de la acción del gobierno federal; sin embargo, fue la ambición por el poder y el dinero lo que corrompió a sectores del PRD y lo colocó en una difícil situación de desprestigio por corrupción en medio de la intención de impedir que su más destacado y popular dirigente participara en el proceso electoral del 2006 que se avecinaba.

Otro vicio que ha vivido el PRD en los últimos diez años lo constituye la burocratización de su vida interna y la reproducción de las «mañas» y actitudes del sistema político priísta. En materia de organización, crecimiento y aliados, el PRD ha reproducido y mal, los esquemas de control político que prevalecieron durante años en la vida política mexicana. El PRD sumó fuerzas únicamente por medio de la lógica electoral; esta situación en la mayoría de las ocasiones no produjo triunfos, pero sí impuso la preeminencia del dinero en los procesos electorales internos y, por tanto, en la disputa tanto de los espacios partidarios como de los cargos de representación popular, mediante mecanismos de corrupción y de los grupos de presión que desde hace varios años se han expresado en el partido como corrientes (expresiones) de opinión, llamadas de manera peyorativa las «tribus» del PRD, y que como decíamos, funcionan más como grupos de presión que como generadoras de debate político y de construcción ideológica.

En la vida interna ha prevalecido una lógica corporativa eclipsada por el liderazgo indiscutible de Andrés Manuel López Obrador. La suerte del hombre es la suerte del partido, fórmula que a la inversa no aplica, pues la suerte del partido no es necesariamente el destino del hombre. Además, debido a la polarización que se ha venido dando entre sus distintas corrientes internas, en el partido se fue configurando un escenario de reparto de cuotas, marcado por el sectarismo y la concentración de intereses personales o de grupo por encima de los intereses partidarios.

En vísperas del proceso electoral de 2003, la entonces presidenta nacional del PRD, Rosario Robles, por cierto muy crítica del esquema de corrientes, emulando el reto que Andrés Manuel se impuso en 1997, se comprometió a que, si no lograba el 18% de crecimiento electoral renunciaba, el porcentaje logrado fue menor y ello, llevó a su renuncia. La sustituyó Leonel Godoy, actualmente gobernador del estado de Michoacán, quien desde el inicio de su gestión reconoció la realidad de las corrientes y se planteó cogobernar al partido mediante un espacio en el que integraba, por encima del Comité Ejecutivo Nacional (CEN), a los dirigentes de las mismas que no eran parte de ese órgano.

Fue a Leonel Godoy, como presidente nacional interino, al que le correspondió enfrentar la crisis moral profunda del PRD por los video-escándalos y la consecuente separación del partido de la propia Rosario Robles y de cercanos colaboradores de Andrés Manuel López Obrador, todos ellos acusados de actos de corrupción. Esta circunstancia provocó el enfrentamiento en el CEN entre dirigentes de las distintas «tribus», cada cual para proteger a sus respectivos compañeros, y hacer recaer toda la responsabilidad sobre los otros.

Para marzo de 2005, había que elegir al nuevo presidente del PRD. Enfrentado el PRD a la maniobra tendiente a desaforar a López Obrador, hubo el intento, de dos de las seis corrientes internas entonces existentes, de oponerse a la imposición de un candidato neoperredista que Andrés Manuel impulsaba, Leonel Cota Montaño, gobernador ex priista que entró al PRD seis años antes, cuando no fue postulado por el PRI. Este intento fracasó pues ante la inminencia del desafuero, se precisaba la unidad partidaria y, desde entonces hasta el 22 de abril de 2008, Cota Montaño presidió el PRD. Llegó impuesto y sin fuerza propia. Siempre se percibió débil, sin nervio partidario y sin liderazgo. De principio a fin, se le vio como un empleado al servicio de López Obrador.

Voto por voto; casilla por casilla

En 2006, como respuesta al fraude en la elección presidencial que nuevamente sufrieron el PRD y sus aliados, Andrés Manuel encabezó el movimiento postelectoral a favor del recuento total de votos: «voto por voto, casilla por casilla». Ante lo cerrado de los resultados de la elección presidencial, menos del 0,5% de diferencia, la ilegal e ilegítima intervención del titular del Poder Ejecutivo a favor del candidato del PAN, Felipe Calderón, unida a la guerra sucia y la campaña «negra» que grupos empresariales desataron en contra del candidato de la Coalición por el Bien de Todos, se generó un amplio movimiento social y político. De julio a diciembre de ese año, millones de personas llenaron las calles y las plazas en asambleas informativas. El 30 de julio, después de una multitudinaria concentración, la asamblea decidió establecer un plantón de 10 kilómetros, del Zócalo al monumento a Pemex por las Avenidas Juárez y Reforma.

Los apoyos que durante la campaña electoral ganó Andrés Manuel López Obrador y que lo acompañaron en esta primera fase de resistencia civil, rápidamente se convirtieron en duda y después en rechazo. Se vivió la toma de la tribuna de la Cámara de Diputados el 1ro. de septiembre por los legisladores seguidores de Andrés Manuel y la toma del 1ro. de diciembre, por legisladores seguidores de Calderón. El movimiento fue perdiendo empuje social y ganó beligerancia. El discurso de Andrés Manuel se endureció: se llenó de rencor. Desconoció a las instituciones y al gobierno, pero no llamó a la insurrección social: prefirió una especie de farsa republicana. Tomó posesión como presidente legítimo y recorrió nuevamente el país. Desechó la posibilidad de encabezar el bloque opositor que representa la segunda fuerza política del Congreso de la Unión, que gobierna en el Distrito Federal, en cinco estados y en 215 municipios, y que tiene un tercio de los legisladores locales y la mayoría en la Asamblea Legislativa. Con esto, se inició la confrontación política interna en el PRD en relación con cuál era la estrategia que debería impulsarse para enfrentar a la derecha panista: la institucional o la insurreccional pacífica.

Las elecciones del 16 de marzo y los escenarios de ruptura

Que en un partido de izquierda existan conflictos y pugnas no es novedad. Podría decirse que estos elementos constituyen la moneda de cambio de cualquier organización política formada por mujeres y hombres con vocación crítica y sangre en las venas. Tampoco es la primera vez que el PRD enfrenta una crisis. Desde su nacimiento, este partido ha padecido constantes conflictos y pugnas. Sin embargo la actual crisis, derivada del proceso de elección de los nuevos presidente nacional y secretario general del partido realizada el 16 de marzo de 2008, presenta tres variables que han impedido su solución:

1) la erosión de las instancias partidarias;

2) la inexistencia de un liderazgo capaz de imponer o generar consensos en torno a un candidato;

3)   lo cerrado de la contienda entre los dos principales candidatos a la presidencia partidista: Alejandro Encinas y Jesús Ortega.

A los dirigentes del PRD se les acabó el talento y se les evaporó la confianza que ya se había venido erosionando frontalmente a partir de la crisis de los video-escándalos.

En suma, la situación jurídica en la cual se encuentra la elección a la presidencia del PRD efectuada el 16 de marzo, se caracteriza por el vencimiento de todos los plazos legales, las violaciones al reglamento de elecciones y el inmovilismo en el cómputo. En el primer nivel de análisis de la actual crisis, está en juego la presidencia nacional con sus recursos y prerrogativas, que no son menores ya que el PRD es uno de los pilares del sistema político. En un segundo nivel, se encuentra el liderazgo carismático y vertical de Andrés Manuel contra el poder de los grupos y corrientes internas.

Mientras López Obrador no quiere a nadie entre él y la militancia, las corrientes quieren preservar sus espacios de poder, algunas puestas al servicio de Andrés Manuel y otras en confrontación abierta con él, por lo que, en el tercer nivel de análisis, se encuentra la disputa por la línea política: una izquierda que privilegia la justicia social y la igualdad a costa, incluso, de la democracia y el Estado de derecho y otra izquierda que impulsa la transición pactada y gradual hacia la democracia. Dos visiones, un partido. El sentido común aconsejaría la convivencia. Sin embargo, la ética, la congruencia y el sentido común ya no campean en el PRD. Tras la elección interna, ante la crisis generada por la ausencia de cómputo oficial y la polarización de posiciones, el PRD se acerca lenta y al parecer inexorablemente hacia su división.

Durante su campaña, los seguidores de Alejandro Encinas descalificaron y denostaron a la fórmula que encabeza Jesús Ortega. Se desató una guerra sucia en contra de Ortega a través de propaganda acusándolo de panista y traidor. Además, personajes como René Bejarano, principal protagonista de los video-escándalos, apoyaron la campaña de Alejandro Encinas. Del otro lado, también aparecieron el voto corporativo y otras prácticas de nefasta naturaleza.

López Obrador dejó a un lado su carácter de líder nacional y principal dirigente del movimiento opositor al gobierno de Felipe Calderón, y empleó todos sus recursos políticos para, por segunda vez, imponerle un presidente al partido, en esta ocasión a Alejandro Encinas. El problema no es que López Obrador expresara sus preferencias internas, sino que al apoyar a uno de los candidatos perdió su carácter de referente para todos los grupos y sectores partidistas.

En la noche del día de la elección, Leonel Cota Montaño, todavía en su calidad de presidente nacional del PRD, presentó los resultados de dos conteos rápidos, los cuales dieron como probable ganador a Alejandro Encinas. Esos conteos presentaron serias inconsistencias y errores en sus resultados. Los medios de comunicación documentaron ampliamente esta situación.

El lunes 17 y el martes 18, el Programa de Resultados Preliminares del PRD (PREP-PRD) avanzó hasta llegar al 70% del total de las casillas. Leonel Cota Montaño, al percatarse del probable resultado a favor de Ortega, controló esta herramienta y la suspendió a las siete de la tarde, procurando que Alejandro Encinas apareciera todavía arriba en los resultados preliminares. La manipulación del PREP-PRD por parte de Cota Montaño resultó tan burda y evidente que el propio Cota la hizo pública en una declaración al periódico *Milenio*.

Otro hecho, que alimentó la confrontación, se produjo el mismo martes 18, en el Zócalo de la Ciudad de México, cuando en un mitin contra la privatización de Pemex, la conductora de esta concentración, conocida seguidora de Andrés Manuel, presentó, sin que hubiera tenido lugar el conteo oficial previsto para el día siguiente, a Alejandro Encinas como el virtual presidente del PRD,

El miércoles 19 inició el cómputo. Con el acuerdo de las fórmulas de Ortega y Encinas, el Comité Técnico Electoral (CTE) trasladó al Distrito Federal las boletas de las elecciones de Zacatecas, Puebla, Tabasco, Chiapas, Tlaxcala, Tamaulipas y Durango, por ser de las más controvertidas. Al mediodía del domingo 23, la CTE informó que no daría el resultado de la elección, sin fijar una fecha precisa para la entrega de resultados. Desde el 24 de marzo, Jesús Ortega y Alejandro Encinas acordaron destrabar la situación, pero esto no ocurrió en varias semanas. El cómputo de la elección se complicó pues, en desconocimiento del mecanismo establecido por el Reglamento General de Elecciones, uno y otro bloque exigían que el conteo se hiciera de manera tal que su respectivo candidato resultara ganador de la contienda: si se contaban todos los votos, ganaba Ortega; si no se contaban los votos de las casillas impugnadas y controvertidas, ganaba Encinas.

En la noche del 21 de abril y ante el inminente término del mandato de Leonel Cota Montaño y de Guadalupe Acosta Naranjo, como presidente y secretario general, respectivamente, y sobre todo ante la confrontación y falta de acuerdo de los bloques por darle una salida a la crisis, el Consejo Nacional, máxima instancia de dirección entre Congreso y Congreso, compuesto por una representación proporcional y plural de todas las corrientes, decidió nombrar como encargados de despacho a Graco Ramírez Garrido Abreu por parte de Jesús Ortega y a Raymundo Cárdenas por parte de Alejandro Encinas.

En el corto plazo, y aún sin resultados, las perspectivas para el PRD son negativas. Los escenarios discurren, sin llegar a un consenso, entre un rompimiento negociado y una salida estridente de uno de los bandos; entre la reconstrucción del pacto fundacional del PRD y/o su reconversión a un modelo de partido frente.

Esta crisis llegó justo en los momentos en que la izquierda tiene la enorme responsabilidad de enfrentar a la derecha conservadora y neoliberal; justo en los momentos en que la consolidación de la democracia necesita de un partido de las izquierdas que pueda impulsar el avance democrático y políticas en beneficio de los sectores más pobres de la sociedad. Esta crisis del partido de las izquierdas mexicanas llegó cuando el país más necesita la unidad de acción política de los sectores progresistas y de izquierda.

¡Qué inoportunos!

ONEL ORTÍZ FRAGOSO

Politólogo egresado de la ENEP-Acatlán, UNAM. Director de Análisis del Centro de Información y Análisis Documental A.C. (CIAD) y asesor del Grupo Parlamentario del PRD en la Cámara de Senadores. En el trabajo legislativo se desempeño como asesor de la Comisión para la Reforma del Estado en la Cámara de Senadores de 2002 a 2005 y como Secretario Técnico de la Junta de Coordinación Política de la Cámara de Diputados en 2005 a 2006. Fundador del PRD. En el Comité Ejecutivo Nacional de este partido se ha desempeñado como subsecretario de Formación (1995-1996), subsecretario de Planeación (1996-1999), Secretario Técnico del Comité Ejecutivo Nacional (1999) y subsecretario de Análisis de la Secretaría General (2000-2002). Se ha especializado en los temas relacionados con partidos políticos, reforma del Estado y estudios de opinión.

Cambio histórico en Paraguay

RICARDO CANESE

En los últimos 200 años, en Paraguay todo cambio del partido en el gobierno se produjo mediante la violencia. Desde la independencia, proclamada en 1813, hasta 1840, el Dr. Gaspar Rodríguez de Francia gobernó con patriotismo y mano férrea. A su muerte, Carlos A. López heredó el poder, aunque no precisamente por el voto popular. Luego, en 1862, lo hizo su hijo, Francisco Solano López, sin que nadie pudiera oponerse. Estos gobiernos –ajenos a los cánones de la democracia representativa– fueron claramente progresistas: en el Paraguay no había analfabetos, esclavos, ni miserables, a diferencia de lo que ocurría en el resto de la región.

Al término de la genocida Guerra de la Triple Alianza (1864-1870), la oligarquía paraguaya se adueñó del poder e inventó una parodia de democracia. Desde 1887, gobernaron fracciones de los partidos tradicionales, Colorado y Liberal, que dirimieron sus diferencias a tiros. Así subió al poder el Partido Liberal en 1904. En 1936, se produjo la Revolución Febrerista, al término de la Guerra del Chaco (1932-1935), el único cambio con contenido social hasta el presente, pero duró muy poco. A los 18 meses, el Partido Liberal volvió a desalojar a los febreristas del poder y lo ejerció efímeramente hasta 1940, cuando el mariscal Estigarribia, el conductor de las tropas paraguayas en la contienda chaqueña, murió en un accidente de aviación.

A Estigarribia le sucedió el dictador Higinio Morínigo, quien gobernó sin el apoyo de los partidos tradicionales. Su administración fue próxima al eje italiano-alemán durante la Segunda Guerra Mundial (1939-1945). En 1946, Morínigo se vio obligado a democratizar el país y a gobernar con el apoyo de los partidos Colorado y Febrerista, experiencia democrática que terminó en la trágica Guerra Civil de 1947, cuyo desenlace fue un nuevo gobierno Colorado impuesto por la fuerza de las armas.

Desde 1947 hasta 2008 gobernó el Partido Colorado, cuyo nombre oficial es Asociación Nacional Republicana (ANR). Primero, entre 1948 y 1954, se sucedieron fuertes enfrentamientos entre fracciones internas –todas resueltas a través de la fuerza. Luego vino la dictadura de Alfredo Stroessner, que se prolongó de 1954 a 1989. En febrero de 1989, la rosca mafiosa que se fortaleció cuando al dictador lo defenestró un golpe de Estado liderado por su consuegro, el general Andrés Rodríguez. Se inició la así llamada *transición a la democracia*. De esto último tenía muy poco, salvo la restauración de las valoradas libertades públicas. Por lo demás, la misma oligarquía continuó en el poder. «Allí solo falto yo»: habría dicho Stroessner al ver desde el exilio el gabinete de Rodríguez, con el mismo sistema de prebendas liderado por las seccionales –organizaciones barriales– del Partido Colorado. Todas las elecciones realizadas entre 1989 y 2003 fueron fraudulentas. El pueblo tenía la impresión que era imposible derrotar al fraude que siempre mantenía en el poder a ese partido.

Después de las elecciones de 2003, cuando Nicanor Duarte Frutos ganó cómodamente ante una oposición conservadora dividida, imperaba un pesimismo generalizado. En ese ambiente de impotencia, unos pocos soñadores pertenecientes al movimiento social, que veíamos con sana envidia cómo iban cambiando las cosas en América Latina, nos encontramos para pensar en posibles salidas, al mismo tiempo. El Paraguay iba quedando, una vez más, al margen de las grandes transformaciones sociales y políticas. ¿Qué alternativa había? Los partidos conservadores tradicionales habían sido derrotados una vez tras otra, y su descrédito crecía en forma paralela al del Partido Colorado. Las cúpulas de los partidos conservadores eran parte del problema –decíamos– y no de la solución. Por otra parte, la izquierda estaba dividida y su acumulación política era mínima: no tenían representación parlamentaria. La única agrupación de centroizquierda representada en la legislatura, País Solidario, contaba apenas con 2 senadores y, luego del acuerdo con Nicanor Duarte Frutos para que su líder, Carlos Filizzola, llegara a la Presidencia del Senado (2005-2006), quedó en gran medida desacreditada y dividida. Dispersos y débiles, llegamos a la conclusión de que la única perspectiva de solución sería la candidatura del obispo emérito Fernando Lugo, poco tiempo atrás apartado de su diócesis de San Pedro por el mismo Papa, debido a su claro compromiso con las luchas sociales.

A Fernando Lugo lo conocíamos bien. Era no sólo el *obispo de los pobres*, sino un incansable luchador social. ¿Quién mejor que él?, razonábamos. Nos fuimos a verle, hablamos y, luego de mucho reflexionar, aceptó nuestra propuesta sobre la base de elaborar un proyecto político conjunto y organizar al pueblo sin diferencias sectarias. Así fuimos andando, todavía con bajo perfil, hasta inicios del año 2006. En ese momento, la abierta violación de la Constitución Nacional por parte de Nicanor Duarte Frutos, al postularse a la presidencia del Partido Colorado siendo presidente de la República, generó la inmediata repulsa de toda la ciudadanía. Fernando Lugo –una vez más, como un Quijote indomable– fue el mejor articulador de la protesta ciudadana. Nosotros mismos pensábamos que si juntábamos a 5 000 personas, en un momento de profundo descreimiento, sería todo un éxito. Nicanor estaba seguro que no juntaríamos ni siquiera esa cifra. La sorpresa fue para ambos: juntamos más de 40 000 personas el 29 de marzo de 2006. En ese momento se inició el imparable proceso que quebró la hegemonía autoritaria, corrupta e impune de la oligarquía mafiosa que esclavizó al pueblo paraguayo durante 6 décadas.

Quienes acompañamos a Fernando Lugo en los primeros momentos de su campaña política éramos personas provenientes de movimientos sociales y eclesiales de base. Conocedores de ello, los partidos políticos tradicionales, prontamente reagrupados en lo que se denominó la «Concertación», lo invitaron y buscaron atraparlo en su telaraña. Allí dominaban el Partido Liberal Radical Auténtico (PLRA), el mayor partido de oposición; el Partido Unión Nacional de Ciudadanos Éticos (UNACE), fundado por el ex general Lino Oviedo (todavía en prisión); y el conservador Partido Patria Querida, liderado por Pedro Fadul. El sesgo de la Concertación era claramente conservador. Pretendieron utilizar la popularidad de Lugo para imponer un cambio *hacia la derecha*. Para conjurar esa estratagema, nos organizamos durante 2006 y el 17 de diciembre de ese año anunciamos la creación del Movimiento Popular Tekojoja.[1] Ese mismo día le hicimos llegar a Fernando Lugo una petición, con más de 100 000 firmas, para que renunciara a su condición de obispo y se postulase a la Presidencia de la República.

El 25 de diciembre de 2006 Lugo tomó la decisión de aspirar a la Presidencia. A partir de ese momento, el desafío fue implantar su candidatura. Iniciamos el primer «Ñomongeta Guasu Tetaguändive» (Gran Conversación con el Pueblo). Lugo recorrió más de 250 localidades de todo el país, ganando la simpatía de los sectores populares de todos los partidos. Dentro de la cúpula del PLRA se desató una agria disputa, sobre si debían apoyar o no su candidatura. En la convención de junio de 2007, triunfó el sí y, desde ese momento, pasó a ser también candidato del PLRA.

Enfrentado a una difícil situación, el presidente Duarte empezó a actuar sin medir los medios. Desde la cárcel, el ex general Lino Oviedo sostenía que Lugo debía ser el candidato de la oposición unida. Ante la evidencia que todas las fuerzas se unirían contra el Partido Colorado y que éste perdería las elecciones, Duarte pactó la liberación de Oviedo con una Corte Suprema de Justicia complaciente, con el fin de dividir a la oposición. Gracias a esta maniobra, Oviedo se lanza como candidato. Fadul, de Patria Querida, queda también molesto porque es el PLRA –y no su partido– el que acompañará a Lugo en la vicepresidencia. La conservadora Concertación –felizmente– había implosionado y ya no existía más. En su sustitución se creó la Alianza Patriótica para el Cambio (APC), el 27 de agosto de 2007, formada por el el PLRA, Tekojoja, País Solidario, el Partido del Movimiento al Socialismo (P-MAS), el Partido Democrático Popular (PDP), el Partido Encuentro Nacional (PEN), el Partido Demócrata Cristiano (PDC), el Partido Revolucionario Febrerista, el Movimiento Resistencia Ciudadana, Fuerza Republicana y otras agrupaciones coloradas disidentes, y el Frente Amplio y Bloque Social y Popular. Además, apoyaron la candidatura de Lugo sin ser parte de la APC el Partido Comunista Paraguayo (PCP),

---

[1] El vocablo Tekojoja significa decir *igualdad* en guaraní, una de las dos lenguas oficiales del Paraguay (la otra es el español) y la más hablada por el pueblo paraguayo (90%).

Convergencia Socialista y el Partido de la Unidad Popular (PUP), reunidos en la Alianza Patriótica Socialista (APS).

¿Qué es y qué propone la APC? Es un proyecto de centroizquierda, que pone énfasis en la reforma agraria (una tradicional reivindicación de toda la izquierda paraguaya), la recuperación de la soberanía hidroeléctrica, los derechos humanos socioeconómicos, la reactivación económica, la creación de empleos y el restablecimiento de un sistema de justicia independiente.

El principal ataque del Partido Colorado a la APC es que se trata de una alianza demasiado amplia, que abarca desde la derecha a la izquierda, cuyos integrantes se pelearán desde el primer momento. El desarrollo de la campaña electoral demostró lo inverso. Los roces fueron menores y los pocos que existieron fueron más entre agrupaciones de izquierda que entre la izquierda y el PLRA. Además, la APC demostró su eficacia electoral. La victoria obtenida el 20 de abril de 2008 fue contundente. Fernando Lugo triunfó con 41% de los votos válidos; Blanca Ovelar, la candidata del Partido Colorado, recibió apenas el 31%; Lino Oviedo obtuvo el 22%; y Pedro Fadul menos de 3%. Aún con este resultado contundente, todos teníamos dudas de que el Partido Colorado reconociera nuestra victoria. Sin embargo, tuvimos la grata sorpresa de que, alrededor de las 9 de la noche, Blanca Ovelar reconocía su derrota.

La batalla electoral fue extremadamente dura porque hubo que enfrentar, desde el intento de impugnar la candidatura de Lugo (por ser obispo), hasta la fuerte campaña sucia de las últimas semanas. El Partido Colorado y UNACE presentaban a Lugo como un guerrillero y representante de las Fuerzas Armadas Revolucionarias de Colombia (FARC) en el Paraguay y como secuestrador y asesino de la hija del ex presidente Raúl Cubas. Como parte de esa campaña sucia colorada, la esposa de Cubas elaboró un *spot* publicitario en el que pedía que no se votara por Lugo: «el asesino de mi hija».

Unos días antes de las elecciones, el desbocado presidente Duarte afirmó que había bombas escondidas en las radios comunitarias y guerrilleros procedentes de Colombia, Ecuador y Bolivia, mimetizados como observadores internacionales. El delirio presidencial llegó al colmo de detener a los despistados hinchas de un club de fútbol de Colombia (que viajaron al Paraguay a una competencia de la Copa Libertadores de América) y a dos ingenieros ecuatorianos, que trabajan con empresas transnacionales. El intento de aterrorizar a la población cayó en el ridículo. El golpe de gracia lo dio la delegación de observadores internacionales que, al ser consultada sobre las bombas y la guerrilla que estaban por hacer explotar el Paraguay –según Nicanor– sostuvo que había un ambiente de total tranquilidad, y que ellos, como observadores, instaban a la población a votar a conciencia y en paz.

La jornada electoral transcurrió en una calma casi total. Hubo apenas algunos incidentes menores. Durante la votación, de boca de urnas, teníamos la información de que Lugo se imponía, aunque por un margen relativamente estrecho. A una hora del cierre de los locales y luego de la difusión de resultados de boca de urna, que daban una ventaja a Lugo de 3 a 6 puntos, el Partido Colorado habló de un «empate técnico». Temíamos un largo pleito y el eterno fraude. Con el paso de las horas la diferencia fue creciendo. El festejo popular se hizo sentir en las calles. Esta evidencia y la solidaria presencia de cientos de observadores internacionales, no dejaron margen de maniobra al Partido Colorado que, por medio de su candidata, reconoció la derrota.

En la legislatura, la mayor votación dentro de la APC la obtuvo el PLRA con 70%, cifra que le confiere 90% de las bancas de esa coalición, mientras que los partidos de centroizquierda e izquierda cosecharon un considerable 30% de los votos, pero solo ocupan 10% de las bancas de APC debido a la dispersión de las más de 10 diferentes candidaturas de ese espectro que apoyaron a Lugo. Por su parte, el Movimiento Popular Tekojoja recibió 12% del voto de la APC, lo que representa 2 parlamentarios electos. Nuestro éxito fue aglutinarnos en torno a la candidatura de Lugo. Nuestro fracaso fue no haber llegado a un acuerdo para presentar candidaturas unificadas de izquierda en la elección parlamentaria.

Más importante que el número de bancas parlamentarias es el rol que el progresismo jugará en la construcción de una nueva sociedad, más justa, y también, para evitar un choque abierto entre colorados y liberales. En el Paraguay, persiste un viejo enfrentamiento entre los dos partidos tradicionales que, como se indicó, no han sabido resolver sus diferencias democráticamente, sino «a cañonazos». Tras 61 años de gobierno prebendatario excluyente, toda la administración pública paraguaya es colorada, lo que generó un inmediato temor de los funcionarios públicos, que son alrededor de 200 000. De manera natural, los sindicatos del sector público establecieron contacto con dirigentes de Tekojoja, por temor de que los liberales adopten medidas revanchistas, es decir, los despidan o los persigan. Esto obedece a que en el Paraguay, la mayor crispación se da entre los afiliados a los dos partidos tradicionales de derecha, liberales y colorados, y no entre la izquierda y la derecha. De ahí el acercamiento de funcionarios públicos colorados a Tekojoja y no al PLRA.

Los latifundistas son los que temen a la izquierda y a Fernando Lugo. El 1% de la población paraguaya es propietaria del 80% de la tierra, en la que se practica una política más extractiva que productiva, concentrada en los pastos para ganado y la sobreexplotación del suelo para la soja, con poco o nulo empleo de calidad. Los peones de las estancias son más esclavos feudales que proletarios con derechos sociales. La oligarquía terrateniente, agrupada en la Asociación Rural del Paraguay (ARP), no dudó en hacer una activa campaña contra Fernando Lugo. Con la victoria de éste, la ARP se hundió junto con el Partido Colorado. También se hundieron el autoritario y derechista Lino Oviedo y el fundamentalista católico y neoliberal Pedro Fadul. El triunfo de Lugo fue, entonces –más que una victoria de la izquierda– una histórica derrota de la derecha más recalcitrante.

¿Cuáles son las perspectivas? A Lugo no le será fácil gobernar. Carece de mayoría en el Congreso, pues la APC solo cuenta con 40% de los diputados y senadores, aunque podría negociar el apoyo permanente o transitorio de algún sector de la oposición. Los principales desafíos serán institucionalizar el país, acabar con la corrupción e implementar reformas sociales, aunque sin polarizar la sociedad entre izquierda y derecha, ni entre colorados y liberales. En cuanto a lo primero, la reforma agraria será lo más crítico; y en cuanto a lo segundo, lo será el trato con los funcionarios públicos. La línea política del gobierno de la APC, en cualquier caso, será de un moderado progresismo, muy parecido a lo que ocurre en Uruguay o Brasil. No hay condiciones políticas ni sociales para hacer cambios más profundos, que podrán venir solo después de la próxima elección, en el 2013, si la izquierda se fortalece y se articula.

Internacionalmente, el principal desafío será la recuperación de la soberanía hidroeléctrica, uno de los ejes fundamentales de la campaña electoral de Lugo. Se trata de un tema muy similar al del gas natural de Bolivia. El Paraguay recibe apenas unos $400 millones anuales por este concepto, mientras que se calcula que un precio mínimamente justo sería de por lo menos $2 500 millones, habida cuenta que la hidroelectricidad paraguaya ahorra la quema de 90 millones de barriles de petróleo al año a las empresas eléctricas –muchas de ellas transnacionales– de Brasil y Argentina. Es decir, la hidroelectricida paraguaya le ahorra unos $10 000 millones al año a esos países, de acuerdo a la actual cotización del crudo. Sostener, como lo hace la APC, que la cuarta parte de este ahorro es un precio justo, es una postura altamente conciliadora. En este caso, Lugo comenzó con el pie derecho al ser recibido el 2 de abril por Lula, en Brasilia, donde éste se comprometió a estudiar todas las preocupaciones paraguayas sobre Itaipú con un criterio de justicia. «No queremos crecer volviendo más miserable a un país pobre como el Paraguay», afirmó solidariamente Lula.[2] Con la presidenta de Argentina, Cristina Fernández, también hay buena relación para estudiar un precio justo para la energía paraguaya de Yacyretá.

Si Fernando Lugo consigue un precio mínimamente justo para la energía hidroeléctrica que exporta al Brasil y a la Argentina –como todo hace pensar que ocurrirá– quedará en la historia como el que consiguió recuperar la soberanía de la principal riqueza natural del país. Al mismo tiempo, tendrá los recursos financieros para sacar de la miseria al pueblo paraguayo.

El desafío es enorme y la tarea no será fácil. La victoria electoral del 20 de abril de 2008 permite iniciar un proceso de transformación del Paraguay en articulación con los cambios de la región. Con convicción decimos en guaraní: *oñondive mante jajapóta* (solamente juntos lo haremos) y, en este «juntos», incluimos a los pueblos de toda América Latina.

RICARDO CANESE

Secretario de Relaciones Internacionales del Movimiento Popular Tekojoja y parlamentario electo por el mismo movimiento como representante del Paraguay en el Parlamento del MERCOSUR (PARLASUR).

---

[2] Agencia de Noticias *Mundo Posible* (www.mundoposible.cl), 3 de abril de 2008.

Bolivia: doce claves, dos escenarios y seis variantes de resolución política

HUGO MOLDIZ

Dos años y medio han transcurrido en una Bolivia gobernada, por vez primera en toda su historia, por un presidente indígena y con protagonismo de las clases subalternas. Ese gobierno ha dado pasos significativos hacia la satisfacción de las reivindicaciones populares, pero al mismo tiempo enfrenta una diversidad de problemas, entre ellos la resistencia de las clases dominantes a dejar de ser tales y a renunciar a sus privilegios, lo que conduce a plantear varios escenarios de resolución de la crisis más profunda de la historia de este país sudamericano.

Es muy difícil anticipar qué va a pasar en Bolivia. Sin embargo, en ambos bloques que se disputan el poder existe la conciencia de que se entró en la recta final de la resolución de la crisis, ya sea por la vía *fundacional*, es decir, que lo indígena-popular se levante como proyecto hegemónico de un nuevo orden societal y estatal, o mediante un proceso *refundacional*, en el que las clases dominantes reproduzcan, en nuevas condiciones, su poder clasista y colonial. Por esta razón, con el objetivo de facilitar una mejor comprensión de la realidad boliviana, el presente ensayo plantea las doce claves que caracterizan el proceso liderado por Evo Morales, los dos escenarios que de ellas se derivan y las seis variantes de resolución política existentes.

Las doce claves

1. A dos años y medio del inicio del gobierno del presidente Evo Morales, Bolivia continúa experimentando una crisis de Estado, la cuarta en toda su historia, cuyos orígenes hay que rastrearlos hasta 1998, durante el gobierno constitucional del ex dictador Hugo Banzer Suárez, quien renunció un año antes de la conclusión de su mandato, afectado por un cáncer terminal que lo obligó a dejar la conducción del país en manos de Jorge Quiroga, hoy máximo dirigente del partido derechista Poder Democrático y Social (PODEMOS).

Sin embargo, esta crisis de Estado, entendida como la pérdida del liderazgo ideológico, moral e intelectual de las clases dominantes, es la más profunda pues se expresa en el enfrentamiento entre un viejo sistema de creencias que sintetiza los 182 años de existencia de la república y los 20 años de neoliberalismo, y otro proyecto que reivindica lo indígena-popular como el centro a partir del cual organizar la economía, la política, la estructura estatal, la cultura y la sociedad.

La crisis de Estado se mantiene pues si bien hoy está en entredicho el proyecto hegemónico que prevaleció con distintos ropajes políticos –militares y civiles– a lo largo de la historia nacional, en la que lo indígena-popular era subsumido por la «visión de país» de las clases dominantes, de naturaleza señorial, eso no quiere decir que el proyecto contrahegemónico de las clases subalternas, en plena construcción, tenga el camino allanado para convertir su concepción de país en el nuevo sistema de creencias y en liderazgo político, moral e intelectual; es decir, la irresolución de lo ideológico, como «cemento» o articulador de las estructuras económicas y jurídico-políticas determina, como señala Gramsci, que lo viejo no termina de morir ni lo nuevo de nacer.

2. Las máximas expresiones de la crisis estatal, como señales de un momento constitutivo, han sido las jornadas de abril y septiembre de 2000, en el gobierno del binomio Hugo Banzer-Jorge Quiroga. A la primera se le conoció como la «guerra del agua», que culminó con la expulsión de una transnacional en el departamento central de Cochabamba,[1] y a la segunda movilización, que contó con una decidida participación campesina, se le bautizó con el nombre de «septiembre rojo». En ambas protestas sociales, pero sobre todo en la primera, se produjo un resquebrajamiento del aparato policial y la irrupción de nuevos actores colectivos, como las juntas de vecinos, que se sumaron a la fuerza de los movimientos sociales indígenas y campesinos.

Pero expresiones mayores fueron las protestas de febrero y octubre de 2003, que pasarán a la historia por ser representativas de dos derrotas consecutivas del neoliberalismo como proyecto de dominación global y de los partidos que lo sustentaban: Acción Democrática Nacionalista (ADN), Movimiento Nacionalista Revolucionario (MNR), Movimiento de Izquierda Revolucionaria (MIR), Nueva Fuerza Republicana (NFR) y Unidad Cívica Solidaridad (UCS). En la primera, una combinación popular-policial frenó el «impuestazo» que el presidente Gonzalo Sánchez de Lozada había decidido ejecutar y produjo una ruptura del aparato militar y policial. En la segunda, la resistencia indígena-popular a la venta de gas natural a los Estados Unidos por conducto de un puerto chileno, agravada por la masacre de campesinos en el altiplano paceño y de vecinos en la ciudad de El Alto, terminó con la renuncia del

---

[1] Se refiere a la cancelación de los contratos otorgados por el gobierno de Hugo Banzer a la transnacional Bechtel, que brindaba un deficiente servicio de agua a las zonas urbanas y se negaba a abastecer a las áreas rurales. Consúltese a Hugo Moldiz: «Crónica del proceso constituyente boliviano», *Contexto Latinoamericano* no. 1, México D. F., 2006. [*N. del E.*]

presidente Gonzalo Sánchez de Lozada y su fuga a los Estados Unidos, donde actualmente se encuentra bajo protección.

3. La crisis estatal, que implica un cuestionamiento estructural al sistema de dominación, se traduce en esa disputa por la hegemonía de las clases subalternas, hoy representadas por un gobierno indígena-popular, en un empate catastrófico o de equilibrio inestable de fuerzas, cuyas manifestaciones, en sus orígenes y desarrollo, son dos:

- Primero, en octubre de 2003, una sublevación democrática, indígena-popular forzó la renuncia de Sánchez de Lozada, la figura emblemática del neoliberalismo, y planteó la siguiente agenda: nacionalización de los hidrocarburos, Asamblea Constituyente y cambio del modelo neoliberal.

  El gobierno de Morales concluyó el cumplimiento de la primera demanda de la «Agenda de Octubre» en mayo de 2008, con lo que los ingresos del Estado, que antes solo tenía acceso al 18% del negocio petrolero, han subido de cerca de 300 millones de dólares a unos 2 000 millones anuales. La nacionalización del petróleo, dictada el 1ro. de mayo de 2006, a escasos cuatro meses de ocupar un indígena el Palacio Quemado, se consolidó el 1ro. de mayo del presente año, cuando se nacionalizó a cuatro empresas petroleras que en 1995 «capitalizaron» a la estatal Yacimientos Petrolíferos Fiscales Bolivianos (YPFB).

  Sin embargo, la nueva Constitución Política del Estado, aprobada en detalle en diciembre de 2007, luego de un año y medio de sesiones entrampadas por el tema de la «capitalidad», se encuentra bloqueada por la negativa de la oposición en el Senado a aprobar la convocatoria al referéndum constitucional necesario para validarla.

  El tema de la «capitalidad» fue introducido por los partidos de derecha y los comités cívicos en el debate de la Asamblea Constituyente, maniobra con la que bloqueó en mayo de 2008 su normal funcionamiento y tensionó a las fuerzas oficialistas con la dirigencia de Sucre, capital de Bolivia, que reclamaba el regreso de la sede del Gobierno y del Congreso Nacional a esa ciudad.

  En cuanto al cambio del modelo neoliberal. A pesar de una mayor intervención del Estado en la economía, con medidas como la nacionalización de la Empresa Metalúrgica Vinto, el yacimiento de estaño de Posokoni, la empresa Nacional de Telecomunicaciones (ENTEL), la derogatoria de la libre contratación y la regulación de la industria alimentaria, bajo el principio de que primero está la alimentación del pueblo, todavía se mantienen instrumentos de las políticas de ajuste estructural.

- Segundo, como ocurre en toda sociedad dividida en clases sociales antagónicas, en junio de 2004 y enero de 2005, ya en el gobierno de Carlos Mesa –el vicepresidente que sucedió a Sánchez de Lozada–, la derecha, agazapada en el departamento de Santa Cruz, dio origen a otra agenda cuya principal demanda movilizadora llegó a ser la autonomía.

El 26 de octubre de 2004 es el hito de la contraofensiva de las clases dominantes. Ese día, la Asamblea de la Cruceñidad aprueba avanzar hacia un Estado Federal y convoca a un cabildo que se realiza el 28 de enero de 2005, en el cual, con la participación de alrededor de 250 000 personas, se deja de lado la conformación del Primer Gobierno Provisional Autonómico, anunciado en su Constitución para esa fecha, pero se ratifica la demanda de autonomía.

A esa demanda, hoy liderada por fracciones separatistas de ese departamento, se sumaron los departamentos de Beni, Pando y Tarija, además de la ciudad de Sucre, en los que las clases dominantes se atrincheraron para desplegar toda su estrategia opositora al gobierno de Evo Morales.

Por lo tanto, a partir de enero de 2005 la lucha de los actores sociales y políticos por la materialización de ambas agendas ha experimentado avances y retrocesos, como se vio en el resultado de las elecciones generales y prefecturales de ese mismo año.

4. Las manifestaciones de este empate, a partir de las elecciones generales de 2005, han sido varias:

Evo Morales y el Movimiento al Socialismo (MAS) ganaron las elecciones generales del 18 diciembre de 2005 con 53,7% del voto ciudadano,[2] un porcentaje nunca visto en la historia de la democracia boliviana, pero en las elecciones de prefectos (una especie de gobernadores) la oposición triunfó en seis de los nueve departamentos de este país sudamericano. El MAS ganó en Oruro, Potosí y Chuquisaca, tres departamentos con escaso peso en la economía nacional y con relativa influencia en el acontecer político. La oposición obtuvo el control de La Paz –lo que se relativiza por encontrarse en ese departamento la sede de gobierno y la base social más fuerte y politizada del MAS–, Cochabamba –lugar donde Evo Morales forjó su liderazgo con los productores de coca y en el que hay una fortaleza de organización sindical popular–, Beni, Pando, Tarija y Santa Cruz.

Este comportamiento contradictorio del electorado boliviano, que votó de una manera para Presidente y de otra para prefectos o autoridades locales, es una constatación del equilibrio inestable de fuerzas a nivel político e ideológico.

El MAS controla la Cámara de Diputados con una holgura que le permite contar con los dos tercios necesarios para aprobar las leyes más importantes, pero es minoría en la Cámara Alta, donde los partidos opositores «congelan» varias iniciativas oficialistas.

---

[2]   Véase el sitio web de la Corte Nacional Electoral (www.cne.gov.bo). [*N. del E.*]

5. Bolivia es una formación social capitalista y colonial. La particular forma en la que este país se insertó en la economía mundial y el momento en que lo hizo determinan que el desarrollo de las relaciones sociales de producción capitalistas –vinculadas a la extracción de materias primas– sean consustanciales con la reproducción de las relaciones colonialistas. Esto implica que, al menos en su génesis, la constitución de clases sociales se hizo a partir del color de la piel, el apellido y la posición económico-cultural. De ahí que no sea casual que las clases dominantes tengan fuertes rasgos blancoides y señoriales, y las clases dominadas –de obreros, campesinos y demás trabajadores– tengan una preeminencia indígena, principalmente de aymaras y quechuas, los dos pueblos originarios demográficamente más importantes de este país.

Bolivia es hoy un escenario de las luchas de clases en su máxima expresión. De un lado está el bloque indígena-popular que supera la fórmula clásica de proletariado y campesinado, y en el polo opuesto constituido por el núcleo de la burguesía agroexportadora, particularmente asentada en el departamento oriental de Santa Cruz, la fracción industrial-financiera y terratenientes profundamente vinculados a los intereses transnacionales.

La confrontación clasista está fuera de toda duda. De hecho, la recta final del enfrentamiento entre revolución y contrarrevolución, entre el futuro y el pasado, adquirió mayor claridad entre agosto y diciembre de 2007, cuando la presión de las clases subalternas se abrió paso, con el pleno respaldo del gobierno, para desbloquear la Asamblea Constituyente que durante un año estuvo virtualmente paralizada por las fuerzas derechistas. Si algo de parecido tiene hoy la situación boliviana con la vivida por su pueblo en febrero y octubre de 2003, es que se pone a prueba de fuego la capacidad de movilización que los pobres, de la ciudad y el campo, tengan para derrotar, en el corto plazo, los planes desestabilizadores de la derecha y el imperialismo.

Para garantizar su presente y su porvenir, el bloque indígena-popular, constituido durante décadas de resistencia anticolonial y anticapitalista, está obligado a cerrar filas con un gobierno que en dos años y medio le ha dado lo que en 182 años de historia republicana las clases dominantes le habían negado: el acceso a la salud, la educación y la seguridad social. Gracias al internacionalismo revolucionario de Cuba y Venezuela, Bolivia, con una población de 9 millones de habitantes, ha realizado más de 12 millones de atenciones médicas, ha efectuado a más de 250 mil intervenciones quirúrgicas oftalmológicas y ha salvado a más de 12 mil personas de la muerte, además de haber sacado de la oscuridad del analfabetismo, a más de 515 mil hombres y mujeres.

A estas conquistas, cuya sensibilidad solo es posible de aquilatar cuando se vive en un país como Bolivia –el más pobre después de Haití en América Latina– o se le conoce profundamente, hay que agregar la creación de la Renta Dignidad, que beneficia a más de 700 mil ancianos, y el Bono Juancito Pinto para los niños en edad escolar hasta el sexto grado y que el presidente Evo Morales ha prometido ampliar el siguiente año hasta el octavo grado.

Como contrapartida, las clases dominantes, que encontraron en las organizaciones cívicas el sustituto de sus debilitados y quizá inexistentes partidos, están en plena ofensiva, bajo las banderas de las autonomías, para liquidar cualquier posibilidad de construir una sociedad no capitalista, «socialista comunitaria», como dijo hace poco Evo Morales en la Organización de Naciones Unidas (ONU).

La ofensiva contra el proceso boliviano está liderada por la burguesía agroexportadora asentada en el departamento de Santa Cruz, al este de La Paz, y por un grupo reducido de familias, cerca de unas 40, que concentran más del 75% de la tierra productiva de ese departamento en sus manos.

6. Otra de las expresiones de la crisis de Estado es el derrumbe del viejo sistema de partidos políticos y los intentos poco fructíferos de reconstruir o construir otro alternativo. Partidos como el MIR –que se constituyó al calor de la resistencia a la dictadura de Banzer en 1970 y que en 1989 se alió con ese ex dictador y facilitó su elección a la presidencia–, ADN –fundada por Banzer en 1979 para participar en las elecciones generales en el marco de las «democracias viables» del presidente James Carter–, NFR del ex edecán del dictador Luís García Meza y actual prefecto de Cochabamba, Manfred Reyes Villa, y los populistas Conciencia de Patria (CONDEPA) y UCS, hoy forman parte de las reliquias políticas que tuvieron vigencia 20 años.

El sistema político tiene hoy a nuevos partidos: MAS y PODEMOS como a los principales protagonistas, y a Unidad Nacional (UN) y al MNR[3] como organizaciones complementarias; pero también la fuerza de los movimientos sociales indígenas-campesinos y los comités cívicos, principalmente de los departamentos de la llamada «Media Luna»: Santa Cruz, Tarija, Beni y Pando.

De hecho, el MAS es una suerte de coalición de movimientos sociales como la Confederación Sindical Única de Trabajadores Campesinos de Bolivia (CSUTCB), la Confederación Sindical de Colonizadores de Bolivia (CSCB) y la Federación de Mujeres Campesinas de Bolivia «Bartolina Sisa». Las tres organizaciones, que en 1995 dieron nacimiento a su Instrumento Político, cuentan con la participación de los productores de la hoja de coca, de los que surge el liderazgo de Evo Morales. También están presentes en la estructura masista las organizaciones indígenas Consejo Nacional de Markas y Ayllus de Qollasuyu (CONAMAQ), con presencia en la parte occidental, y la Confederación Indígena del Oriente Boliviano (CIDOB), además de los gremiales y las juntas vecinales de la ciudad de El Alto, vecina de La Paz.

---

[3]   El MNR, el partido que lideró la revolución nacional en 1952 con medidas como la reforma agraria, el voto universal y la nacionalización de las minas, pero que a partir de 1985 encabezó la privatización y transnacionalización de la economía, es el único que ha sobrevivido del viejo sistema de partidos.

7. Las tradicionales organizaciones sindicales y empresariales que desempeñaban papeles protagónicos en la década de 1970 –en la Bolivia gobernada por una dictadura militar–, y en la primera mitad de la de 1980 –ya recuperadas las libertades democráticas, cuando asumió la conducción del país la reformista Unidad Democrática y Popular (UDP), hoy desempeñan un papel secundario. La otrora combativa Central Obrera Boliviana (COB) y su principal base social, la Federación Sindical de Trabajadores Mineros de Bolivia (FSTMB), dejó de ser el factor de organización y lucha de las clases subalternas, al punto tal que en dos años de gobierno de Evo Morales su actuación ha sido muchas veces en sentido contrario al proceso de cambio.

La COB, que fue un producto de la revolución nacional de 1952, se debilitó a partir de 1985, cuando en Bolivia se puso en marcha el modelo neoliberal, y liquidó a la Corporación Minera Boliviana (COMIBOL) con el pretexto de la caída de los precios de los minerales en el mercado mundial. Contrariamente al papel de las organizaciones indígenas-campesinas, que tensionaban el ambiente con marchas hacia la sede de gobierno, la matriz sindical boliviana desempeñó un papel relativo en las dos décadas de resistencia a las políticas de ajuste estructural. La centralidad proletaria se había perdido.

Pese a los dos años y medio de gobierno indígena-popular, aún no se ha podido reducir las distancias que los sindicatos mantienen respecto al MAS, a las organizaciones campesinas-indígenas y al propio aparato gubernamental. La figura de Morales es la única que juega una suerte de puente entre la vieja estructura sindical y los movimientos sociales.

Empero, una señal importante en la forja de una alianza campesino-obrera se dio el 1ro. de mayo pasado, cuando el máximo ejecutivo de la COB, Pedro Montes, estuvo presente en Plaza Murillo, junto al presidente Morales, al momento de anunciarse la nacionalización de cuatro empresas petroleras y una de telecomunicaciones, además de otras medidas para beneficio de los trabajadores.

En el bloque de las clases dominantes, la Confederación de Empresarios Privados de Bolivia (CEPB), desde principios de año liderada por un empresario cruceño, está caminando muy lentamente en su papel de articulador de los intereses empresariales, nacionales y transnacionales, y el peso se mantiene en la Cámara de Industria, Comercio, Servicios y Turismo de Santa Cruz (CAINCO) y en la Cámara Agropecuaria del Oriente (CAO), dos organizaciones de empresarios del oriente.

8. El gobierno –apoyado por los movimientos sociales– y la oposición –respaldada por los comités cívicos y por los partidos Podemos, MNR y UN–, mantienen diferencias en torno a los siguientes puntos:

- La Constitución Política del Estado aprobada en Oruro.
- El carácter de las autonomías.

- La distribución de los ingresos del Estado.
- La distribución de tierras.

El texto constitucional fue aprobado en diciembre de 2007 por diez fuerzas políticas, bajo la conducción del MAS, incluidas fracciones de los partidos de la derecha. Sin embargo, el proyecto de Constitución, que deberá ser puesto a consideración del pueblo mediante referéndum, según establece la ley de convocatoria para la Asamblea Constituyente, tiene ejes rechazados por las clases dominantes, lo que provoca la no aprobación de la convocatoria a dicho referéndum por parte del Senado.

El proyecto de Constitución Política del Estado declara el carácter plurinacional de Bolivia, es decir, que echa por tierra la naturaleza monocultural y monocivilizatoria que se mantuvo en la estatalidad boliviana a partir de la fundación de la república, en 1825, y reconoce la existencia de 34 naciones originarias y sus respectivas lenguas, formas de organización política, social, jurídica y económica.

Como consecuencia de esta primera definición y «visión de país», el proyecto de Constitución incorpora un concepto de democracia mucho más amplio que el actual, al reconocer formas liberales y comunitarias en la elección de las autoridades y en el ejercicio y participación del poder. Con otras palabras, sin negar una de las expresiones de la democracia representativa, el sistema de elecciones y partidos políticos, se establecen otros mecanismos de democracia directa, como los referéndums, y se reconoce el derecho que tienen los pueblos indígenas a la elección de sus autoridades, mediante usos y costumbres no partidarios, en ciertos niveles compatibles con las autonomías.

El segundo es que establece una «economía plural» al reconocer la existencia y la necesidad de una articulación entre la economía estatal, comunitaria y privada. Las clases dominantes insisten en que el Estado solo debe jugar un papel regulador de la economía y discrepan con la propuesta oficial de crear empresas o de recuperar las que fueron privatizadas, además de cuestionar la creación de unidades productivas de propiedad social que superen la enajenación del trabajo. La propiedad privada es reconocida y goza de protección del Estado en la medida que cumpla una función económico-social.

El tercer eje, que provoca las principales confrontaciones entre el gobierno y la oposición, es la descentralización política mediante las autonomías, no solo departamentales –como demandan las clases dominantes–, sino provinciales, municipales (que ya existen) y territoriales indígenas.

La oposición, de la mano de los comités cívicos, plantea autonomías departamentales con competencias nacionales que lindan con el federalismo en temas como distribución de tierra, comercio exterior, recursos naturales no renovables, la naturaleza de la asamblea departamental y otros.

El cuarto, también motivo de grandes controversias, es el reconocimiento de la pluralidad jurídica por la vía de constitucionalizar la «justicia comunitaria», de aplicación a veces tergiversada, en las comunidades rurales, y la elección de los magistrados del Poder Judicial por la vía del sufragio popular.

El quinto es el reconocimiento y la garantía de igualdad de oportunidades para todos los pueblos –como sujetos colectivos– y los ciudadanos –derechos individuales–, y se constitucionaliza una serie de conquistas sociales que el gobierno de Morales puso en marcha en estos dos años: el Seguro Universal de Salud, el Bono Juancito Pinto y la Renta Dignidad.

En el tema de la distribución de los ingresos del Estado, el oficialismo propone que los recursos beneficien a todos los bolivianos y que debe plantearse un equilibrio entre el gobierno nacional, al que el neoliberalismo le ha recortado drásticamente sus posibilidades de hacer inversiones, y los gobiernos subnacionales, que cuentan con un 80% de recursos para la inversión. Por lo demás, se plantea que ambos niveles de gobierno deben aportar para el cumplimento de las medidas sociales (Bono Juancito Pinto y Renta Dignidad). En la problemática de las tierras, el gobierno insiste en mantener la competencia nacional en materia de distribución y en su voluntad de revertir una lacerante realidad: de las 36 millones de hectáreas aptas para el cultivo y el pastoreo, 32 millones están en manos de unos pocos empresarios y latifundistas, mientras 4 millones están repartidas en más de 2 millones de indígenas y campesinos, de lo cual se deriva que, al menos otros 2 millones de indígenas, carecen de tierra.

La oposición, controlada por la burguesía agroexportadora y los latifundistas, plantea que la distribución de tierras debe ser una competencia de los gobiernos departamentales.

9. En los últimos dos meses se han producido fisuras en el bloque en el poder. Convencidos de que el gobierno de Evo Morales está debilitado, las élites dominantes, independientemente de su pertenencia a una misma fracción de clase, están dando señales de arduas rivalidades.

Las relaciones de poder entre las clases dominantes cruzan transversalmente comités cívicos, logias (una forma de organización de la burguesía en Santa Cruz), cámaras empresariales y partidos políticos. La disputa es intra e inter organizacional y se explica por el criterio, al parecer generalizado, de que hay que luchar por apoderarse de la mayor porción de la torta ahora que el gobierno está debilitado.

Una de las manifestaciones de estas fisuras se dio una semana después del referéndum por los estatutos autonómicos que las clases dominantes llevaron adelante de la mano de la Prefectura de Santa Cruz, el 4 de mayo, en medio de un alto índice de abstención. El 8 de mayo el Senado, de mayoría opositora, aprobó la ley de revocatoria de mandato popular para Presidente, Vicepresidente y Prefectos que la tenían congelada desde la primera semana de diciembre de 2007, cuando la Cámara de Diputados, con hegemonía oficialista, la aprobó a pedido del presidente Morales como un aporte para la resolución de la crisis política.

Las contradicciones en las clases dominantes afloraron tanto por las disputas de poder entre el prefecto Rubén Costas, que aspira a mantenerse en el puesto, y el líder cívico, Branko Marinkovic, que no oculta su deseo de asumir el poder político institucionalizado en el departamento de Santa Cruz, el más pujante de Bolivia, como por la decisión del jefe de PODEMOS, Jorge Quiroga, de posicionar a su partido como el referente opositor ante la eventualidad de unas prontas elecciones generales.

Las rivalidades de poder entre Costas y Marinkovic datan de hace años, según se conoce, pero suben en grado en diciembre de 2005, cuando el segundo vence las resistencias del primero para jurar como miembro de los «Caballeros del Oriente».

La convocatoria a un referéndum revocatorio ha levantado ambiciones en otros políticos cruceños y también ha provocado fisuras entre las logias cruceñas «Caballeros del Oriente» y «Toborochi», cuya circunstancial unidad se forjó semanas antes de que Evo Morales jurara como Presidente de Bolivia.

10. Las relaciones entre Bolivia y los Estados Unidos son tensas debido a las distintas formas con las que los diplomáticos estadounidenses conspiran contra el gobierno y apoyan a la oposición. La intromisión del embajador Philip Golberg se manifiesta desde el financiamiento, mediante la Agencia de los Estados Unidos para el Desarrollo Internacional (USAID, por sus siglas en inglés) a prefectos y grupos de activistas de oposición que bajo las banderas de la democracia y los derechos humanos empiezan, como sucede en Cuba y Venezuela, a tratar de aglutinar y movilizar a fracciones de las clases medias urbanas, hasta el control de los servicios de inteligencia montados en décadas bajo la cobertura de la doctrina de la seguridad nacional.

De acuerdo a una información, no desmentida por la Embajada de los Estados Unidos, ni por su titular, altamente comprometido con el separatismo en Kosovo, la Agencia Central de Inteligencia (CIA), que según se estima tiene en Bolivia la base más importante de agentes después de México, ha realizado operaciones de espionaje a través del Centro de Operaciones Especiales (COPES), un grupo irregular de inteligencia que actuaba al margen de la ley y con financiamiento estadounidense.

En marzo pasado John van Schaick, un joven becario del programa Fullbright, denunció, ante el canciller boliviano David Choquehuanca, a un asesor de seguridad de la Embajada de los Estados Unidos, Vicent Cooper, por haberle pedido «recaudar información» de ciudadanos cubanos y venezolanos con los cuales eventualmente iba a cruzarse al momento de realizar su trabajo voluntario.

El Departamento de Estado de los Estados Unidos calificó de «error» y de violación de la política establecida por ese país, la intención de Cooper de usar a becarios o voluntarios estadounidenses en Bolivia como fuentes de inteligencia.

Las operaciones clandestinas de los servicios secretos de los Estados Unidos en Bolivia quedaron plenamente confirmadas el 5 de febrero de 2006, cuando el director de la CIA, Michael McConell, informó ante un Comité de la Cámara de Representantes de ese país sobre las «actividades desestabilizadoras» que cubanos y venezolanos desarrollan contra la democracia boliviana. Por su parte, el gobierno boliviano negó la valoración de la inteligencia estadounidense sobre la cooperación cubano-venezolana y el presidente Morales pidió a los diplomáticos, en una clara señal a Goldberg, no jugar a la oposición.

La presencia de los servicios de inteligencia de los Estados Unidos en Bolivia no es una novedad. Por no ir muy lejos, ellos desempeñaron una función activa en la «Operación Cóndor» en la década de 1970 y en la desestabilización de gobiernos democráticos y progresistas, considerados no amistosos por la Casa Blanca.

11. En febrero de este año, los prefectos de Santa Cruz, Beni, Pando y Tarija, luego de fracasar un segundo intento de diálogo convocado por el Gobierno (el primero fue en octubre-noviembre de 2007), para compatibilizar el proyecto de Constitución con el tipo de autonomías demandadas por esos cuatro departamentos, llamaron a referéndum por los estatutos autonómicos. Santa Cruz fijó para el 4 de mayo, Beni y Pando para el 1ro. de junio y Tarija para el 22 de ese mismo mes.

Paralelamente, el gobierno aprobó la convocatoria a dos referéndums, constitucional y dirimitorio (que buscaba definir el límite máximo de la propiedad rural), para el 4 de mayo, a manera de cruzar la agenda de actos electorales aprobada por la oposición. Sin embargo, en respuesta a esas convocatorias, la Corte Nacional Electoral dio a conocer resoluciones que determinaban, por distintas razones, las ilegalidades de las consultas que el gobierno y la oposición pretendían llevar adelante. El gobierno optó por acatar la determinación del máximo órgano electoral, mientras la oposición cívico-política decidió mantener las cuatro consultas en las fechas previstas.

Los referéndums por los estatutos autonómicos, a los que el gobierno les da el simple valor de consultas, se produjeron en medio de denuncias de fraude, violencia, alta abstención y aislamiento internacional. A pesar de los esfuerzos desplegados por la oposición, ni la Organización de Estados Americanos (OEA), ni la ONU, ni la Unión Europea, ni país alguno del mundo acreditó observadores en esos referéndums, lo que aportó aún más sospechas con respecto a su transparencia.

En los cuatro departamentos, el gobierno y los movimientos sociales desarrollaron tres modalidades de rechazo a la consulta por los estatutos autonómicos: la abstención, el voto por el NO y el bloqueo de caminos o calles para evitar la instalación de ánforas.

El resultado de la consultas es favorable para el gobierno ya que en Santa Cruz, Beni, Pando y Tarija se produjo un nivel de participación por debajo del alcanzado el 2 de julio de 2006, cuando la población fue a las urnas para elegir a los asambleístas para la Constituyente y emitir su opinión sobre si estaba o no de acuerdo con la autonomía departamental en el marco de la nueva Constitución Política del Estado. La abstención fue de cerca de 50% en Santa Cruz y superó ese porcentaje en los demás.

Hay que señalar que coadyuvó a la estrategia de recuperación gubernamental los golpes y los insultos de los que fueron víctimas los campesinos de Chuquisaca que, tras ser conducidos a la plaza principal de la ciudad de Sucre, el 25 de mayo, para celebrar un aniversario más del primer grito libertario en América Latina contra el colonialismo europeo, fueron obligados a arrodillarse y renegar de la Whipala (bandera indígena) y de los símbolos del MAS. El acto de humillación mereció una condena de la mayor parte de la población y la razón histórica de esta insurgencia indígena-popular volvió a cobrar la fuerza que se había perdido en los últimos nueve meses.

El martes 6 de mayo, el gobierno convocó a la oposición al diálogo por tercera vez en menos de un año. A pesar de haber aprobado la ley de revocatoria de mandato popular, el ultraderechista PODEMOS no asistió al diálogo en sus dos primeras jornadas y condiciona su participación al reconocimiento de los referéndums por los estatutos autonómicos realizados en Santa Cruz, Beni, Pando y Tarija. Tampoco se presentaron los prefectos de esos departamentos, a lo que hay que sumar el comportamiento contradictorio del prefecto de Cochabamba, Manfred Reyes Villa, quien asistió a la primera jornada y no a la segunda. De forma que el diálogo se está realizando entre el gobierno, los prefectos oficialistas de Oruro, Potosí y Chuquisaca, además del opositor de La Paz, y los partidos de oposición, UN y MNR.

La agenda acordada por consenso es la compatibilización de la Constitución y los estatutos autonómicos, la distribución de los ingresos del Estado y un pacto para garantizar la alimentación.

Los dos escenarios

A partir de todo lo anteriormente señalado, la dinámica de la coyuntura política boliviana conduce a ser cautos en el pronóstico y más bien induce a plantear dos posibles escenarios de resolución de la crisis estatal:

1. La realización del referéndum revocatorio del mandato popular el 10 de agosto de 2008, con tres subescenarios:

Primero, gana Evo y la oposición pierde los departamentos de Pando, Tarija, Cochabamba y La Paz. En ese caso, si bien Santa Cruz sigue siendo la trinchera de la derecha, la perspectiva de la oposición se limita por el debilitamiento de la «Media Luna» y la creciente rebelión que las clases subalternas protagonizan en ese departamento oriental.

Segundo, gana Evo y la oposición pierde solo Cochabamba y La Paz. En este caso la derecha está intacta ya que se mantiene la articulación de Santa Cruz, Beni, Pando y Tarija, en medio, sin embargo, de una creciente resistencia indígena-popular en cada uno de esos departamentos.

Tercero, Evo pierde. Ahí ya no importa si la derecha pierde o no el control de algunos o todos los departamentos de la «Media Luna», además de La Paz y Cochabamba. Es altamente seguro que eso detendría los diálogos por la compatibilización de la Constitución y los estatutos, y provocaría el adelanto de elecciones generales en el plazo máximo de 120 días, es decir, en diciembre de este año.

2. La suspensión del referéndum revocatorio de mandato popular. Eso, al igual que la primera posibilidad y sus variantes, implicaría los siguientes sub-escenarios:

Primero, se produjo un acuerdo de modificación de la Constitución aprobada en Oruro y su respectiva compatibilización con los estatutos autonómicos. Eso, como es obvio, se traducirá en una convocatoria al referéndum constitucional, para que el soberano apruebe o no. Si es positivo, se pasa a una inmediata convocatoria a elecciones generales y de prefectos dentro del plazo de 120 días. Todos tienen derecho a ser candidatos, incluido el presidente Morales.

Segundo, no se logran acuerdos en los diálogos, se pone trabas al referéndum revocatorio y también a cualquier intento oficial de un referéndum constitucional.

En ese sub-escenario se dan dos variantes adicionales: a) la derecha apunta a que el presidente Morales llegue desgastado al fin de su mandato, con casi medio país en condiciones de gobernabilidad muy difíciles, y sin poder participar como candidato en las siguientes elecciones generales y b) el gobierno decide adelantar las elecciones generales, como ya ha pedido Unidad Nacional, pero recurre a la movilización social previa para asegurar, con el precedente de 1985, la participación de Morales como candidato presidencial.

HUGO MOLDIZ

Comunicador Social y abogado, escritor e investigador, magíster en relaciones internacionales.

El escándalo de la parapolítica en Colombia

LUIS I. SANDOVAL

Todos los vientos comenzaron a soplar a favor de un candidato que aparecía en los rangos bajos de las encuestas a fines de 2001 y comienzos de 2002. Ese era el desenlace de la coyuntura abierta por el más reciente relevo presidencial en el país. Los diálogos que, en medio del conflicto, sostenían el gobierno de Andrés Pastrana y las Fuerzas Armadas Revolucionarias de Colombia (FARC) iban de crisis en crisis. El importante Informe de la Comisión de Notables, constituida en acuerdo directo entre el presidente Pastrana y Manuel Marulanda, comandante de las FARC, cuyas recomendaciones se hicieron públicas con la aprobación del gobierno y la insurgencia, no frenaron el clima adverso que ya afectaba al proceso. El 11 de septiembre de 2001, tras el atentado a las torres gemelas en Nueva York, la mayor parte de las élites colombianas hicieron habilidosamente una rápida homologación con la situación interna y ubicaron el conflicto colombiano como parte del combate contra el terrorismo global liderado por los Estados Unidos.

El 20 de enero de 2002, al parecer en una recomposición efectiva de los diálogos, el gobierno de Pastrana y las FARC suscriben el Acuerdo de San Francisco de la Sombra, pero finalmente, el 20 de febrero, a raíz del secuestro de un avión en el sur del país para retener al senador Jorge Eduardo Gechem, quedan rotos, de manera definitiva, los diálogos de paz entre esas dos partes.

Terminan así 46 meses de «despeje»[1] en San Vicente del Caguán y se frustran las expectativas de la ciudadanía nacional y del mundo respecto a la paz de Colombia. Lo que predomina en la inmensa mayoría de la población es un cansancio abrumador. En el escenario de la campaña presidencial en curso, este giro de 180 grados en la sensibilidad ciudadana conduce a que las gentes se inclinen por el candidato que

---

[1] Con el término despeje el autor alude a la retirada de todas las fuerzas militares y policiales del territorio abarcado por cinco municipios, cuyo centro era San Vicente del Caguán, solicitado por las FARC y concedido por el gobierno de Pastrana, como área de seguridad dentro de la cual se efectuaron los diálogos entre las partes, y también las reuniones de las FARC con diversos actores políticos y sociales, tanto colombianos como internacionales. [N. del E.]

ofrece exactamente lo contrario de lo que por esos momentos se derrumbaba estruendosamente: los diálogos de paz. A inicios de 2002, el péndulo deja de estar del lado de la paz política y pasa al lado de la promesa de guerra triunfal.

Ese candidato de la guerra triunfal es Álvaro Uribe Vélez, quien ofrece paz con victoria militar: sin despeje, sin diálogo y sin acuerdo humanitario, atado al carro de la lucha antiterrorista global del presidente George W. Bush. Este candidato, que anuncia la guerra a los insurgentes, paz a los paramilitares y seguridad para la población, se trepa con velocidad impresionante en las encuestas, es elegido presidente en primera vuelta en mayo de 2002 y, cuatro años después, en mayo de 2006, es reelegido con casi dos millones de votos más que la primera vez. El repudio de las gentes a las atrocidades del conflicto armado (secuestros, masacres, desapariciones, desplazamientos, extorsiones y otras) y el alivio que muchos sienten con la llamada «política de seguridad democrática» explican estos resultados sin precedentes en la historia del país.

¿Por qué este gobierno aparentemente tan firme y con supuestos buenos resultados está hoy en serios apuros? ¿Porqué la justicia está poniendo tras las rejas a parlamentarios tan cercanos al Presidente, como su propio primo, expresidente del Congreso, Mario Uribe? ¿Por qué se habla en todas partes y por todos los medios de una crisis de legitimidad que alcanza al propio mandatario?

La respuesta a esas interrogantes está en lo que se ha denominado *el escándalo de la parapolítica*, esto es, el tenebroso concierto de mafias y política desarrollado en los tres últimos lustros, del cual se sabía desde hace tiempo, pero cuyos alcances e implicaciones en las elecciones parlamentarias y presidenciales de 2002 solo ahora están comenzando a quedar plenamente al descubierto, con las denuncias realizadas y los debates promovidos por el senador Gustavo Petro,[2] las investigaciones de la Corporación Nuevo Arco Iris, las indagaciones de algunos medios de prensa, el trabajo de la Fiscalía y los jueces, en particular de la Corte Suprema de Justicia y, paradójicamente, también por las confesiones, aún parciales, de los jefes paramilitares a quienes Uribe y sus mayorías parlamentarias han tratado de favorecer y amparar por todos los medios a su alcance.

Algunas cifras reveladoras del fenómeno de la parapolítica, al momento de escribir este artículo, son las siguientes: de 260 parlamentarios, 68 están hasta ahora implicados en procesos de parapólitica por la justicia (algunos estiman que podrían llegar a 80); de ellos 33 están ya en prisión, una de las detenciones más recientes fue la de Mario Uribe, primo del presidente Álvaro Uribe, quien, entre otros altos cargos, fue presidente del Congreso. Se agrega a ello que 11 exparlamentarios están *sub judice* por la misma causa. Al presente, cada vacante de un congresista vinculado al proceso es ocupada por la persona de su misma lista que le sigue en votos, lo cual

---

[2] Gustavo Petro es senador de la República por la coalición de centroizquierda e izquierda Polo Democrático Alternativo (PDA). [*N. del E.*]

no altera la composición política del Congreso y así Uribe mantiene las mayorías parlamentarias, aunque muchos de sus principales cuadros y dirigentes estén en la cárcel, y aunque los segundos y terceros que llegan a reemplazarlos también sean llamados a los pocos días por la justicia.

No es simple participación en reuniones sociales con miembros de la mafia del narcotráfico lo que se endilga a los acusados. Se les acusa de asociación para delinquir, esto es, de hacer pactos y acuerdos para presionar con violencia y dinero a los electores; secuestrar o asesinar en forma selectiva a rivales, opositores políticos y líderes sociales; efectuar masacres de supuestos colaboradores de la guerrilla; producir desplazamientos masivos por interés económico, político, electoral o militar; y apropiarse ilícitamente de tierras y bienes públicos. Ninguno de estos cargos es producto de casos excepcionales, sino de situaciones y acciones sostenidas y generalizadas durante años, de tal manera que está perfectamente claro que se alteró sustancialmente la estructura política que prevalecía en centenares de municipios y, por lo menos, en seis regiones, como se ha podido concluir al comparar los guarismos de las elecciones de 2002 con la trayectoria estadística que en algunos casos se remonta a 1930. Se estima que más de la tercera parte de los votos del presidente Uribe en su primera elección en 2002 y en su reelección en 2006 tienen origen en la parapolítica.

Visto el fenómeno de conjunto y en forma comparada puede decirse que las dimensiones del horror en Colombia son posiblemente superiores a las de los países del Cono Sur en épocas de dictadura militar, quizá con la excepción de Argentina. Aquí son 10 000 desaparecidos en un lapso de 8 años.

Esta crisis no es solo crisis política; es crisis de *la política*. No es solo ilegitimidad del Congreso, lo es también de la Presidencia porque ambos se sustentan, así sea en parte, en los votos viciados de la parapolítica. No es solo crisis de legitimidad; todo indica que lo es también de legalidad: es cohecho confesado en el voto de Yidis Medina y cohecho presunto en la ausencia de Teodolindo Avendaño, dos de los diputados que salvaron la reelección en la Cámara.[3] Esta es una crisis en la crisis, la operación de blanqueamiento del paramilitarismo, bajo el manto de un proceso de paz, articulado por Uribe, en el marco de la coalición de derecha que lo apoya, queda a plena luz, pero lo estructural es la existencia de un *Estado de naturaleza* que no ha encontrado forma de superación en los sucesivos arreglos institucionales en la historia de Colombia.

En todo momento ha habido gente en armas levantada en rebeldía contra las instituciones y en todo momento el Estado ha mostrado incapacidad para someter a su dominio grupos que apelan a la violencia política o a la violencia delincuencial. El narcotráfico ha hecho que hoy con mayor facilidad se mezclen delincuencia

---

[3] Yidis Medina cambió su posición a última hora y favoreció con su voto la reelección de Uribe, miendras que Teodolindo Avendaño se ausentó de la Cámara en el momento de la votación. [*N. del E.*]

y política, y mafia y política. La política pretendió utilizar a la mafia, pero ésta terminó colonizando la política y en gran parte al Estado mismo.

La opinión y los analistas en el exterior, como aquí, seguramente se preguntan por qué una crisis de legitimidad tan aguda y clara, por las actuaciones mismas de la justicia, no produce en forma rápida una crisis de gobernabilidad con los cambios y relevos correspondientes en los poderes legislativo y ejecutivo. El diario *El País*, de Madrid, decía en un editorial del 25 abril de 2008, titulado «Cirugía para Colombia»: «La parapolítica está en el origen de su mayor crisis en los últimos años y pasa una factura creciente al presidente Álvaro Uribe, que no se descarta anticipar las elecciones». Pero no es así, ¿Por qué? Porque Colombia tiene un régimen presidencial y no uno parlamentario, y porque ni el bloque en el poder, ni la franja de oposición y alternativa tienen claro que con ello van a ganar en el sentido de sus pretensiones: retener el poder o avanzar hacia él.

Existe un abanico amplio de propuestas para salir de la crisis, unas desde el bloque uribista, otras desde la oposición y el movimiento alternativo, otras desde la prensa, pero aún no hay acuerdo suficiente entre sectores políticos para que alguna de ellas se abra camino. Nada existe que pueda parecerse o llamarse acuerdo nacional aunque de ello se hable mucho. Analistas han señalado que no hay sujeto de la reforma política. Hay propuestas que van desde la renuncia del Presidente, pasando por adelantar las elecciones, hasta intentar ponerle dientes a la reforma política en discusión, convocar un referendo constitucional, designar una comisión de ajuste institucional, e incluso realizar una nueva Asamblea Constituyente.

La reforma política en curso, que supuestamente busca penalizar la penetración de la parapolítica y fortalecer los partidos, parece ser la carta uribista mientras no afecte a las mayorías que necesita para votar por las iniciativas que le interesan, entre ellas, posiblemente, su segunda reelección. Esta propuesta es considerada absolutamente insuficiente por el Polo Democrático Alternativo (PDA), porque no asegura la separación de dinero y política, corrupción y política, mafias y Estado y, sobre todo, porque no sale al paso a la profunda crisis de legitimidad en que ha caído la institución parlamentaria. Sería una reforma anodina que solo serviría para profundizar la crisis y demorar su solución.

El PDA propone como alternativa, además de un apoyo irrestricto a la Sala Penal de la Corte Suprema de Justicia, una Asamblea Constituyente que aborde en profundidad el tema de la reforma política y se ocupe de otros temas de alcance social como la reforma agraria y la reparación de las víctimas del conflicto. Dentro del Polo se debate si esta Constituyente limitada es una verdadera salida, o si lo necesario es una Constituyente amplia en temario y participación, sobre todo si debe ser o no una Constituyente para la paz. Dentro y fuera del PDA, se observa que la propuesta de Constituyente apunta en parte a la crisis estructural, pero no llega a tiempo frente a la crisis coyuntural. Lo cierto es que cualquier opción que se elija debe contar con el actual congreso para su convocatoria. Existe el riesgo de que la salida no sea institucional, sino mediante golpes o autogolpes de Estado o «de opinión».

La política se desenvuelve en el país como un pulso entre fuerzas opuestas, entre autoritarismo y democracia, entre guerra y paz. El bloque de derecha, beneficiario del paramilitarismo, que gobierna con el presidente Uribe a la cabeza, predomina pero no doblega a la izquierda y los sectores democráticos que tienden a coaligarse y ampliar su fuerza. El presidente Uribe no pudo, como se lo propuso por todos los medios, arrebatarle al PDA el triunfo por segunda vez en la Alcaldía de Bogotá en octubre de 2007. No obstante su popularidad y su afán por desacreditar la justicia, Uribe no podrá impedir que avance el sentido crítico, surjan otros esquemas de coalición y se conformen nuevas mayorías.

En las definiciones de la coyuntura actual se están poniendo sobre la mesa las cartas con las cuales se jugará la continuidad o el relevo de poder en 2010, pero nadie descarta que ocurran cambios de envergadura antes de esa fecha ritual del calendario electoral.

LUIS I. SANDOVAL

Investigador social en el Instituto María Cano (ISMAC), asesor parlamentario, miembro de la dirección política de la Red de Iniciativas por la Paz (REDEPAZ), columnista de prensa.

El Frente Amplio de Costa Rica:
resistencias y alternativas

JOSÉ MERINO DEL RÍO

El referéndum sobre el Tratado de Libre Comercio

Costa Rica fue el primer país en el que la resistencia popular condujo a la convocatoria de un referéndum sobre un Tratado de Libre Comercio (TLC) con los Estados Unidos. Enormes movilizaciones, nunca vistas en la historia de este pequeño país, como la del 26 de febrero de 2007, que reunió más de 200 mil personas en las calles de San José, evidenciaron la voluntad de impedir que el TLC siguiera un simple y apresurado paso por la Asamblea Legislativa. El referéndum sobre el TLC fue convocado por el Tribunal Supremo de Elecciones (TSE) el 7 de julio de 2007 y se efectuó tres meses después. El SÍ obtuvo 805 658 (51,6%) votos y el NO 756 814 votos (48,4%), para una diferencia de 1,2%. Participó en los comicios un 60% del padrón electoral.

Por el número de votos depositados en las urnas el Movimiento Patriótico del NO al TLC perdió el referéndum, después de un proceso que ha sido calificado de fraudulento. El fraude no fue en las urnas. El fraude lo hicieron durante todo el proceso; por eso estamos moral y políticamente legitimados para denunciar ante la sociedad costarricense, y ante el mundo, unos resultados que se explican por el terror mediático,[1] el clientelismo del gobierno, el chantaje de las cámaras empresariales, el

---

[1] Por solo señalar un aspecto, el de la desigualdad de espacios y recursos en el acceso pagado a los medios, se puede indicar que «según datos publicados en el *Semanario Universidad* del 11 de octubre de 2007, la pauta total en televisión fue de 1 444 anuncios, de los que 1 319 (91,3%) fueron del SÍ frente a 125 (8,7%) que logró pautar el NO. En términos del gasto en publicidad, también la diferencia fue abrumadora: en el caso del SÍ pautaron 888 millones de colones frente a los del NO que pautaron poco más de 116 millones de colones (*Semanario Universidad*, 18 de noviembre de 2007)». Alberto Cortés Ramos: *Apuntes sobre la comunicación política en el proceso del referendo del TLC*, en proceso de publicación.

dinero sucio de las transnacionales y la intervención descarada de la administración de George W. Bush.[2]

Aceptar que en las urnas hubo más votos para el SÍ que para el NO, ha tenido consecuencias políticas graves, pues significó aceptar que el TLC en esta fase fue ratificado. Sin embargo, ello no implica que, desde el campo popular, tengamos que respetar un proceso corrupto, en el que se violentó la misma legalidad que el sistema dice defender. Tras la conmoción que se vivió en nuestra sociedad, estamos en capacidad de denunciar las estrategias criminales del miedo,[3] de la compra de votos y de conciencias, de las amenazas, de los chantajes, mentiras y humillaciones, de la brutal intervención del gobierno de Bush.

A lo largo de la lucha contra el TLC, se fue forjando la articulación de una diversa y plural coalición de partidos políticos, organizaciones sociales, sensibilidades en lucha y ciudadanía activa. Particular importancia tuvo durante la batalla del referéndum el surgimiento de más de 200 Comités Patrióticos, a lo largo y ancho del país. Los Comités Patrióticos representan una nueva forma de compromiso social y de hacer política que debemos defender, preservar y desarrollar. Han nacido de la iniciativa y la creatividad popular. Son los protagonistas de una acción colectiva impresionante de reflexión, lucha y deliberación.

En los Comités Patrióticos se ha producido un novedoso y prometedor encuentro de nuestro pueblo, que hunde sus raíces en la acumulación del descontento, el malestar y la cólera frente a un poder político y económico en creciente descomposición. Ahí está el embrión de la esperanza, de que juntos podemos resistir el mal, derrotar al poder neoliberal corrupto y vende patria, construir el proyecto de país democrático y solidario. Los Comités Patrióticos no son competidores amenazantes para la acción política y social; hay que apoyarlos y potenciarlos, respetarlos como una posibilidad real de construir democracia radical desde abajo y la anticipación de un nuevo poder constituyente, que se apoye en el nuevo reagrupamiento de fuerzas para el cambio que está surgiendo.[4]

Salimos de la batalla del referéndum con una enorme fuerza moral, social, cultural y política acumulada. Con el sabor amargo de una victoria que nos fue robada;

---

[2] Para una amplia información sobre la resistencia social y parlamentaria contra el TLC, y el proceso del referéndum, consúltese el blog de la fracción parlamentaria del Frente Amplio (http://costaricadicenotlc.blogspot.com/) y la página web (www.notlc.com).

[3] Se puede encontrar una buena descripción de las estrategias de la campaña del SÍ, en el llamado «Memorando del miedo», un documento elaborado por el vicepresidente de la República, Kevin Casas, y el diputado Fernando Sánchez. Tras denuncias hechas por el *Semanario Universidad* sobre la existencia de este documento, dirigido al Presidente de la República y al Ministro de la Presidencia, la fuerte repulsa popular condujo a la renuncia del Vicepresidente.

[4] Para información sobre los Comités Patrióticos consúltese la página web (www.comites-patrioticos.com).

con una derrota que solo es temporal. Lo menos que demostró el referéndum es que Costa Rica está fracturada, la sociedad dividida y polarizada, el modelo neoliberal herido y colapsado.

¿Cómo evaluamos lo que está ocurriendo en la Costa Rica del post-referéndum, en qué momento de la lucha estamos y cómo vemos su desarrollo?

La hegemonía del neoliberalismo entró en crisis

No cabe duda de que la lucha por el NO en el referéndum para derrotar el Tratado de Libre Comercio con los Estados Unidos, ha permitido una gran acumulación de fuerzas en Costa Rica. Esa acumulación viene de muy lejos, de un proceso de resistencia al neoliberalismo que, como mínimo, ya tiene dos décadas de duración.[5]

Es un proceso complejo que se manifiesta a escala planetaria y que en América Latina adquirió características singulares, porque es la región donde más descarnadamente se impuso el proyecto neoliberal. En la resistencia contra el neoliberalismo en Costa Rica, desempeñan un papel fundamental los movimientos sociales y los espacios de resistencia social, acompañados por movimientos políticos. Esto ocurrió en momentos en que se teorizaba, y de alguna manera se practicaba, cierta separación entre movimientos sociales y movimientos políticos, y en que se llegaba a hablar de una izquierda buena, que estaba en los movimientos sociales, y una izquierda mala, que estaba en los partidos políticos.

Se asumía que en los movimientos sociales se hallaban los elementos más positivos: la creatividad, la unión con relaciones horizontales en la lucha por la satisfacción de sus necesidades. De este tema, hay una amplia reflexión, con aportes muy valiosos de los que aprendimos todos. Al mismo tiempo, posiblemente como causa de la derrota de los proyectos políticos de la izquierda, se asumió que ellos representaban todo aquello que había que superar, como el burocratismo, el dogmatismo, el autoritarismo, el tratar de conducir las luchas populares como si los movimientos fueran correas de transmisión. También en este aspecto encontramos críticas que nos han dejado lecciones muy positivas.

Aunque es arriesgado generalizar, debido a la diversidad de América Latina, se puede concluir que el peso de la resistencia contra el neoliberalismo en la región, incluida Costa Rica, recayó fundamentalmente sobre los movimientos sociales. También se puede agregar que la hegemonía neoliberal, basada en el llamado Consenso de Washington, entró en crisis, y que sus formas de dominación se agotaron producto de sus propias políticas y de la resistencia popular contra las mismas. En un pro-

---

[5]   Un momento clave de la resistencia frente a las políticas neoliberales lo constituyó la movilización social contra el llamado Combo ICE en el año 2000, un proyecto de ley que conducía la privatización del Instituto Costarricense de Electricidad, y que fue archivado tras 15 días de huelga general.

ceso desigual y combinado, en América Latina estamos transitando de una fase de resistencia a una fase de búsqueda de alternativas, o de ofensivas de los movimientos socio-políticos opuestos al neoliberalismo. De alguna manera la dicotomía lucha social-lucha política, entendida como una separación, ha ido desvaneciéndose.

En los países donde se registran más avances en el paso de la resistencia a la alternativa, es en aquellos donde hay una mayor confluencia de la lucha social y la lucha política, y donde la acumulación de fuerzas derivada de esa lucha social, se ha traducido en victorias políticas y, en última instancia, en victorias político-electorales: Chávez en Venezuela, Kirchner y Cristina en Argentina, Evo en Bolivia, Tabaré en Uruguay, Lula en Brasil, Correa en Ecuador, Ortega en Nicaragua, e incluso, con ciertos matices, Torrijos en Panamá, Colom en Guatemala, el casi triunfo de López Obrador en México y otros. Cada una de esas experiencias tiene sus características, sus conflictos, sus desencuentros y sus frustraciones, pero, en conjunto expresan una nueva correlación de fuerzas que habla de un debilitamiento del imperio y de las oligarquías.

Pareciera que si el momento de la resistencia es el de protagonismo de los movimientos sociales, el momento de la alternativa es el de ganar elecciones y construir gobiernos de base popular, en una dura y prolongada transición, durante la cual esos gobiernos le disputan la hegemonía política al neoliberalismo.

El bloque de poder ya no puede respetar sus propias reglas

¿Qué lectura podemos hacer de la situación en Costa Rica? El referéndum desnudó contradicciones y entraña una paradoja. Es el momento de mayor resistencia y de toma de conciencia que ha habido en los últimos años, y al mismo tiempo podría interpretarse que, al final del proceso, tenemos una decepción, porque importantes sectores de la población que lucharon por el NO asumen su resultado como una derrota. Es cierto que si cada lucha de la resistencia la vemos como un acontecimiento aislado, y no como parte de un proceso, de un encadenamiento de hechos con antecedentes y conexión; si no comprendemos que esa explosión de la resistencia contra el TLC no fue una casualidad, y que es preciso ubicarla en una perspectiva de futuro, se podría llegar a interpretar, al final, como una derrota.

Lo fundamental en la lucha en torno al referéndum es que sirvió para conformar un nuevo sujeto popular y desarrollar una nueva subjetividad social, anclada en la toma de conciencia, no ya de unas minorías articuladas, sino de cientos de miles de personas.

Por otra parte, es una contradicción; entraña una paradoja. En un momento de expresión democrática extraordinaria, radical, mediante un instrumento de democracia directa, como el referéndum, donde centenares de miles de personas se integraron a un proceso político de masas, a un proceso de educación popular, de autoorganización desde las mismas bases de la sociedad, donde se descubren las solidaridades que estaban ocultas en nuestra sociedad, se articulan y usan formas de lucha de una creatividad desconocida, en ese mismo proceso, que es un momento democrático por antonomasia, todas las miserias del sistema de dominación también salieron a flote.

Es una contradicción que desnuda al sistema, porque centenares de miles de personas salen de este proceso conscientes de que hay una enorme potencialidad democrática en esta sociedad, y también de que hay un bloque de poder que ya no puede respetar las reglas del juego: sus propias reglas del juego. La legalidad les mata: su propia legalidad. Cuando un pueblo siente que le han robado una victoria, eso tiene una lectura de frustración, pero también tiene una lectura de un gran contenido subversivo.

En un país donde la clase dominante ejerce el poder con mecanismos ideológicos, mediante la construcción de grandes consensos sociales y el uso invisible de la fuerza, el resquebrajamiento de esos mecanismos puede tener consecuencias emancipadoras de enormes repercusiones en las luchas que se avecinan, no previstas por los responsables del fraude.

Hay legitimidad para resistir las leyes de implementación

Las luchas inmediatas nos colocan frente a los proyectos de la agenda de implementación del TLC. El enfrentamiento a estos proyectos no cuenta con el mismo grado de movilización, energía, unidad y acuerdo alcanzado en la lucha por el NO en el referéndum. Eso es explicable, independientemente de las calificaciones que podamos hacer sobre cómo se están comportando los diversos sectores. Hay un consenso muy extendido sobre la perversidad con que el poder político, mediático y financiero condujo el proceso que culminó en la consulta popular, un proceso cargado de trampas, en suma, fraudulento; pero ese consenso no abarca la lectura final de los resultados numéricos, ni sus implicaciones a la hora de enfrentar la agenda de implementación.

Nuestra posición con respecto a estos proyectos está clara. Hemos explicado el por qué nos sentimos plenamente legitimados para combatirlos. Resistimos y luchamos, no por mero voluntarismo, sino por la convicción de que, si no lo hacemos, terminaremos en el peor de los escenarios. No se resiste pensando exclusiva y pragmáticamente en qué porcentaje de garantía de éxito se tiene, aunque también es imprescindible hacer ese cálculo. Se resiste porque la mejor alternativa que tiene una sociedad es resistir siempre el mal. La ausencia de resistencia hará más grave cualquier derrota, si es que se produjera. La falta de resistencia eliminará toda posibilidad de triunfo y, en todo caso, implica renunciar a que los daños, incluso en la peor situación, sean los menores posibles. La peor alternativa es dejar de resistir.

Cuando en el parlamento se deja de resistir, no se puede mejorar nada y, obviamente, ello es un divorcio de los sectores populares que estarían dispuestos a seguir peleando inteligente y dignamente. La negociación también es una forma de lucha, de resistencia; nunca puede descartarse, pero tiene que vincularse a la naturaleza y las características del proceso en curso.

La clave es cómo atravesar esta fase de la resistencia, para que lo que hemos acumulado en toda esta lucha, y que tuvo su eclosión en esos tres meses tan intensos y apasionantes del referéndum, en los cuales se llegó a centenares de miles de personas y que se creó un nuevo grado de conciencia en Costa Rica, lejos de perderse o debilitarse, se fortalezca, con la convicción de que, más temprano que tarde, se dará el salto de calidad, la ruptura democrática necesaria para derrotar a los neoliberales y construir el proyecto de país solidario que encarnamos.

En el parlamento, el Frente Amplio va a agotar todas las posibilidades, que pueden ser pequeñas o grandes, lo que obviamente no depende solo de nosotros. Estamos conscientes de que esta lucha no se puede librar con éxito solo en el parlamento: la movilización social es decisiva. Por eso, el Frente Amplio respalda y se une a iniciativas de resistencia social, como la del movimiento ecologista interesado en recolectar más de 100 000 firmas para convocar a un referéndum sobre los proyectos de ley relacionados con las patentes de semillas, y las movilizaciones de las organizaciones del Frente Interno de Trabajadores (FIT) y otros sindicatos, en defensa del Instituto Costarricense de Electricidad (ICE) y demás instituciones públicas en riesgo de ser privatizadas.[6]

Frente Amplio en todo el país

La inscripción del Frente Amplio en todo el país representa un reto para nosotros: crear cientos de núcleos de luchadores y luchadoras en el territorio nacional.[7] Lo que queremos es construir una fuerza política de izquierda con una perspectiva necesaria, posible, patriótica, transformadora y latinoamericana; es decir, que el Frente Amplio sea *una* alternativa, no *la* alternativa: *una* alternativa que tiene que *sumarse* a otras, para que juntos seamos capaces de impulsar un nuevo proyecto de gobierno, de Estado y de sociedad, al servicio de las mayorías. Tenemos que construirnos como fuerza política, social y electoral.

Debemos ser un movimiento de militantes con plena democracia interna, que no solamente deseemos la radicalización de la democracia en nuestra sociedad, sino

---

[6] Para un seguimiento de la lucha social actual en Costa Rica se recomiendan consultar: (www.yofirmo.com), (www.fit-ice.org), (www.anep.or.cr), (www.apse.or.cr).

[7] El Partido Frente Amplio se fundó el 16 de octubre de 2004. Participó por primera vez en las elecciones del 5 de febrero de 2006, en las que eligió a un diputado a la Asamblea Legislativa por la provincia de San José. En la actualidad es un referente político nacional y su Asamblea General, órgano de decisión política superior, acordó el 16 de febrero de 2008, su inscripción legal en todo el territorio nacional, de cara al proceso electoral del primer domingo de febrero de 2010.

también dentro de nuestra organización. Ello significa aplicar, no de forma permanente, pero si con mucha regularidad, métodos de democracia directa tanto para adoptar decisiones sobre temas políticos, como para las elecciones partidistas y la selección de candidatos a cargos electivos estatales. Tenemos que ser un movimiento que fomente, hacia dentro y hacia afuera, una cultura de diálogo, respeto y pluralidad, con una convivencia interna que promueva la solidaridad y la unidad; un movimiento capaz de decirle al país que no solamente hace falta una izquierda democrática, de lucha y ética para resolver los problemas, sino también de hablar de socialismo como una utopía posible y necesaria, que no excluye, sino al contrario, presupone una capacidad de generar alianzas y concertar acuerdos con otros sectores del arco progresista y antineoliberal.

Estamos en la obligación de responder a las aspiraciones y necesidades de miles de compatriotas, que piden que el Frente Amplio se constituya como partido organizado en todo el país. Hacer más eficaz nuestra acción política: nuestra contribución para que todos los compatriotas que estamos luchando por una Costa Rica decente, próspera, incluyente, justa e independiente, podamos construir una casa común, en la que se fusionen nuestras luchas y nuestros ideales.

JOSÉ MERINO DEL RÍO
Presidente del Partido Frente Amplio y diputado a la Asamblea Legislativa de Costa Rica.

FIDEL CASTRO
antología mínima

«Fidel y la masa comienzan a vibrar en un diálogo
de intensidad creciente hasta alcanzar el clímax en un final abrupto,
coronado por nuestro grito de lucha y de victoria».

COLECCIÓN FIDEL CASTRO

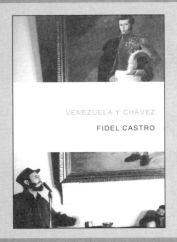

VENEZUELA Y CHÁVEZ

Este libro compila, en un solo volumen, las palabras pronunciadas por Fidel en diversas ocasiones, en discursos, cartas y actos públicos, entre 1959 y 2006, dedicados al pueblo venezolano, en los cuales resaltan los lazos históricos y de solidaridad que existen entre ambas naciones desde su misma formación. Es precisamente a la unidad, soñada por Bolívar y Martí, a la cual se refiere este libro, en las reflexiones, advertencias y premoniciones de Fidel.

336 páginas, ISBN 978-1-921235-04-7

FIDEL EN LA MEMORIA DEL JOVEN QUE ES

«Dicen que con los años los hombres se vuelven más conservadores, y es en parte cierto. Como la regla, el joven es desinteresado, altruista, arrojado; pero todo depende de las ideas. Nosotros hemos tenido el vigor de las ideas que hemos defendido…» —Fidel Castro

Este libro recoge, por primera vez en un solo volumen, los excepcionales testimonios que en contadas ocasiones el propio Fidel ha dado sobre su niñez y juventud. Incluye entrevistas sobre momentos claves de su infancia, su vida universitaria y sus primeros contactos con la realidad latinoamericana, así como fotografías poco conocidas.

183 páginas, ISBN 978-1-920888-19-0

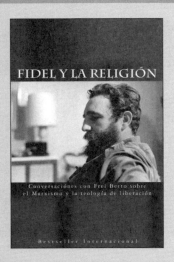

FIDEL Y LA RELIGIÓN
Conversaciones con Frei Betto sobre el marxismo y la teología de la liberación

En un íntimo diálogo de 23 horas con el fraile dominico, escritor y periodista brasileño Frei Betto, Fidel Castro ofrece revelaciones sobre su formación personal y discute con sinceridad su visión sobre la religión.
«Hay 10 000 veces más coincidencias entre el cristianismo y el comunismo que entre el cristianismo y el capitalismo».
—Fidel Castro.

330 páginas, ISBN 978-1-920888-77-0

w w w . o c e a n s u r . c o m ■ **i n f o @ o c e a n s u r . c o m**

La novísima lucha de independencia de Puerto Rico

JUAN MARI BRÁS

El siglo xxi ha traído cambios significativos a la región caribeña y a toda la América Nuestra. Sobre todo, es importante señalar las nuevas corrientes políticas que van redefiniendo un camino claro hacia la liberación y el desarrollo real para los pueblos. Esos cambios presagian una función de gran relevancia mundial para los países insulares y continentales que componen o bordean la cuenca caribeña.

Desde los albores del siglo xix, el libertador Simón Bolívar anticipó la certera visión de que estas islas formarían parte de la independencia de América. Posteriormente, en el último tercio de ese mismo siglo los puertorriqueños Ramón Emeterio Betances y Eugenio María de Hostos, los cubanos José Martí y Antonio Maceo, y los dominicanos Máximo Gómez y Gregorio Luperón fueron iniciadores de un movimiento antillanista en el que se integraron los más preclaros combatientes y divulgadores de las ideas que configuraban esa corriente histórica.

A contrapelo de imposiciones imperiales, viejas y nuevas, de las potencias europeas y la norteamericana que han querido someter a nuestros pueblos a su dominación colonial o neocolonial, durante todo el siglo xx se fue desarrollando y consolidando, al calor de luchas y combates de diversas manifestaciones, con gran continuidad histórica, el empeño de dar concreción a los programas libertarios heredados de aquellos movimientos decimonónicos. Esas iniciativas cobraron identidades nacionales en cada uno de estos países, tanto en lo sustantivo como en lo procesal, pero manteniendo siempre fuertes lazos de amistad y solidaridad mutua.

Si vamos a buscar la cúspide representativa de estas luchas incesantes durante el siglo pasado, hay que destacar, como el primero entre iguales, al comandante cubano Fidel Castro Ruz, al dirigente dominicano Manuel Tavares Justo y al patriota nacionalista puertorriqueño Pedro Albizu Campos. Dentro y fuera de las organizaciones originales de estos tres grandes personajes de nuestra antillanía, se han destacado, en todos los órdenes de la creatividad y acción revolucionaria, muchos millares de mujeres y hombres: héroes, mártires, combatientes y luchadores, tanto por la liberación plena de nuestras patrias respectivas como por la solidaridad activa con los demás países caribeños y los de la América Latina en general. Todos estos forcejeos se dieron durante el período histórico-político al que los europeos llaman la modernidad.

En el caso de Puerto Rico, los Estados Unidos se apropiaron del país mediante una invasión seguida de la cesión impuesta a nuestro archipiélago como botín de guerra, para utilizarnos como bastión militar de sus fuerzas armadas, anclaje geopolítico de su interés en convertir al Mar Caribe en el «mare nostrum» del nuevo imperio yanqui, en emulación con el lugar que el imperio romano asignó al Mediterráneo en la antigüedad; y un modelo de explotación económica típicamente colonial. En el mismo se somete al pueblo puertorriqueño a un riguroso mercado cautivo, que propicia la exportación hacia nuestro país de los grandes excedentes de la producción agrícola e industrial estadounidense, con precios inflados incluso por el monopolio de la transportación marítima de los Estados Unidos a Puerto Rico y viceversa. Nos sometieron también a un forzado esquema seudo industrial que le asigna al territorio colonial los trabajos originarios del proceso de industrialización con el pago de los salarios más bajos de cualquier lugar bajo el dominio directo yanqui.

Primero intentaron destruir las bases de nuestra nacionalidad, imponiendo el inglés como vehículo de enseñanza en las escuelas públicas y privadas, cambiando el sistema jurídico del país al antojo de sus intereses, eliminando los fueros autonómicos que el pueblo puertorriqueño había podido conquistar de España. Todo aquel esquema fracasó. El pueblo boricua resistió aquella brutal embestida y tuvieron que ceder en algunos reclamos de gobierno propio hechos por los boricuas. Fueron nuestros más preclaros luchadores, como Albizu Campos y su movimiento nacionalista, los verdaderos causantes de esas concesiones.

La dominación militar de nuestro país, convertido en un momento dado en sede de sus mayores operaciones caribeñas, tanto de la Marina de Guerra, como del Ejército y la Fuerza Aérea de los Estados Unidos, y la imposición del servicio militar obligatorio a los puertorriqueños en las fuerzas armadas estadounidenses, se ha ido desmantelando lentamente, pero en progresión creciente, gracias a las luchas incesantes de los boricuas.

Ante la persecución sistemática del nacionalismo albizuista, la tortura, encarcelamiento, destierro y asesinato de don Pedro, fue surgiendo un nuevo movimiento en varias organizaciones y frentes de acción y militancia que, en su conjunto, se conoce como «la nueva lucha de independencia». Se fortalecieron los organismos rectores de esa nueva lucha con la incorporación a los mismos de los mejores artistas, los científicos de mayor erudición y los combatientes de la más alta disposición al sacrificio, que había sido la clave de la prédica albizuista. Fue ese gran aluvión de pueblo el que logró detener la explotación de nuestros mayores recursos mineros en la zona central del país, donde dos compañías estadounidenses, con la anuencia de los gobernantes coloniales de turno, pretendieron despojarnos de grandes reservas de cobre, oro y otros metales que tiene toda la Cordillera Central que divide la isla mayor del archipiélago entre norte y sur. La militancia patriótica del Movimiento Pro Independencia (MPI), la Federación de Universitarios Pro Independencia (FUPI), la Vanguardia Popular y otras organizaciones paró aquel saqueo cuando ya estaba al borde de realizarse.

La lucha de la juventud puertorriqueña contra el servicio militar obligatorio durante la guerra de agresión de los Estados Unidos contra Viet Nam, lo hizo fracasar. Millares de jóvenes, no solo se negaron a ingresar a las fuerzas armadas yanquis, sino que, en un acto simbólico de sus desafíos, hicieron quemar sus tarjetas de inscripción un 23 de septiembre, día del Grito de Lares, fecha en que se conmemora la proclamación de nuestra primera república, ocurrida en 1868.

En 1970, en la histórica Plaza de la Revolución en Lares, monseñor Antulio Parrilla Bonilla, obispo de la Iglesia Católica, que unía su vocación religiosa con la mayor fidelidad a la causa patriótica puertorriqueña, echaba en una pira las tarjetas que nos entregaban los jóvenes a quiénes ayudábamos al clérigo a ejercer su ministerio de desafío anticolonial. Los pliegos acusatorios del FBI, en los que se nos imputaba al Obispo y a sus ayudantes delitos graves en los Estados Unidos, fueron devueltos por la Casa Blanca al Secretario de Justicia de Washington, con la indicación de que no sería del mejor interés político del imperio acusar a un jerarca de la Iglesia Católica por sus actividades patrióticas en Puerto Rico. Posteriormente, al ventilarse las decenas de casos contra jóvenes que se negaban a responder al Servicio Militar Obligatorio ante el tribunal extraterritorial de los Estados Unidos en San Juan de Puerto Rico, todos y cada uno de ellos fueron archivados. En la Universidad de Puerto Rico, donde los estudiantes habían levantado múltiples protestas muy combativas contra la presencia del *Reserve Officers Training Corp* (ROTC),[1] el programa de adiestramiento y sus miembros tuvieron que abandonar el *campus* principal de la misma. Eventualmente, cerraron la base aérea de Punta Borinquen, en la ciudad de Aguadilla, que era la más importante de dicho instituto armado en todo el Caribe.

El uso militar de Puerto Rico quedó circunscrito a la acción de la Marina de Guerra, que mantenía, en el oriente de la isla mayor, la principal base naval de los Estados Unidos en el Caribe –que quizás era también la mayor de todo el Atlántico Norte– y a las islas-municipios de Vieques y Culebra, utilizadas como campo de maniobra por parte de esa fuerza militar estadounidense y sus aliados de la

---

[1] Los programas del Cuerpo de Entrenamiento de Oficiales de la Reserva (ROTC, por sus siglas en inglés) existentes en las universidades de los Estados Unidos y Puerto Rico, fueron uno de los principales blancos de las protestas del movimiento estudiantil de esos países durante la Guerra de Viet Nam. Se trata de un programa de becas para jóvenes que se comprometen a servir como oficiales de la reserva. [*N. del E.*]

Organización del Tratado del Atlántico Norte (OTAN) y la Organización de Estados Americanos (OEA).

Con nuestras acciones de desafío, el movimiento patriótico junto a todo el pueblo de Culebra, logramos paralizar las maniobras navales en esa isla-municipio. Poco tiempo después, la Marina cerró sus operaciones allí, pero las concentró en Vieques. Sus actividades en esa isla, originalmente poblada por más de 30 000 habitantes, con una historia de producción agrícola y ganadera muy importante para su economía y la de todo el país, obligaron a más de dos terceras partes de la población a emigrar, debido al colapso de la agricultura.

Vieques tiene una geografía esplendorosa que ofrece a quienes la visitan paisajes de insuperable belleza y playas de gran atractivo turístico. Esta actividad turística también sucumbe, pues la isla se convirtió, con el curso del tiempo, desde los años cuarenta del siglo xx hasta los primeros del siglo xxi, en un campo de tiro, de ensayos bélicos y de almacenamiento de armas –incluyendo armamento nuclear de la Marina de Guerra de los Estados Unidos.

El gobierno yanqui llegó a proponer un plan de desalojo total de la población viequense, pero la resistencia, tanto del movimiento patriótico puertorriqueño, que, como siempre, fue el iniciador de los mayores desafíos, como de los pescadores locales, quienes con el refuerzo del patriotismo boricua, pudieron generalizar una lucha por sacar a la Marina de Vieques, tuvo su punto culminante cuando un trabajador civil de la propia Marina yanqui, David Sanes, fue alcanzado por un misil disparado desde un avión de la Armada por uno de sus miembros, matándolo en el acto. Aquel crimen, que históricamente fue uno más de muchos ocurridos en el curso de los años, tuvo como resultado que el pueblo entero de Vieques, y pronto todo el pueblo puertorriqueño, cobrara conciencia de que teníamos que sacar a la Marina de Vieques.

Le siguió una lucha diversa, que incluyó desde manifestaciones masivas y unitarias de todo el pueblo boricua, hasta actos continuos de desafío para obstaculizar e impedir las maniobras navales del imperio en nuestra tierra. A esa lucha se unieron, en múltiples participaciones solidarias, movimientos y agrupaciones puertorriqueñas, e influyentes personalidades de los Estados Unidos. Más tarde, la solidaridad se amplió de manera extraordinaria, llevando el reclamo contra la Marina y a favor del pueblo de Vieques y el de todo Puerto Rico, a prácticamente todos los foros internacionales en diferentes lugares del mundo. El Comité de Descolonización de la Organización de Naciones Unidas (ONU), que ejerce jurisdicción sobre Puerto Rico por su relación colonial con los Estados Unidos desde el año 1972, aprobó, como parte de sus resoluciones anuales, tras el debate sobre la cuestión puertorriqueña, un reclamo reiterado de que la Marina de Guerra de los Estados Unidos cesara sus bombardeos en Vieques, le devolviera al pueblo los terrenos ocupados y los limpiara de las basuras tóxicas acumulada en ellos.

En Cuba, pudimos hablarle al pueblo en una de las Mesas Redondas de la televisión nacional, con la participación de un grupo de representantes de diversas entidades patrióticas y teniendo como invitado al comandante en jefe de la revolución, Fidel Castro Ruz. Fidel estuvo tan impresionado con la lucha que estaba desarrollando el pueblo puertorriqueño con respecto a la causa de Vieques, que nos ofreció allí mismo, en un día miércoles, que le habláramos a los cubanos en una tribuna antimperialista frente a la Sección de Intereses de los Estados Unidos en La Habana el sábado siguiente. Así, pudimos participar en el acto masivo dedicado a ayudarnos a sacar la Marina de Guerra de los Estados Unidos de esa isla puertorriqueña. Ya en ese momento, centenares de puertorriqueños habían estado presos por entrar en terrenos alegadamente propiedad de la Marina para obstaculizar las maniobras navales que allí efectuaban los invasores yanquis. Finalmente, más de dos mil desobedientes civiles fuimos arrestados y/o encarcelados por el aparato represivo de los Estados Unidos por nuestras acciones de desafío. Todo lo cual llevó al Sr. Bush, al contestar una pregunta de un periodista en una conferencia de prensa suya en Estocolmo, Suecia, a decir, como quien no quiere las cosas, «esos son unos amigos y vecinos nuestros, pero no nos quieren allí, así que tendremos que irnos». Y se fueron. Al poco tiempo cerraron también la gran base naval de Roosevelt Roads, en el pueblo de Ceiba, al oriente de Puerto Rico.

Todo lo anterior, en una cápsula, fue el resultado de lo que se conoció en la segunda mitad del siglo xx como «la nueva lucha de independencia». Pero nuestro forcejeo libertario no ha terminado. Todavía Puerto Rico sigue siendo una colonia de los Estados Unidos.

El siglo xxi ha iniciado una novísima fase de nuestra lucha, ya varias veces centenaria. Habrá que llamarla entonces *la novísima lucha de independencia*. Es otra etapa de la misma lucha. Participa, por tanto, del acervo acumulado por sus luchas anteriores. Al mismo tiempo, va marcando rutas y características propias.

Ya tenemos organizaciones y líderes representantes de diversas corrientes del pensamiento y la acción independentista. El más destacado de todos es Filiberto Ojeda Ríos, comandante del Ejército Popular Boricua, una pequeña pero heroica organización armada que ha hecho patente, desde el primer momento de su existencia, la voluntad de mantener la reserva del derecho de Puerto Rico a utilizar todas las formas de lucha, incluyendo la lucha armada, hasta alcanzar la independencia. Ojeda Ríos llevaba quince años en el clandestinaje y nunca fue arrestado, a pesar de sus frecuentes expresiones públicas desde diferentes lugares del país, incluyendo entrevistas televisadas y radiales con periodistas muy reconocidos de los diferentes medios. Filiberto manifestó en uno de sus escritos su adhesión al propósito de unidad en la acción de todos los sectores patrióticos del país. En demostración de esa propuesta unitaria, expresó su respeto a los grupos y personas que realizaban acciones pacíficas, que demostraban ser exitosas, en la lucha por sacar a la Marina de Vieques.

Los gobernantes yanquis decidieron asesinar a Filiberto, por las mismas razones por las cuales asesinaron a don Pedro Albizu Campos mediante la tortura y la aplicación contra su cuerpo de sus ensayos bélicos más execrables. Con un ejército de más de 200 alguaciles y agentes del FBI y otras agencias de represión del gobierno de los Estados Unidos, con armas largas y todo tipo de parafernalia de combate, rodearon la modesta casa en que se albergaba el patriota junto a su esposa, en un operativo en que incluso desconocieron las menguadas áreas de jurisdicción semiautonómica del llamado «Estado Libre Asociado de Puerto Rico», que es el que supuestamente retiene el poder de policía y de investigación de homicidios, y lo asesinaron dejándolo desangrar durante horas, tras un tiro que no le produjo la muerte instantánea. Los reclamos que ha hecho la Secretaría de Justicia del Gobierno de Puerto Rico para que el FBI y las otras agencias «federales» involucradas en el caso le entreguen los documentos y pruebas que tienen en su poder sobre sus «investigaciones» han sido infructuosos, porque se han rechazado todas las peticiones y no han soltado un solo dato de los que retienen sobre su alegada investigación de los hechos.

Todo lo anterior niega a los «desinformantes» del gobierno de Washington, y los más incautos de los puertorriqueños, que alegan que los Estados Unidos ya no tienen interés en retener a Puerto Rico bajo su dominación colonial. Se argumenta que el interés de Washington sobre Puerto Rico era por su uso militar durante la guerra fría y que, habiendo terminado esa «guerra fría», ya no le conviene mantenerlo como colonia, porque esta relación lo que produce son pérdidas presupuestarias a su gobierno. Eso es un disparate mayúsculo del que nadie debe hacerse eco. El interés de Washington por mantener a Puerto Rico bajo su dominación colonial es por razones geopolíticas y económicas.

Geopolíticamente, Puerto Rico es el único país caribeño donde convergen los dos archipiélagos del Mar Caribe, el de las Antillas Mayores, en el que nuestra isla mayor es la más oriental del mismo, y el de las Antillas Menores, en el que las islas puertorriqueñas de Culebra y Vieques son las primeras de la cadena de islas que forman un arco que se extiende hasta la misma costa venezolana. Somos, por tanto, una de las principales entradas hacia América de todo tráfico entre Europa, África, el Este de América del Sur, América Central y América del Norte. Y sobre todo, si somos libres e independientes, seremos un factor importante en la formación de una gran organización regional caribeña que nos permita, como lo predijeron Betances, Martí y Hostos, equilibrar las fuerzas del Nuevo Mundo y propiciar el bienestar y avance de todos nuestros pueblos.

Económicamente, Puerto Rico es el principal mercado de los Estados Unidos en ambos archipiélagos caribeños. De un ingreso bruto de $80 000 000, Puerto Rico exporta hacia los Estados Unidos unos $34 000 000, lo cual crea una situación de creciente dependencia y subdesarrollo, que obliga a un sector de la población nacional a buscar su subsistencia en acciones y actividades delictivas. Todo ello nos condena a un deterioro social que hace peligrar grandemente la vida misma a una gran parte de nuestra gente. Los llamados «fondos federales» que suplementan nuestra economía no son, en su mayoría, tales ayudas como se argumenta por los defensores de la sumisión colonial. Son pagos por contratos y servicios prestados. Por ejemplo, en 2006, los puertorriqueños cotizamos al fondo del Seguro Social, ubicado en los Estados Unidos, dos veces y media lo que ellos devuelven en pensiones y pagos a los boricuas. La otra partida significativa de esos fondos es el pago a veteranos de las fuerzas armadas yanquis y a los antiguos empleados «federales», lo que es una obligación contractual y no una ayuda del gobierno estadounidense al pueblo de Puerto Rico.

De todo cuanto hemos explicado, se puede deducir con gran certeza que ahora, más que nunca, a Puerto Rico se le presenta la oportunidad de invocar su derecho inalienable a la libre determinación y a la independencia, tal como lo reconoce el Comité de Descolonización de la ONU, apoyado en el Derecho Internacional. Por ello estamos demandando, con el apoyo de todas las fuerzas políticas del país, que en este año 2008 se ventile nuevamente, en toda su amplitud, el caso de Puerto Rico ante la Asamblea General de las Naciones Unidas.

En virtud de los más recientes triunfos electorales cosechados por las fuerzas progresistas y de izquierda en América Latina y el Caribe, todas ellas solidarias con la independencia de Puerto Rico, estamos seguros que este año un mayor número de gobiernos de la región comparecerán ante el Comité de Descolonización y plantearán el tema ante la Asamblea General. Es preciso que así se haga, porque somos, sin dudas, el territorio colonial remanente de mayor importancia del imperio más poderoso de nuestra época.

Tales son los antecedentes y las perspectivas de lo que será, en adelante, la novísima lucha de independencia, sobre la cual seguiremos informando a nuestros amigo(a)s solidario(a)s en todo el mundo.

JUAN MARI BRÁS

Uno de los líderes más reconocidos del independentismo puertorriqueño. Presidió la Juventud Independentista Puertorriqueña, fue uno de los fundadores del Partido Independentista Puertorriqueño y del Movimiento Pro Independencia (MPI), que en 1971 se transformó en Partido Socialista Puertorriqueño y el cual dirigió hasta octubre de 1982. Fundó en 1989 la organización Causa Común Independentista y en enero de 1993 convocó un Encuentro Hostosiano por la Independencia de Puerto Rico, de cuya gestión surge en 1994, el Congreso Nacional Hostosiano. Dirigió en varios períodos el periódico independentista puertorriqueño *Claridad*.

Puerto Rico: de la monoproducción azucarera a la gran industria en el colonialismo

JULIO A. MURIENTE PÉREZ

Introducción

El 25 de julio de 2008 se cumplen 110 años de la invasión militar estadounidense contra Puerto Rico. Entre las postrimerías del siglo xix y los inicios del siglo xxi, nuestro país ha pasado de ser una gran plantación de azúcar con una población viviendo en condiciones miserables, a una sociedad moderna, saturada de industrias, automóviles y carreteras. Hoy, aun cuando son evidentes las señales de agotamiento estructural del modelo colonial, Puerto Rico sigue generando grandes riquezas al capital extranjero. Ofrecemos aquí una síntesis de la historia económico-social de esos 110 años de colonialismo.

1898

Desde la ocupación militar de finales del siglo xix, Puerto Rico fue convertido en una gran plantación azucarera. Se producía también café, tabaco y otros frutos, aunque la importancia de la producción de café fue descendiendo aceleradamente, de 60% del total de exportaciones en 1895 a 5% en 1931. Predominaba una economía agrícola de exportación intensiva con un alto nivel tecnológico, que sin embargo condujo al empobrecimiento general, a una disminución en el autoabastecimiento y a la importación de alimentos. El salario promedio fluctuaba entre $0,75 y $1,50 diarios por diez, doce o catorce horas de trabajo duro.

La década de 1930

La década de 1930 se distinguió por el deterioro de las ya precarias condiciones de vida de nuestro pueblo. La pobreza extrema y el desempleo estaban a la orden del día. Los grandes beneficiarios de la situación existente eran los llamados barones del azúcar, poseedores de buena parte de las centrales azucareras y de las tierras convertidas en cañaverales.

La crisis del capitalismo, agravada tras la caída de la Bolsa de Nueva York, el 29 de octubre de 1929, tuvo un impacto directo en Puerto Rico. La relación de dependencia se profundizó. Los salarios de los trabajadores puertorriqueños eran de cinco a diez veces más bajos que los salarios de los trabajadores estadounidenses. Lo que ganaban los obreros de la caña era equiparable a sus salarios de hambre de fines del siglo xix. Sin embargo, los «barones del azúcar» seguían acumulando grandes ganancias.

La PRERA

En 1933 el gobierno de los Estados Unidos creó la *Puerto Rican Emergency Relief Administration (PRERA)*, para administrar las subvenciones asignadas al país por la *Federal Emergency Relief Administration (FERA)*. La PRERA surgió durante la administración del presidente Franklin Delano Roosevelt, como una de las medidas diseñadas para enfrentar la profunda crisis económica que azotaba entonces a su colonia caribeña.

Los fondos provistos por la PRERA servirían para: estimular la construcción de viviendas, escuelas, dispensarios y carreteras; enfrentar las enfermedades que azotaban a la población, como la malaria; actividades económicas como los centros de trabajo de la aguja; y a mejorar el nivel alimentario. Se estimuló el desarrollo de obras públicas, se diseñó un programa agrícola que daba importancia a los minifundios y la siembra de comestibles, se llevó a cabo la compra de algunas centrales azucareras y una fábrica de cemento, y se promovió el movimiento cooperativista.

Entre las investigaciones efectuadas por la PRERA estaba un «Estudio de los recursos mineros de Puerto Rico: oro, magnesio, cobre, estaño y otros minerales no-metálicos». Para la década de 1930 y posiblemente desde antes, el gobierno estadounidense había localizado estos recursos naturales, aunque se insistía en la inevitabilidad de la pobreza y la dependencia del país.

Sólo la acción política del Partido Nacionalista alteraría el intento estabilizador del gobierno estadounidense en su colonia del Caribe. Dicha organización independentista había tomado un giro de activismo político y confrontación directa al sistema colonial, tras la elección de don Pedro Albizu Campos a la presidencia de la colectividad en 1930.

En una armonía, más aparente que real, mientras la producción azucarera se expandía de 587 000 toneladas en 1929 a 1 114 000 toneladas en 1934, los salarios se reducían de $0,90 a $0,60 diarios, el ingreso neto per cápita nominal se reducía de $122,00 en 1930 a $86,00 en 1934 y aumentaban los precios de los productos básicos. Gran parte de la población vivía en la miseria.

En 1934, Puerto Rico pasó de manos del Negociado de Asuntos Insulares del Departamento de Guerra al Departamento del Interior, en particular a su División de Territorios y Posesiones Insulares. El país era considerado una simple posesión insular por el gobierno estadounidense; ni siquiera un territorio incorporado, como Alaska y Hawai.

El Plan Chardón

Como resultado de la gestión realizada por la Comisión Puertorriqueña de Normas (*Puerto Rico Policy Commission*), creada por Roosevelt en 1934, se formuló el llamado Plan Chardón. El mismo fue preparado por el entonces rector de la Universidad de Puerto Rico, Carlos Chardón, quien fue designado a presidir la Comisión. Este paso se dio tras demostrarse la ineficiencia de la PRERA, y como parte de la estrategia económica y política que seguía entonces el gobierno estadounidense en Puerto Rico.

El Plan Chardón establecía que la reconstrucción económica del país era posible sin alterar la condición colonial existente. Contaba para su desarrollo, después de todo, con el capital y la infraestructura industrial proveniente del mismo lugar de donde, en las pasadas décadas, había provenido el capital y la maquinaria azucarera. El gobierno estadounidense quería hacer más rentable a Puerto Rico, sacándolo de la miseria a la que lo había conducido durante las primeras décadas de dominación colonial. Ese plan es considerado por algunos estudiosos como la primera iniciativa económica y social de alcance general que el gobierno de los Estados Unidos formulara para impulsar la reconstrucción de Puerto Rico.

Para enfrentar la situación nada alentadora del país, el Plan Chardón proponía, entre otras, las siguientes medidas: diversificación de la agricultura; promoción de pequeñas fincas; eliminación de las grandes corporaciones azucareras; aplicación de la ley de las 500 acres; promoción de nuevas industrias, como la pesca y silvicultura; estímulo a la emigración planificadamente, si posible a otros países del trópico, donde podrían establecerse granjas (entre 1898 y 1930 la población había aumentado de 953 243 a 1 543 913 habitantes).

La PRRA

El Plan Chardón no fue aprobado por el gobierno estadounidense. En su lugar, en mayo de 1935, fue creada la *Puerto Rico Reconstruction Administration (PRRA)*, cuyo objetivo sería la «reconstrucción permanente» de Puerto Rico y no meramente «ayuda inmediata», como había sido el caso de su predecesora, la PRERA, que se integraría a la PRRA. La PRERA se mantuvo por sólo seis años, tras los cuales fue eliminada por el Congreso.

Ya por esos años había ganado prominencia la figura de Luis Muñoz Marín quien, no obstante la posición que había asumido hasta entonces a favor de la independencia de Puerto Rico, había optado por colaborar con las iniciativas generadas en Washington.

Al crearse la PRRA, en 1935, se dio impulso a la electrificación parcial de país, indispensable para cualquier proceso de industrialización y modernización que se diseñara para la colonia caribeña. Se estimuló igualmente la reforestación de amplias zonas y se dio curso a la construcción de una planta de cemento.

La tierra

El capital estadounidense se había apoderado, desde la invasión de 1898, de las mejores tierras del país, muchas de ellas compradas a los antiguos terratenientes españoles a precios muy bajos, inmediatamente después de la devaluación de la moneda española que circulaba en Puerto Rico. Mientras en 1901 el 93% de las tierras propiedad de «nativos» estaban distribuidas en fincas con una extensión promedio de 52 cuerdas, en 1942 el 55% de las tierras estaba en manos de corporaciones estadounidenses, entre las cuales se encontraban más de 60 fincas con mil cuerdas o más.

Varias décadas después, cuatro empresas azucareras (*The South Porto Rico Sugar, Central Aguirre Associates, Fajardo Sugar Co.* y *United Porto Rican Sugar Co.*) poseían el 50% de las tierras dedicadas a la caña y el 40% de la producción azucarera.

Mientras tanto, en 1940 el 80% de la población rural, que correspondía al 67.7% de la población total del país, tenía que vivir como agregada, es decir, sin tierras.

El Partido Popular Democrático

El 21 de julio de 1938 se fundó el Partido Popular Democrático (PPD), como secuela de la profunda división interna que sufriera el Partido Liberal. El PPD estaba encabezado por Luis Muñoz Marín, quien se había granjeado relaciones estrechas con los círculos de poder en el gobierno de los Estados Unidos y quien, como se corroboraría más adelante, sería el «hombre de Washington» para administrar los cambios que estaban por venir.

Al fundarse, el PPD contó con el apoyo de importantes sectores nacionalistas e independentistas. El discurso ideológico de Muñoz Marín, profundamente populista, atacaba a los barones del azúcar y en general al capital ausentista. Contaba con el campesinado explotado y hambreado como base social principal. De ahí la imagen del campesino en la bandera del PPD, así como la consigna –en letras rojas– «Pan Tierra, Libertad» tan parecida a la que décadas atrás esgrimieran Lenin y los bolcheviques en Rusia («Pan, Tierra, Paz»).

El discurso independentista de Muñoz y el PPD pronto quedó atrás. Se pronunciaba en favor de la justicia social y tenía ribetes nacionalistas, pero era inofensivo al capitalismo estadounidense, conformándose con promover armonía entre el capital y la justicia social.

Como quiera que sea, Luis Muñoz Marín y el PPD conquistaron el respaldo de grandes sectores del pueblo, sobre todo los más perjudicados por el sistema de monoproducción azucarera vigente. Alcanzaron importantes avances electorales en los comicios generales de 1940 y la victoria en 1944. La amenaza política más importante que hubieran podido enfrentar Muñoz y el PPD eran don Pedro Albizu Campos y el Partido Nacionalista, pero el encarcelamiento de don Pedro y otros dirigentes nacionalistas en 1936 había desarticulado a ese adversario y el camino estaba expedito para avanzar hacia la implementación de cambios en el país.

La estrategia de desarrollo económico del PPD y Muñoz, arrancaba con una reforma agraria dirigida principalmente contra los «barones del azúcar» y hacia la implementación de la ley de los 500 acres, el desarrollo de un importante sector industrial, la elevación general del nivel de vida y la modernización del capitalismo colonial. Por esa misma época se produjo la renuncia del entonces gobernador estadounidense de Puerto Rico, Guy Swope.[1]

Los cambios económicos y sociales en Puerto Rico se iniciaron bajo la administración del gobernador Guy W. Swope, con la aprobación de la Ley de Tierras, y continuaron su curso al llegar Tugwell a la gobernación, quien contó con el apoyo que le brindaron Muñoz Marín y el PPD. En 1941, tenemos a Redford Tugwell en la gobernación y a Luis Muñoz Marín en la presidencia del Senado, con proyectos comunes contra los «barones del azúcar» y por la realización de cambios en el país; el PPD es la fuerza política principal y los dueños de la tierra y las centrales azucareras se enfrentan a una decisión judicial adversa que amenazaba con hacer desaparecer la impunidad del latifundismo azucarero.

El objetivo inmediato de Tugwell era imponer la paz social en el país en medio de la Segunda Guerra Mundial y garantizar la seguridad de las instalaciones militares localizadas o por localizarse en suelo puertorriqueño. Ese proceso tuvo un fuerte impacto en la agricultura, la industria y la infraestructura del país.

Los fondos para llevar a cabo los cambios propuestos provinieron principalmente de la devolución de arbitrios hecha por el gobierno de los Estados Unidos al de Puerto Rico por concepto de la exportación de ron. En los años de la guerra, la exportación de ron puertorriqueño al mercado estadounidense aumentó sensiblemente debido a la disminución en la producción de whisky en aquel mercado. También de los desembolsos del gobierno estadounidense vinculados con la construcción de

---

[1]   Durante casi toda la primera mitad del siglo xx el Presidente de los Estados Unidos designaba a un estadounidense como gobernador de Puerto Rico. Tugwell fue el último de ellos, a quien sustituyó el puertorriqueño, también designado, Jesús T. Piñeiro. A éste le correspondió ser el primer gobernador puertorriqueño, en 1947.

bases militares. A partir de esos años Puerto Rico incrementó su importancia geoestratégica y militar.

Una de las razones por las cuales Muñoz Marín era considerado tan valioso para Tugwell –y por ende para los intereses de los Estados Unidos en Puerto Rico– se debía a la oposición creciente que éste iba asumiendo en contra de la independencia como alternativa para resolver el problema colonial vigente.

En la década de 1940 Puerto Rico fue militarizado. Se ocupó la isla-municipio de Vieques, se construyeron importantes bases militares y fueron reclutados miles de puertorriqueños, muchos de los cuales fueron enviados al frente de batalla durante la Segunda Guerra Mundial.

La Ley de Tierras y la Reforma Agraria

El gobernador Guy W. Swope aprobó la Ley de Tierras el 12 de abril de 1941, poco antes de ser sustituido por Tugwell. Más adelante fue creada la Autoridad de Tierras, organismo encargado de implementar dicha ley.

Se ofrecía la oportunidad de avanzar hacia la modernidad capitalista y al desarrollo urbano, sin alterar la condición de dependencia económica y de subordinación política a los Estados Unidos iniciada en 1898.

La Ley de Tierras y la reactivación de la Ley de los 500 acres mediante la recién creada Autoridad de Tierras, adquirió carácter de reforma agraria para el Puerto Rico de principios de la década de 1940, no con la intención de tomar medidas radicales sobre la tenencia de la tierra, sino para eliminar a los grandes latifundistas.

El alcance de la reforma agraria no pudo impedir que se mantuviera el dominio de las grandes corporaciones azucareras. Su enfoque populista fue más a la repartición de pequeñas parcelas y a la relocalización de las familias de la ruralía, que al desarrollo de proyectos vinculados a la industrialización; enfrentar a los dueños extranjeros de la tierra, manteniendo el control que tenían los hacendados puertorriqueños.

Al excluirse la agricultura como un gran objetivo económico y social, la actividad agrícola no pudo asumir la enorme responsabilidad de ofrecer los recursos materiales necesarios para incentivar el proceso de cambio que se planteaba en esos años.

La reforma agraria llegó a su fin en el año 1945, pues la Autoridad de Tierras carecía de fondos y no contaba con el apoyo del gobierno estadounidense. Mientras tanto, iba avanzando el objetivo del PPD de desplazar la monoproducción de azúcar a favor de la industria liviana. Sin embargo, en 1952, once años después de aprobada la Reforma Agraria y el año de la fundación del Estado Libre Asociado (ELA), se realizó la mayor zafra de la historia de Puerto Rico –12 537 000 toneladas de caña en 391 763 cuerdas de terrenos, que dieron como resultado 1 360 000 toneladas de azúcar, en 34 centrales azucareras.

La estrategia consistía en iniciar una transformación de la economía sostenida principalmente en la industrialización y acompañada por la reforma agraria. Esto redundaría en una mayor producción, más ingresos para la población y elevación de la calidad de vida, en el marco del discurso colonial-populista del PPD.

Teniendo la producción de ron como eje económico principal, el Gobierno de Puerto Rico se convirtió en propietario de las siguientes empresas:

1. *Puerto Rico Glass Corporation*, para la producción de botellas de ron, licor que se exportó exitosamente a los Estados Unidos durante la guerra;

2. *Puerto Rico Pulp and Paper Corporation*, para la producción de papel y cartón, también en función de la exportación de ron;

3. *Puerto Rico Cement Corporation*, primera empresa creada por la PRRA;

4. *Puerto Rico Clay Products Corporation*, que producía bloques, tejas, canales de desagüe, tubos y alcantarillados;

5. *Puerto Rico Shoes and Leather Corporation*, la cual llegó a tener ganancias y a exportar zapatos;

6. Telares de Puerto Rico.

La industrialización de Puerto Rico respondía al interés de los Estados Unidos de estimular la industrialización en América Latina, para que la región se convirtiera en un mercado con una capacidad mayor de consumo después de la guerra. La idea era transformar a los pueblos latinoamericanos de meros exportadores de materias primas a consumidores de bienes de capital, producidos en empresas de capital estadounidense, o importadas de los Estados Unidos.

Gran parte del capital que habría de ser invertido provenía de los Estados Unidos, el mismo lugar de origen de mucho del capital invertido en la monoproducción azucarera. La creación del ELA se dio tras la aprobación por el Congreso de la Ley 600 de 1950. Ya desde antes, el gobierno de los Estados Unidos venía tomando medidas para generar cambios en el país, tales como la designación de Rexford Tugwell como gobernador de Puerto Rico y el haberle asignado la tarea de modernizar las estructuras administrativas coloniales; la posterior designación de Jesús T. Piñero como el primer gobernador puertorriqueño; y la enmienda de la Ley Jones para permitir que los puertorriqueños eligieran al gobernador.

La renuncia de Tugwell y la Operación Manos a la Obra

Cuando Rexford Tugwell renunció a la gobernación de Puerto Rico en 1946 –un año después de finalizada la Segunda Guerra Mundial– ya el liderato del Partido Popular había decidido cambiar el rumbo económico seguido hasta entonces. El esfuerzo y el capital invertido en las industrias propiedad del gobierno habían producido una cantidad reducida de empleos y numerosos dolores de cabeza.

En 1947 dichas empresas crearon menos de 1 500 empleos, mientras que las pocas empresas extranjeras promovidas en 1947 generaron 3 000. El aumento anual de la fuerza de trabajo ascendía a 10 000 personas. El impacto, tanto económico como ideológico, en contra del embrionario capitalismo de Estado experimentado en los primeros años de la década de 1940, fue contundente.

Además, la importancia y el valor de varias de esas fábricas había dependido de la producción de ron para la exportación durante la guerra, aprovechando las ventajas que entonces ofrecía el mercado estadounidense. Al finalizar el conflicto bélico, se reanudó la producción de licor en los Estados Unidos y desaparecieron dichas ventajas.

De otro lado, el desarrollo de una agricultura diferente a la de la monoproducción azucarera tampoco era contemplado por el liderato Popular, para el que la posibilidad del progreso, el desarrollo y la modernización no estaban en la tierra sino en la máquina, la industria y la chimenea.

Las fábricas fueron vendidas en poco tiempo, mientras la legislatura controlada por el PPD aprobó en 1947 la Ley de Incentivos Industriales, dirigida a atraer inversionistas de los Estados Unidos, en particular hacia la industria liviana.

Se subvencionaba el alquiler o costo de edificios, se ofrecía un programa de adiestramiento de trabajadores y se ofrecían préstamos atractivos. A la Ley de Incentivos Industriales le siguió la Ley de Exención Contributiva Industrial, aprobada en 1948, que precisó aún más los beneficios que la administración colonial ofrecía a los inversionistas. Es así como desaparecieron definitivamente los pininos de planificación económica desde el gobierno y nació la Operación Manos a la Obra (OMO) –en inglés *Operation Bootstrap*– sobre la base de la industrialización por invitación y con el lema «La batalla de la producción». El gran objetivo era ofrecer a Puerto Rico como una localización industrial lucrativa.

Durante los años 1947 a 1951 se dio en Puerto Rico una suerte de *boom* industrial. En enero de 1947 se habían instalado apenas 10 fábricas que empleaban 700 trabajadores, como fruto de la labor persuasiva de la Compañía de Fomento Industrial que dirigía Teodoro Moscoso.[2] Para diciembre de 1951, ese número había aumentado a 128 fábricas y a 9 000 trabajadores. En 1955, las fábricas de Fomento proveían más de 28 000 empleos, cifra equivalente al 5% de la fuerza de trabajo del país.

Un factor de gran peso en esos años fue el estímulo a la emigración, lo que se venía considerando por lo menos desde la creación del Plan Chardón. Durante todo el siglo xx se había dado un movimiento de trabajadores puertorriqueños a los Estados Unidos, incluso a lugares tan distantes como Hawai. Será a partir de las postrimerías de la década de 1940 cuando la cifra de emigrantes aumentará hasta cientos de miles cada década, proceso que ha continuado hasta el presente. Se afirma que más

---

[2] Teodoro Moscoso sería designado director ejecutivo de la Alianza para el Progreso a principios de la década de 1960 por el presidente estadounidense John F. Kennedy.

de 4 000 000 de puertorriqueños y sus descendientes viven en los Estados Unidos, lo que representa más del 50% del pueblo boricua.

En 1950 el desempleo ascendía a 34,7% de la fuerza de trabajo del país, lo que se consideraba el principal problema que sufrían los puertorriqueños. De estos, el 20,6% eran subempleados. En la década 1940-1950 hubiera habido en Puerto Rico 201 000 desempleados. Sin embargo, la cifra oficial ascendía a 101 000 desempleados. Los restantes 100 000 se fueron yendo del país como parte de un proceso migratorio que cobraba fuerza y que adquiriría dimensiones trascendentales en las siguientes décadas. En total, entre 1940 y 1950 emigraron 193 976 puertorriqueños a los Estados Unidos.

La emigración era vista como un mecanismo de gran valor. De un lado la entrada de capital ausentista para la industrialización; de otro lado la salida masiva de puertorriqueños; esa era la fórmula para alcanzar la transformación deseada.

Se nos ofrecen opiniones contradictorias al referirse al período 1940-1950 de la historia social y económica de Puerto Rico. Se habla de un incremento de hasta 80% en el ingreso real de la población entre una década y otra, de un aumento significativo en la prestación de servicios por parte del gobierno, e incluso se sitúa a Puerto Rico entre los primeros países con ingreso per capita ($295,00), quinto en América Latina, similar a Cuba, cuatro veces el IPC de República Dominicana, dos y media veces el de México y siete veces el de Haití. Se afirma que Puerto Rico era el décimo comprador mundial de productos estadounidenses y uno de los primeros cuatro en América Latina. Más del 95% de lo que se producía se exportaba a los Estados Unidos, mientras que más del 90% de las importaciones eran estadounidenses. Era una economía cautiva.

Si bien la agricultura era la espina dorsal del Puerto Rico de 1940-1950, la misma enfrentaba una crisis sostenida en la producción de azúcar, tabaco y café. La producción azucarera se encontraba a merced de las medidas tarifarias impuestas por los Estados Unidos y de la demanda azucarera de aquel país.

Había además una enorme competencia con importantes productores de azúcar, particularmente Cuba, cuya producción se daba a un costo menor. En 1950 en la Antilla mayor había 173 centrales azucareras, de las cuales 90 eran de capital extranjero y 83 de capital nacional. Las centrales de capital extranjero producían el 66% de la azúcar cubana.

En cuanto al tabaco, era una industria inestable, en competencia desigual con la industria tabacalera cubana. Entre los años 1926 a 1935 los suelos dedicados al tabaco ascendieron de 10 mil a 82 mil cuerdas y la producción aumentó de 6 millones a 50 millones de libras. De 1936 a 1945 el uso de suelos fluctuó entre 12 mil y 63 mil cuerdas y la producción, de 9 a 44 millones de libras. A la larga este cultivo desapareció, cuando se cerraron los mercados estadounidenses y se fueron las fábricas establecidas. Todavía entonces, el 20% del tabaco para cigarros utilizado en la industria tabacalera estadounidense provenía de Puerto Rico.

Eran dos Puerto Rico. Uno, el de la miseria generalizada. El otro, el de los grandes intereses económicos. Ese era, después de todo, el verdadero gran problema social, económico y político que afectaba al pueblo puertorriqueño. En el país se producían montañas de riquezas, pero iban a parar a pocas manos, en particular manos extranjeras. Todo ello a partir de nuestro recurso natural principal, el suelo.

Todavía en 1950 se reconocía el valor de una agricultura modernizada y diversificada como columna de la economía del futuro; pero se insistía en que había que abrir el país a los inversionistas foráneos como única solución.

Había que priorizar el desarrollo de una cultura industrial en el pueblo, como parte del proceso intenso para elevar el nivel educativo general. Había que concentrarse en el desarrollo de destrezas, en el surgimiento de una clase obrera moderna, productiva y eficiente, saludable, educada y alimentada apropiadamente. Asimismo, había que familiarizarse con las máquinas, con las reglas de producción en una fábrica, con el manejo de herramientas, con los niveles de calidad, con la velocidad que impone la producción industrial.

Los estimados eran alentadores. Se confiaba en reducir el desempleo a un 9% en 1955 y a 5% en 1960, conforme avanzara el proceso de industrialización y de emigración, y paralelamente el de una agricultura más productiva. Se esperaba aumentar las finanzas gubernamentales en un 50% y elevar en un 30% la productividad de los trabajadores.

En cuanto a la agricultura, los ambiciosos planes esbozados hablaban del desarrollo de la producción de piña, café y tabaco, así como frutas, vegetales, productos lácteos, carne, huevos, pescado y legumbres. El objetivo era aumentar la autosuficiencia, reducir las importaciones de alimentos y hacer un uso más intensivo de la tierra e incluso exportar.

El Estado Libre Asociado

El proceso de transformación económica y social de Puerto Rico demandaba un cambio en la situación política del país, acorde con la nueva situación industrial que iba sustituyendo a la menos lucrativa plantación azucarera. La intención no sería alterar la condición de subordinación colonial, sino promover cambios que dieran la impresión de que en efecto el colonialismo había quedado atrás, a favor de una relación de asociación entre iguales, eminentemente democrática.

En 1943 se había creado un Comité Presidencial para estudiar la posibilidad de conceder a los puertorriqueños el derecho a elegir el gobernador del país. El 25 de julio de 1946 el presidente de los Estados Unidos designó a Jesús T. Piñero, hasta entonces Comisionado Residente en Washington, como el primer gobernador puertorriqueño.

En 1947 el Congreso enmendó la Ley Orgánica de Puerto Rico, de manera que se permitiría al pueblo puertorriqueño elegir por vez primera a su gobernador. Tal y como era el interés de Washington, en las elecciones generales de 1948 fue electo a ese cargo Luis Muñoz Marín, dirigente máximo del PPD.

El 4 de julio de 1950 el presidente Harry S. Truman firmó la ley 600 del Congreso, con la cual se iniciaba el proceso que conduciría a la elección de una asamblea constituyente en Puerto Rico al año siguiente, el 4 de julio de 1951, con la seguridad previa de que la misma no alteraría la relación de subordinación existente.

El seis de febrero de 1952 la Asamblea Constituyente –tres cuartas partes de cuyos miembros eran miembros del PPD y el resto del Partido Estadista Republicano (PER), pues el Partido Independentista Puertorriqueño (PIP) rehusó participar en dicho proceso– aprobó una Constitución. Al mes siguiente la misma fue refrendada por voto popular mayoritario. Posteriormente fue aprobada por el gobierno de los Estados Unidos, tras eliminar unilateralmente algunas de sus partes. En su preámbulo, la flamante constitución del ELA, presentada como alegado ejercicio democrático del pueblo puertorriqueño expresa, su lealtad y subordinación a la constitución y las leyes de los Estados Unidos.

El 25 de julio de 1952, coincidiendo con el 54 aniversario de la invasión militar estadounidense contra Puerto Rico, se fundó el Estado Libre Asociado. Ese mismo año fue reelecto gobernador Luis Muñoz Marín y el PPD arrasó en las elecciones generales.

Al año siguiente, la delegación estadounidense ante la Asamblea General de la ONU radicó una resolución en la que se reconocía al ELA como una forma nueva y superior de relación política entre Puerto Rico y los Estados Unidos –denominada de *asociación*– que, según el texto de dicha resolución, daba fin al colonialismo vigente hasta entonces. La ONU aprobó por escasa mayoría la resolución 748 (VIII) que, aunque a regañadientes, bendijo al nuevo *status* ante la comunidad internacional como pretendido símbolo del fin del colonialismo en Puerto Rico.

Etapas del proceso de industrialización

El proceso de industrialización de Puerto Rico se ha dividido en varias etapas. La Operación Manos a la Obra había significado el fin del breve período en el que el gobierno fungió como agente planificador de la economía, a la vez que empresario. Dicho proceso ha estado enmarcado a su vez, en una transformación mayor de la sociedad puertorriqueña, que se dio a través de la década de 1940 hasta principios de la década siguiente.

En los primeros años, se llevó a cabo la reforma agraria y se estimuló el desarrollo de la infraestructura y de instituciones administrativas, llegando a un nivel modesto de industrialización, sobre todo con fábricas propiedad del gobierno. Esa podríamos decir que fue la primera etapa de la industrialización del país.

Tras el fin de la Segunda Guerra Mundial, se inició un agresivo estímulo a la entrada de capital industrial extranjero, sobre todo de los Estados Unidos. En 1947, arrancó una segunda etapa de instalación de industrias –lo que no equivale necesariamente a industrialización– en todo el país. A partir de entonces se iniciaba un modelo económico orientado hacia fuera, con los mercados externos como destino final.

En la segunda etapa de desarrollo industrial, el renglón de producción más importante era la ropa, acompañada de la elaboración de alimentos, productos enlatados y los productos del tabaco. Se promovía la instalación de industrias que hacían un uso intensivo de mano de obra, invirtiéndose relativamente poco capital. En ese período tanto los bajos salarios como la exención contributiva eran incentivos muy atractivos para los inversionistas extranjeros.

El paso de la primera a la segunda etapa en el proceso de industrialización del país estuvo directamente relacionado con las negociaciones multilaterales que se realizaron a finales de la década de 1950, promovidas por el Acuerdo General de Aranceles y Comercio (*General Agreement on Trade and Tariff, o GATT*). Tras la Ronda de Uruguay, hace varios años el GATT desapareció y en su lugar surgió la Organización Mundial del Comercio (OMC) que impone sus reglas de juego a nivel mundial, para beneficio principalmente de las grandes potencias capitalistas industrializadas. En dichas negociaciones los Estados Unidos tuvieron una participación destacada, en las llamadas rondas Kennedy y Tokio. Como resultado directo de esas negociaciones el gobierno estadounidense redujo los aranceles a textiles y ropa provenientes de lugares como Corea del Sur y Taiwán. Ello tuvo la consecuencia inmediata de la pérdida de atractivo de Puerto Rico para los inversionistas extranjeros.

Etapas del proceso de industrialización de Puerto Rico

- 1941-1946— el Gobierno, empresario principal
- 1947-1963— industria de mano de obra intensiva: textil, confección de alimentos
- 1964-1973— industria pesada: petroquímica, maquinaria
- 1974— industria de alta tecnología: farmacéutica, electrónica, de instrumentos científicos

A mediados de la década de 1960 surgió una tercera etapa industrial, que reorientó la promoción hacia la industria petroquímica, química, de producción de maquinaria y metalúrgica. Se buscaba una inversión intensiva de capital y empleos estables y mejor remunerados, que enfrentaran las dificultades que imponían el incremento en los salarios en Puerto Rico y la reducción de aranceles establecidos por los Estados Unidos a las importaciones de productos textiles. Se concentraba principalmente en San Juan, Caguas, Ponce y Mayagüez. La idea era aprovechar el petróleo barato proveniente de varios países árabes y de Venezuela. Pero el aumento acelerado del precio del petróleo en el mercado internacional a partir del año 1973 dio al traste con esos planes.

Aunque Puerto Rico sufrió un proceso indiscutible de transformación social y económico y de elevación de la calidad de vida entre 1950 y 1973 (entre 1950 y 1960 fue el período de mayor expansión económica). Ese último año se inició una fase de estancamiento del modelo de industrialización por invitación. Ya los incentivos no eran tan atractivos, si bien se renovaron los relacionados con exención contributiva, inspirados todavía en la ley aprobada en 1947. No se había logrado producir los empleos anticipados y el costo de la vida había ido aumentando aceleradamente, debido a la progresiva inserción de la economía puertorriqueña en la economía de la metrópoli. A partir de 1973 hizo crisis la estrategia de desarrollo aplicada en 1948. El gobierno tuvo que ir sustituyendo a los empleadores privados que no aparecían. Aumentó la deuda pública, se redujeron las exportaciones y disminuyó la producción, aumentando el desempleo.

Una nueva etapa económica se inició a partir de 1976, cuando se aprobó la aplicación a Puerto Rico de la sección 936 del Código de Rentas Internas de los Estados Unidos. La sección 936 fue, junto con los cupones de alimentos y el incremento en los «fondos federales», la tabla de salvación entonces. Se trató de una política de subsidios, sintomático de la improductividad creciente y del desgaste progresivo del modelo económico de industrialización por invitación.

La Operación Manos a la Obra

Una de las descripciones más elocuentes –y sin duda una de las más interesadas– del significado de la Operación Manos a la Obra la hizo el *Chase Manhattan Bank*, en un documento titulado *Industry in Puerto Rico*, que fuera publicado en 1967. Decía el Chase entonces:

> El año 1948 es el momento en que el Gobierno de Puerto Rico inició su famosa «Operación Manos a la Obra», diseñada para estimular las inversiones privadas de capital, tanto local como extranjero, para ayudar a acelerar el desarrollo industrial de la isla. A partir de entonces, las autoridades concentraron sus energías y recursos en buscar los medios para fortalecer la iniciativa privada en lugar de construir, poseer y operar ellas mismas las fábricas. En este sentido, las inversiones públicas han sido un agente catalítico, acelerando el flujo de capital privado hacia los canales de producción. Este programa, que es esencialmente el que continúa en efecto en la actualidad, le dio a la inversión privada el empuje necesario para mover la economía sobre una base de propio sostenimiento.
>
> La ley de exención contributiva de 1947, enmendada un año más tarde para hacerla completamente efectiva, resultó ser el elemento clave del programa.

Apunta la investigadora Deborah Santana que la OMO no es un caso aislado. Se trató del primer modelo o programa de desarrollo industrial del Tercer Mundo, que sirvió para inspirar el Programa del Punto Cuarto, la Alianza para el Progreso, la instalación de maquiladoras en México y la Iniciativa para la Cuenca del Caribe. De manera que Puerto Rico sirvió a los científicos e ideólogos estadounidenses durante varias décadas –al menos entre 1930 y 1960– como laboratorio socio-político-económico tercermundista. La premisa cardinal, es lo que algunos han denominado «doctrina de inviabilidad», o una concepción determinista sobre la inviabilidad económico-política de Puerto Rico. Por consiguiente, la inevitabilidad de la dependencia.

Hasta 1978, más de 2 000 fábricas se habían instalado en Puerto Rico, promovidas por Fomento Industrial. Gran parte de ellas llegaban con la misma facilidad con que se iban, pues su localización en el país no resulta indispensable para su proceso productivo. El gran problema consiste en que ha sido un proceso de producción económica dirigido y controlado desde afuera y hacia fuera. Esto provoca un desbalance continuo, debido a la fragilidad intrínseca a un modelo económico sin base firme y sobre todo expuesto a decisiones tanto económicas como políticas que se originan en el exterior. Este modelo se inscribe en lo que algunos denominan desarrollismo, que lejos de ir dirigido al desarrollo pleno de una economía, convierte al país en cuestión en apéndice de una economía más poderosa y termina empobreciendo al país que sirvió como asentamiento circunstancial de las industrias extranjeras.

La Operación Manos a la Obra es un monumento, no al progreso económico, sino a los costos y peligros inherentes a un programa de desarrollo fundamentado en la expansión de corporaciones de uso intensivo de capital, propiedad de extranjeros, integradas verticalmente y orientadas a la exportación. Este experimento se ha desarrollado más plenamente en Puerto Rico que en cualquier otro lugar del mundo y la experiencia de la isla debe servir de lección de lo que no debe hacer a otras naciones.

En resumidas cuentas, el problema con la Operación Manos a la Obra no ha sido exportar o estimular el ingreso de capital extranjero, sino la forma en que Fomento Industrial y el gobierno del ELA diseñaron el «desarrollo hacia fuera». Se impidió la creación de bases para el desarrollo de una economía nacional integrada, se obvió la sustitución de importaciones y se profundizó la dependencia en inversión extranjera a costa del capital puertorriqueño. Ello ha conducido a la proletarización y el empobrecimiento general de nuestra población.

Hemos mencionado la Ley de Incentivos Industriales (Ley 346, aprobada el 12 de mayo de 1947), que fue el punto de partida legal para la entrega del país al capital industrial extranjero y que fuera aprobada bajo la gobernación de Jesús T. Piñero. La misma fue enmendada por la Ley 184 del 13 de mayo de 1948, que extendió la exención contributiva hasta 1962 y ésta fue sustituida a su vez por la Ley 6 del 15 de diciembre de 1953, que supuso otra extensión de los incentivos industriales.

En lo que respecta al valor político que le adjudicaba los Estados Unidos al ELA y a la Operación Manos a la Obra y la modernización acelerada de Puerto Rico, la misma fue proyectada ante el mundo como un gran triunfo. El país fue convertido en un lugar de entrenamiento para países del Tercer Mundo.

Hubo un aumento salarial y una mejoría significativa en las condiciones de vida de la población; el proceso de urbanización del país tan desenfrenado como ha sido, hizo que en un cuarto de siglo Puerto Rico dejara de ser un país rural-agrícola para convertirse en una gran urbe, desordenada y caótica.

Pero mayor fue la producción de plusvalía para los inversionistas foráneos. El gobierno había estimado que en 1960 Puerto Rico contaría con una fuerza de trabajo de más 900 mil trabajadores, de los cuales sólo el 5% estarían desempleados. La realidad fue que sólo se crearon 543 mil plazas, cifra menor a la existente en 1950. De esa cifra, más de una quinta parte correspondía aún a la actividad agrícola.

En cuanto a la industria petroquímica, varias empresas estadounidenses localizaron sucursales en Puerto Rico con la intención de aprovechar la compra de petróleo barato a Venezuela y a varios países árabes. Aquí se realizaría el procesamiento del crudo correspondiente a la llamada fase sucia o de mayor impacto ambiental. El gobierno esperaba que se produjera un eslabonamiento de industrias procesadoras del petróleo y sus derivados, que generaría decenas de miles de empleos. Fue eso lo prometido a la población del sur del país, cuando se instalaron las compañías CORCO, PPG Industries y otras. Pero el acelerado aumento en el precio del petróleo a partir de 1973, entre otras causas hizo que sólo se crearan 8 000 empleos y que posteriormente colapsara el megaproyecto petrolero.

Con lo que no contaban los estrategas del ELA era con el acelerado aumento del precio mundial del petróleo, que terminó estando más caro que el que se producía en los Estados Unidos.

Ya para esos años Puerto Rico había perdido los atractivos que le singularizaban y se había igualado el campo a nivel internacional. Tendrían que manejarse otros incentivos para atraer capital foráneo, como el acceso al mercado de los Estados Unidos, el nivel de desarrollo técnico y cultural de nuestros trabajadores y el hecho de que muchas de las empresas ya estaban establecidas aquí.

En esos años se dio la mayor expansión económica, a tal grado que el gobierno del ELA anticipaba una economía equiparable a la de los Estados Unidos en un cuarto de siglo más, al aproximarse el siglo xxi. Pero el resultado fue distinto: sobrevino un estancamiento de la economía, dependiente del capital extranjero, y en lugar de cientos de miles de empleos, surgieron cientos de miles de dependientes de transferencias federales, miles de millones de dólares más la deuda pública y nuevas promesas e incertidumbres a partir de una nueva sección del Código de Rentas Internas de los Estados Unidos, la 936.

Dos factores que contribuyeron a agravar la situación fueron la implantación del salario mínimo estadounidense a los trabajadores puertorriqueños y el creciente costo del transporte entre ambos países que, como sabemos, se hace a través de la marina mercante de los Estados Unidos, que es una de las más caras del planeta. Aunque se plantea el fin de la Operación Manos a la Obra a principios de la década de 1970, el modelo 936 es una continuidad de la OMO en la medida en que le definen incentivos similares y es igual el concepto de atracción de capital extranjero y dependencia externa.

Durante el siglo xx Puerto Rico fue pasando de una sección del Código de Rentas Internas estadounidense a otra. En la década de 1920 aplicaba la sección 262, que fue promovida inicialmente por las empresas trasnacionales en su afán por competir con las empresas británicas en Filipinas, que entonces era colonia estadounidense. Las grandes empresas azucareras, por ejemplo, estaban cobijadas por la sección 262 en Puerto Rico. Luego aplicó la sección 931 del Código de Rentas Internas (1954-1976), que beneficiaba a corporaciones en posesiones, que generaban el 80% o más de su ingreso bruto en un territorio bajo jurisdicción estadounidense, del cual el 50% o más debía provenir de su actividad económica. Asimismo, la sección 931 permitía a dichas empresas la exclusión de las ganancias obtenidas en Puerto Rico de sus informes contributivos, a no ser que fueran repatriadas a los Estados Unidos.

A partir de 1976 aplicó la sección 936, que tendía a liberalizar las condiciones en que se daba la inversión extranjera y sus beneficios contributivos. Entre 1970 y 1990 el balance de fábricas y empleos promovidos fue contradictorio.

La sección 936 fue concebida por el Congreso de los Estados Unidos para desalentar la evasión contributiva de las empresas trasnacionales. Ésta permitía que las subsidiarias de capital estadounidense que operan en Puerto Rico y en otras posesiones pudieran repatriar sus ganacias en cualquier momento sin verse obligadas a pagar contribuciones federales sobre ingresos. El único pago que debían hacer al gobierno de Puerto Rico era un impuesto de repatriación o «*toll gate*», que en ningún caso superaría el 10% de las ganancias repatriadas. Este incentivo tan atractivo se convirtió en un instrumento de enorme importancia en la localización de empresas estadounidenses en suelo puertorriqueño, sobre todo de ropa y textiles, alimentos y alta tecnología. Entre estas últimas predominan las farmacéuticas, petroquímicas, químicas, de producción de maquinaria y de instrumentos científicos y profesionsales.

Además del impacto que tuvo en la economía de Puerto Rico, la sección 936 creó las condiciones para que miles de millones de dólares fruto de las ganancias de las trasnacionales en todo el planeta, se ubicaran en bancos establecidos en Puerto Rico. Esas grandes sumas contribuyeron a financiar en el Caribe y América Central la Iniciativa para la Cuenca del Caribe (ICC).

Promovida por la administración de Ronald Reagan, la ICC perseguía el objetivo económico-político-militar de garantizar el control de los Estados Unidos en esa región, ante las amenazas a sus intereses que representaban los procesos revolucionarios y democráticos que se daban durante la década de 1980 en Nicaragua, Granada, Panamá, Jamaica y Cuba. Desde Puerto Rico se financiaban proyectos económicos a diversos países de la región, utilizando fondos de la 936.

La eliminación de la sección 936 se dio cuando el entonces presidente Bill Clinton firmó la «*Small Business Job Protection Act of 1996 (HR 3448)*», que tuvo la consecuencia de aumentar los impuestos a las empresas trasnacionales así como el recorte progresivo de los fondos multimillonarios utilizados para impulsar la ICC desde la banca localizada en Puerto Rico.

Se trata, en pocas palabras, de un nuevo incentivo para atraer industrias, basado en las mismas premisas de exención contributiva, que fue derogado a su vez en 1996 y cuya desaparición definitiva ocurrió en 2005.

Resulta evidente el problema económico que enfrenta el Estado Libre Asociado al ofrecer alternativas para el futuro del país. Habiendo perdido privilegios, acceso a mercados y las ventajas contributivas, el Puerto Rico actual carece de instrumentos de negociación, porque no cuenta con los poderes necesarios para ello. El problema, más que económico, es político.

Con la desaparición de la sección 936, muchas empresas trasnacionales se han cobijado bajo el título de Corporaciones Foráneas Controladas (CFC). Éste les permite una exención contributiva sobre tributación local y tributan como si estuvieran localizadas en los Estados Unidos. Esto nos recuerda dos cosas. Primero, que Puerto Rico es considerado un país extranjero por los Estados Unidos para fines fiscales y, segundo, que el concepto de Corporaciones Foráneas Controladas es compatible con la independencia del país como opción política del futuro.

Durante los años que aplicó la sección 936 a Puerto Rico, entre 1976 y 1996, el capital ausentista –sobre todo la industria química– obtuvo inmensas ganancias, hasta cinco veces mayores que industrias similares radicadas en los Estados Unidos. En 1974 operaban en Puerto Rico 110 de las 500 industrias más ricas del planeta. En 1976 las inversiones de los Estados Unidos en Puerto Rico equivalían al 5% de las inversiones de aquel país en todo el mundo y de aquí salía el 6,6% de todos los ingresos. En 1987 las ganancias de las empresas farmacéuticas, 936 localizadas en Puerto Rico, ascendieron a $3 000 millones, equivalente a $70 000 por cada empleo creado en el país en ese año.

El estancamiento del modelo económico, inspirado en las premisas de la Operación Manos a la Obra que iban quedando atrás, si bien perjudicaba a los puertorriqueños y frustraba las expectativas gubernamentales, abrió nuevas y mayores posibilidades de enriquecimiento para las trasnacionales a partir de la década de 1970.

La industria farmacéutica

La industria farmacéutica constituye el componente principal de la economía de Puerto Rico desde la década de 1970, fecha que corresponde con la tercera fase de la llamada industrialización del país, la del predominio de las empresas químicas y de alta tecnología. Para estos años el atractivo de Puerto Rico para el capital extranjero no era los bajos salarios de los años cincuenta, aun cuando seguían siendo más bajos que en los Estados Unidos por una misma tarea, sino la mano de obra sofisticada, estabilidad política y la infraestructura desarrollada virtualmente en todo el país. Para 1980 el número de técnicos y científicos disponibles para la industria farmacéutica era apreciable.

Su presencia significa una actividad industrial en la que se dan grandes inversiones de capital y enormes ganancias. Son empresas altamente concentradas, que frecuentemente constituyen oligopolios. Es sin lugar a dudas hoy por hoy la industria más rentable, con ganancias anuales ascendentes a miles de millones de dólares.

En 1974, la revista *Fortune* afirmaba que en Puerto Rico se daba la mayor concentración del mundo de establecimientos de producción farmacéutica por kilómetro cuadrado, a excepción del estado norteamericano de Nueva Jersey. Sin embargo la productividad de estas compañías en Puerto Rico superaba la de sus homólogos en dicho estado. Es por esta razón, y porque virtualmente cada gran productor farmacéutico de los Estados Unidos ha abierto operaciones en Puerto Rico, que desde 1974 se le ha llamado al país, «capital farmacéutica del mundo».

Tres décadas después, en 1989, las empresas farmacéuticas –de dueños extranjeros en un 99%– representaban casi el 40% del Producto Interno Bruto (PIB) en la manufactura; 41,9% del ingreso neto; 26,1% de las exportaciones totales y 52,4% de la existencia de plantas y equipos. Para esa fecha el 50% de las medicinas prescritas vendidas en los Estados Unidos eran fabricadas en Puerto Rico, así como el 25% del total mundial. Las empresas que se localizaran en cualquiera de las cuatro zonas industriales obtendrían 90% de exención contributiva por cinco años, que se reduciría a 75% en los siguientes cinco años. Luego, cada cinco años se va reduciendo gradualmente la exención contributiva, según la zona industrial donde se ubique la empresa, manteniendo algún grado de privilegio en los casos de las islas municipio de Culebra y Vieques.

En la actualidad, la industria farmacéutica en Puerto Rico está constituida por 19 corporaciones, 37 plantas manufactureras, 17 entidades comerciales y 6 oficinas de corporaciones.

Según información suministrada por la Asociación de la Industria Farmacéutica de Puerto Rico, ésta genera más de 30 000 empleos directos, equivalente al 21% del total de empleos de la manufactura en el país, y 90 000 empleos indirectos. Dichas empresas exportan anualmente productos cuyo valor asciende a 32 mil millones de dólares, equivalente al 66% del total de artículos exportados y al 25% del Producto Nacional Bruto.

Catorce de las principales empresas farmacéuticas del mundo tienen sucursales en Puerto Rico. En algunos casos esas sucursales son a su vez las instalaciones más grandes de toda la empresa. Representan el 5% de las instalaciones manufactureras de los Estados Unidos.

Nueve medicamentos de importancia mundial se producen en Puerto Rico. Sin embargo, del total de productos farmacéuticos que se hacen aquí, el 72% se exporta a los Estados Unidos, el 21% a diversos países del planeta y apenas el 7% se distribuye y vende en el Caribe, incluyendo a Puerto Rico. Paradójicamente, los puertorriqueños consumimos medicamentos producidos en Barceloneta, Guayama o Carolina, que vienen en envases que dicen «*Made in USA*».

Miseria, pobreza, explotación y modernidad

Un gran número de puertorriqueños y puertorriqueñas vivieron en la pobreza y la miseria durante las primeras cuatro o cinco décadas del siglo xx, bajo la dominación colonial estadounidense.

Desde la pobreza, la miseria, el analfabetismo, la subalimentación, las enfermedades, la insalubridad y la ausencia de servicios básicos, se impuso un modelo económico que, a la vez que mantenía inalterada tan deplorable condición social, generaba grandes riquezas para sus dueños ausentistas. Sin embargo, en esas circunstancias la producción de plusvalía tenía un límite, el que le imponían las propias condiciones sociales y económicas de los trabajadores, lo que se reflejaba directamente en su capacidad productiva.

Lo que se fue dando en Puerto Rico desde mediados de la década de 1940 consistió precisamente en una transformación cualitativa de las formas de producción. La *revolución* ocurrida en Puerto Rico, a la que se refieren algunos analistas del ELA y el PPD, fue una pequeña «revolución industrial» dirigida, como su gran predecesora histórica del siglo xviii, a sacarle más ganancia a cada trabajador por cada minuto trabajado.

La premisa es muy sencilla: un trabajador alfabetizado, bien alimentado, saludable, habitante de una residencia decorosa y con capacidad de consumo, será mucho más productivo que un trabajador analfabeto, inculto, subalimentado, enfermo, viviendo en una choza y con dos centavos en los bolsillos. El obrero de la caña vivía en la miseria, y generaba relativamente menos riqueza que el obrero de la fábrica; a cuya pobreza le habían puesto piso de concreto y otros beneficios, que sabía leer y escribir y que estaba mejor alimentado. Uno era más pobre y miserable; el otro es más explotado.

El nieto del obrero de la caña que trabaja en una farmacéutica podrá tener un salario mayor que el de su abuelo y vivir en mejores condiciones que éste, pero es mucho más explotado que su abuelo, es decir, genera mucha más ganancia por hora, día y semana trabajadas. Ahí radica el éxito del capitalismo moderno. En eso consisten, en última instancia, el progreso y el desarrollo económico en esta sociedad en lo que respecta a los dueños del capital y de los medios de producción.

La modernidad que supuso el proceso iniciado durante la década de 1940 y que dura hasta nuestros días, se monta sobre un modelo económico y social altamente vulnerable, dependiente de factores externos y expuesto a colapsar si fallara o faltara alguno de esos factores que los puertorriqueños no controlan.

Sin duda ha habido cambios en nuestra sociedad durante el siglo pasado. Han mejorado las condiciones de vida de los puertorriqueños y se ha insertado al país en la modernidad capitalista industrial, pero a costa de una profundización de la dependencia y la desigualdad, y con una carencia mayor de poderes políticos para tomar decisiones fundamentales. Ciento diez años después y en un Puerto Rico diferente al de 1898, la constante es la dominación colonial, la ausencia de soberanía, la unilateralidad y la superexplotación económica.

JULIO A. MURIENTE PÉREZ

Copresidente del Movimiento Independentista Nacional Hostosiano (MINH) de Puerto Rico.

El libre comercio como instrumento de colonización: la experiencia de Puerto Rico

PEDRO J. RIVERA GUZMÁN

Introducción

Ante el fracaso del proyecto original del Área de Libre Comercio de las Américas (ALCA), el gobierno de los Estados Unidos ha negociado, o está negociando, acuerdos de libre comercio con países, o grupos de países, latinoamericanos y caribeños. El Tratado de Libre Comercio entre Estados Unidos y América Central, al que se unió la República Dominicana (TLCAC-RD), es uno de los más recientes.

La relación de Puerto Rico con los Estados Unidos no permite al gobierno colonial del archipiélago negociar acuerdos comerciales con otros países. Sin embargo, los acuerdos suscritos entre los Estados Unidos y otros países se extienden a Puerto Rico. La participación de Puerto Rico se limita al cabildeo de funcionarios ante las autoridades estadounidenses.

Estos acuerdos no solo eliminan las barreras arancelarias a los bienes. También incluyen la supresión de las barreras a los servicios (bancarios, de seguros, digitales, profesionales y de ventas, entre otros), a la inversión proveniente de los países firmantes y a la participación en las licitaciones públicas, así como a las disposiciones sobre la propiedad intelectual.

En este texto argumento cómo la experiencia de Puerto Rico puede proveer algunas lecciones sobre los posibles efectos de estos acuerdos. Presento el origen histórico del «mercado común» entre los Estados Unidos y Puerto Rico; explico cómo la política de «industrialización por invitación» iniciada después la Segunda Guerra Mundial ha estado acompañada de un proceso de desnacionalización; y examino en qué medida este mismo proceso se ha dado en América Central y México.

La integración económica de Puerto Rico a los Estados Unidos y la desnacionalización económica

Primera etapa del proceso: el paso de colonia española a colonia estadounidense, y la integración impuesta (1898-1940)

Con la invasión estadounidense de 1898 y el final de la guerra Hispano-cubano-americana,[1] Puerto Rico pasa de colonia española a colonia de los Estados Unidos, el país a donde destinaba gran parte de sus exportaciones de azúcar. En 1900, el gobierno estadounidense aprueba una ley conocida como el Acta Foraker, mediante la cual se crea una estructura de gobierno en la que el Gobernador y su gabinete eran nombrados por el Presidente de los Estados Unidos.

Esta legislación establece el marco legal-económico dentro del cual todavía opera Puerto Rico, que abarca su inclusión en el sistema arancelario estadounidense, la imposición del libre comercio de bienes entre ambos países, la sustitución de la moneda de Puerto Rico por el dólar de los Estados Unidos y la aplicación en la isla de las leyes estadounidenses, incluidas las de cabotaje. Además, establece que los puertorriqueños no votan por el Presidente de los Estados Unidos, sino que su representación en el gobierno de ese país se limita a un delegado en el Congreso, con voz pero sin voto. Estas disposiciones tuvieron el efecto de dolarizar la economía de la isla, a la vez que se le impuso un «mercado común» bajo el control estadounidense, mediante la liberalización «recíproca» del movimiento de bienes y capitales entre los dos países y la unificación de las reglas y normas que se aplican a estos movimientos. Además, con otra ley estadounidense, aprobada en 1917, conocida como el Acta Jones, se impuso la ciudadanía estadounidense a los puertorriqueños, lo que facilitó su reclutamiento por parte de las fuerzas armadas de los Estados Unidos y liberalizó su movimiento hacia ese país.

---

[1] La caracterización y denominación de esta guerra han sido objeto de una larga polémica histórica. La historiografía oficial de los Estados Unidos, la caracteriza y denomina como la Guerra hispano-norteamericana, para obviar que, en el momento de la intervención militar de los Estados Unidos en Cuba, ya el Ejército Libertador de este último país prácticamente había derrotado a las tropas de la metrópoli española. La historiografía tradicional cubana ripostó con el nombre de Guerra hispano-cubano-norteamericana. Sin embargo, los historiadores cubanos contemporáneos identifican dos guerras superpuestas, que convergen en un mismo tiempo y espacio: una Guerra hispano-cubana, caracterizada como guerra de liberación nacional contra el colonialismo español; y una Guerra hispano-norteamericana, caracterizada como guerra de rapiña desarrollada por el naciente imperialismo norteamericano para despojar a los patriotas cubanos de la victoria que estaban a punto de alcanzar e imponer su dominación neocolonial en ese país. Consúltese a: Eduardo Torres-Cuevas y Oscar Loyola: *Historia de Cuba 1492-1898: formación y liberación de la nación.* Editorial Pueblo y Educación, La Habana, 2002, p. 393. [*N. del E.*]

Aunque es una «unión económica» impuesta imperialmente, la experiencia de Puerto Rico puede arrojar luz sobre los posibles efectos de la integración de una economía pequeña del Sur a una economía grande del Norte.

En las primeras décadas del «mercado común» impuesto y la «apertura recíproca» entre una economía pequeña y pobre y una economía grande, la actividad económica en el archipiélago boricua giraba principalmente alrededor de la siembra de caña y la producción primaria de azúcar para la exportación a los Estados Unidos, con participación dominante de capital estadounidense y una mayor concentración en la tenencia de tierras. Una parte importante de la élite criolla, especialmente la dedicada al cultivo del café que antes tenía acceso al mercado europeo, fue desplazada y otra parte transformada en una élite dependiente del capital del norte. Esto llevó a un incremento en la concentración de las exportaciones de mercancías, en términos de destino (los Estados Unidos) y en términos de producto (azúcar) y una reducción en la participación de capital nacional y un incremento en la presencia de capital estadounidense.

En los años treinta, con la depresión económica y los problemas que ya experimentaba el sector azucarero, la economía de Puerto Rico entra en crisis. En la segunda mitad de esa década comienzan a implantarse medidas bajo la política del Nuevo Trato del presidente estadounidense Franklin D. Roosevelt.

Durante la Segunda Guerra Mundial, el gobierno de Puerto Rico bajo el control ejecutivo de un gobernador estadounidense de la escuela nuevo tratista y una legislatura electa controlada por un partido reformista, colonial y populista, el Partido Popular Democrático (PPD), implanta un programa de reforma y de reestructuración gubernamental. En este contexto, también se intenta promover la industrialización mediante la apertura de varias fábricas estatales dirigidas a satisfacer el mercado local, en su mayoría utilizando materiales de origen local.

Este proyecto de industrialización duró poco. Al finalizar la Segunda Guerra Mundial se introduce la estrategia conocida en el Caribe como «industrialización por invitación».

La «Industrialización por Invitación» (1947-1964): el acceso preferencial a los Estados Unidos

Al finalizar la Segunda Guerra Mundial, el mundo entra a una nueva etapa con la creación de instituciones como la Organización de Naciones Unidas (ONU), el Fondo Monetario Internacional (FMI) y el Banco Mundial (BM), la adopción del dólar estadounidense como base del sistema monetario internacional, la implantación de la hegemonía estadounidense y el estallido de la llamada guerra fría.

Esta etapa coincide con lo que la Comisión Económica para América Latina de la ONU (CEPAL) ha llamado la segunda fase de la globalización, que dura de 1945 a 1973, en la cual funciona el sistema Bretton Woods.[2] Éste fue un período con alto crecimiento, durante el cual se desarrollan las instituciones internacionales de cooperación financiera y comercial, hay una *expansión en el comercio internacional de manufacturas, limitada movilidad de capital y mano de obra*, y coexisten diferentes modelos económicos.

Es en este contexto que Puerto Rico comienza su programa de industrialización, conocido como «Manos a la Obra». Este programa se basó en las siguientes condiciones:

1. La «unión económica» con los Estados Unidos: las empresas manufactureras estadounidenses pueden exportar a los Estados Unidos dentro de las paredes proteccionistas de ese país, lo que significaba un acceso preferencial para las empresas localizadas en Puerto Rico.

2. Los bajos salarios.

3. La exoneración impositiva federal y local: las disposiciones legales permitían a las empresas estadounidenses no pagar impuestos federales sobre las ganancias recibidas en Puerto Rico, mientras no fueran repatriadas y la repatriación libre de impuestos al liquidarse la operación en Puerto Rico, mientras que las disposiciones locales exoneraban a estas empresas del pago de impuestos al gobierno de Puerto Rico por cierto número de años.

4. La «paz laboral» y «estabilidad política», mediante la división y fragmentación del movimiento obrero, la alianza gubernamental con ciertos sectores sindicales, la represión a los movimientos independentistas, la migración y la hegemonía del Partido Popular Democrático.

5. Apoyo gubernamental a las empresas del exterior mediante subsidios, entrenamiento de trabajadores, la construcción de infraestructura física.

6. Migración a los Estados Unidos, promovida por el gobierno, lo que proveyó una «válvula de escape» para reducir las presiones creadas por el desempleo y la situación social y política.

7. Transferencias oficiales y privadas (remesas) de los Estados Unidos. Las transferencias oficiales han de jugar un papel más importante en las próximas etapas, como explicaré más adelante.

Puerto Rico también jugó un papel militar importante. La base naval estadounidense *Roosevelt Roads*, localizada en el este del país, llegó a tener más de 100 000 millas de carreteras asfaltadas, más de 30 comandos, 1 300 edificaciones y 7 000 empleados militares y civiles.[3] La guerra fría también tuvo su impacto, especialmente a partir

---

[2]   Naciones Unidas, CEPAL: *Globalización y desarrollo,* Santiago de Chile, 2002, pp. 18-19.

[3]   Ver en: *Roosevelt Roads Naval Station* (www.globalsecurity.org/military/facility/roosevelt-roads.htm).

de 1961, cuando los Estados Unidos rompen sus relaciones con Cuba e implanta un «embargo».[4]

En estas condiciones se desarrolla un proceso de industrialización en el que predominan las industrias de ropa, zapatos y otros sectores de industria liviana, que utilizaban más extensivamente la mano de obra. En esa etapa se registró crecimiento económico, reducciones absolutas y relativas de la producción agrícola y altos niveles de desempleo. Así se incrementa la participación de empresas estadounidenses en Puerto Rico y se reduce la de las empresas puertorriqueñas.[5]

Reducción de las preferencias comerciales e inicio del proyecto petrolero (1965-1973)

Ante la erosión de algunas preferencias, inducido en parte por las Rondas del Acuerdo General sobre Aranceles y Comercio, y el crecimiento en los costos laborales, ciertas exportaciones de Puerto Rico a los Estados Unidos (especialmente las de la industria liviana) se afectan por el crecimiento en las exportaciones de otros países. El gobierno decide entonces emprender un proyecto de desarrollo de una industria petroquímica, basado en un trato preferencial para la importación de petróleo, que le permitió conseguir este hidrocarburo a un precio más bajo. Sin embargo, con la crisis petrolera de 1973, se producen cambios en la reglamentación estadounidense, por lo que el proyecto petroquímico llegó a su fin.

Agotamiento de la IPI: la transición hacia el acceso competido (1975-1996)

En 1975 se inicia otra etapa en la reestructuración de Puerto Rico, que a su vez coincide con el comienzo de la tercera etapa de la globalización. Según la CEPAL, esta tercera etapa comienza en 1974 y se caracteriza por la movilidad y expansión creciente del capital privado, la generalización gradual del libre comercio, la crecien-

---

[4] La palabra «embargo» es la que utiliza el gobierno de los Estados Unidos para referirse al conjunto de acciones ejecutivas y leyes adoptadas desde 1962 –y periódicamente ampliadas y endurecidas– con el propósito de provocar la asfixia económica y la destrucción de la Revolución Cubana. Debido a que esa política trasciende la prohibición de comerciar con Cuba a las empresas estadounidenses y sus subsidiarias en terceros países, al perseguir y obstaculizar toda actividad comercial, económica y financiera internacional de la isla, incluida la adopción de leyes «extraterritoriales» como la Helms-Burton, los cubanos emplean la palabra *bloqueo*, acción tipificada por la ONU como acto de genocidio. [*N. del E.*]

[5] Los detalles de este proceso y sus resultados aparecen en Jorge Mario Martínez, Jorge Mattar y Pedro Rivera (coord.): *Globalización y desarrollo: desafíos de Puerto Rico frente al siglo XXI*, Naciones Unidas, CEPAL, 2005.

te presencia de transnacionales,[6] la homogeneización de los modelos de desarrollo y restricciones al movimiento de la mano de obra.[7] Este proceso lo refuerzan los acuerdos internacionales y las políticas neoliberales que se fueron implantando en diferentes países, y las revoluciones tecnológicas que han reducido los costos del transporte, la información y las comunicaciones.

Un cambio en la legislación impositiva del gobierno estadounidense, la creación de la sección 936 del Código de Rentas Internas, permitió la remisión de ganancias a los Estados Unidos sin pagar contribuciones, excepto un impuesto reducido que cobraba el gobierno de Puerto Rico conocido como el Impuesto de Peaje (*tollgate tax*).

Uno de los efectos de la creación de la Sección 936 en la Ley de Rentas Internas de los Estados Unidos, más las condiciones mencionadas que se iniciaron a fines de los años sesenta, fue el estímulo a las empresas estadounidenses de sectores de fármacos y electrónicos y otros que podían aprovecharse de la nueva situación. Se inicia un período en que han de predominar estas empresas. Es una era de bajas tasas de crecimiento y recesiones (1973-1974, 1980-1982 y 1990-1991). Este sector ha de ocupar una elevada proporción del Producto Interno Bruto (24% del PIB en 1983)[8] y alcanza 62,6% del valor de las exportaciones de mercancías en 1992, y 25% de las importaciones de mercancías, aunque su participación en el empleo total ha sido baja.[9]

A mediados de los años setenta se introducen varios programas que incrementan la importancia de las transferencias de fondos provenientes del gobierno estadounidense. Estos pagos llegaron a ocupar la mayor proporción del Ingreso Personal (hasta 30%) de Puerto Rico.[10] El mayor incremento se produjo como resultado de la introducción de un programa de cupones de alimentos para familias de bajos ingresos.

Todo esto ocurre mientras se sigue erosionando el acceso preferencial de Puerto Rico al mercado estadounidense. En la medida en que los Estados Unidos reducían las barreras tarifarias y no tarifarias a las importaciones de un creciente número de países del mundo, la protección de las exportaciones de Puerto Rico a los Estados

---

[6]   Se refiere al surgimiento y desarrollo de los *monopolios transnacionales* que, fusionados con los gobiernos de las principales potencias imperialistas, devienen actores dominantes del proceso de reproducción del capital a escala global, uno de los rasgos distintivos del mundo actual. Consúltese a Rafael Cervantes y otros: *Transnacionalización y desnacionalización: ensayos sobre el capitalismo contemporáneo*, Editorial Pueblo y Educación, La Habana, 2007. [*N. del E.*]

[7]   Naciones Unidas, CEPAL: ob. cit., p. 19.

[8]   Edwin Irizarry Mora: *Economía de Puerto Rico: Evolución y perspectivas*, Thomson Editores. México, 2001, pp. 236-238.

[9]   Jorge Mario Martínez, Jorge Mattar y Pedro Rivera (coord.): ob. cit., p. 112.

[10] Pedro J. Rivera Guzmán: «From Bootstrap to Bootless: Lessons from the Puerto Rican development experience», Dennis Pantin (ed.) *The Caribbean Economy: A Reader*, Ian Randle Publisher, Jamaica, 2005.

Unidos fue perdiendo terreno, y se produjo una transición del *acceso preferencial* al *acceso competido*.

El acceso más competido: la erosión de las preferencias comerciales con la eliminación de preferencias impositivas (1996-2007)

En 1996, la situación se torna aún más difícil porque además del movimiento hacia el acceso competido, los Estados Unidos eliminan la preferencia fiscal que otorgaban a sus empresas con subsidiarias en Puerto Rico; es decir, se eliminó la sección 936 y, como compensación temporal, a las empresas que en ese momento estaban operando al amparo de la misma, se le extendieron ciertos beneficios impositivos hasta 2005.

La manufactura ha sido de las más afectadas con estos cambios. El empleo se ha reducido en varios sectores industriales, en especial, en la industria farmacéutica que también sufre a consecuencia de la terminación de ciertas patentes, que ha permitido la introducción en el mercado de productos bioequivalentes.

La desnacionalización por etapas: el comportamiento de uno de los indicadores de desnacionalización

Ingreso Nacional Bruto-Producto Bruto Interno

Uno de los resultados del proceso de industrialización de Puerto Rico ha sido la creciente participación de empresas extranjeras, en primer lugar estadounidenses, y la baja participación de empresas nacionales. Esto ocurre especialmente en la manufactura, aunque también en otros sectores como en las ventas al detalle y los servicios.

Esto ha significado un mayor control directo de las empresas del exterior del capital, otros recursos e ingresos generados en la producción. Este proceso es lo que he llamado la desnacionalización de la economía. En esta sección intento observar si este proceso ha avanzado a través del tiempo.

Como uno de los propósitos principales de este control es generar rentas, utilizo como indicador de desnacionalización la diferencia entre el Ingreso Nacional Bruto (antes Producto Nacional Bruto) y el Producto Interno Bruto como proporción del segundo. El Producto Nacional Bruto (o Ingreso Nacional Bruto) es una medida del valor total de la producción de bienes y servicios finales de un país durante un período dado, atribuíble a los residentes del país. Quiere decir que excluye la parte del valor de la producción que ocurre en el territorio nacional que se paga por factores de producción controlados por extranjeros. Por otro lado, se incluye los pagos que reciben los residentes nacionales del país por el uso de sus factores en el extranjero. El Producto Interno Bruto es una medida del valor total de la producción de bienes y servicios finales de un país durante un período dado, que ocurre en el territorio nacional, sin considerar si son pagos a personas (naturales o legales) no residentes. Tampoco incluye los ingresos que generan los residentes en el exterior.

Una alta proporción de la diferencia entre el PNB y el PIB se debe a las ganancias de las empresas de no residentes. Al restar el PNB del PIB, y dividirlo entre el PIB se obtiene un indicador de la proporción del ingreso interno recibida por las empresas del exterior. Este indicador se presenta en el Cuadro 1.

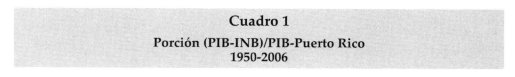

Cuadro 1
Porción (PIB-INB)/PIB-Puerto Rico
1950-2006

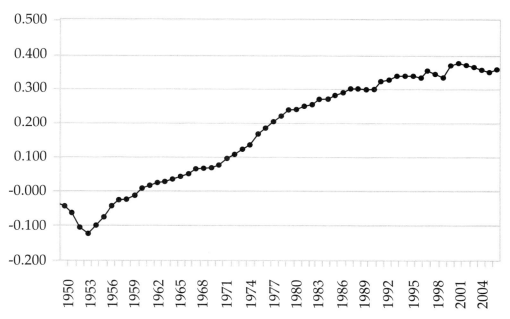

En el cuadro se observa cómo ha cambiado la porción de las rentas del capital extranjero como porción del PIB, llegando hasta cerca de 40%. Por otro lado, aunque esta porción ha estado creciendo desde 1953, este crecimiento ha disminuido durante los últimos años. Esto sugiere que se está acercando a su valor máximo.

¿Cuál ha sido el comportamiento de este indicador en las economías de los países del TLCAC-RD? ¿Y en México, que forma parte del Tratado de Libre Comercio de América del Norte (TALCAN) desde 1994? Para responder a estas preguntas he estimado el mismo indicador de 1970 a 2005 en los países mencionados. En el Cuadro 2 presento las medianas de los por cientos cada cinco años, a partir de 1970.

Cuadro 2
Porción que representa del PIB la diferencia entre el PIB y el INB
(medianas de %)
1970-2004

Período	70-74	75-79	80-84	85-89	90-94	95-99	00-04	05-06
Puerto Rico	10,7	20,4	25,2	29,7	32,4	33,6	37,1	35,6
República Dominicana	2,0	2,8	3,1	6,3	2,3	4,2	4,6	5,4
Costa Rica	1,7	2,3	10,0	6,6	2,5	1,9	4,2	3,9
El Salvador	1,0	1,0	2,6	2,3	1,8	1,5	2,3	15,3*
Guatemala	2,2	0,6	1,3	2,7	1,3	1,0	1,3	1,3
Honduras	3,1	3,8	5,7	5,7	9,1	4,7	4,0	4,3
Nicaragua	0,0	-2,5	-13,3	-15,8	8,4	7,8	5,0	2,6
México	1,6	2,5	5,6	4,6	2,9	3,1	1,8	1,5

Estimados por el autor utilizando datos de las Naciones Unidas

* En el año 2005 para El Salvador la porción tuvo un valor de 3,4%. Es posible que el alto valor en 2006 fuese resultado de alguna situación particular.

En el cuadro 2 se observa que durante el período 1970-2005, este indicador experimentó una leve tendencia a crecer en República Dominicana, El Salvador y Costa Rica. Sin embargo, en ninguno de estos países se observa los niveles ni el crecimiento que experimentó Puerto Rico desde los años cincuenta.

En el caso de México, tampoco se observa una clara tendencia al alza. Esto quizás se debe a su gran tamaño y diversidad regional. Probablemente hay «varios Méxicos» que exhiben tendencias diferentes. Por otro lado, México tiene una burguesía industrial nacional que todavía tiene cierto peso en la economía de ese país.

En los países pequeños de América Central también existen importantes diferencias regionales, pero estas diferencias no alcanzan la complejidad mexicana dado su tamaño y el no tener una frontera física con los Estados Unidos. Por otro lado, aunque estos países han participado en varias iniciativas de los Estados Unidos, tal como la Iniciativa de la Cuenca del Caribe, solo recién comienza su mayor proyecto de liberalización de comercio e inversión con los Estados Unidos, el TLCAC-RD.

Comentarios finales

En este trabajo no estoy argumentando que los países pequeños que participan en tratados de libre comercio con los Estados Unidos experimentarán procesos iguales a los que se han dado en Puerto Rico desde la posguerra, y que tendrán los mismos resultados desnacionalizantes. El caso de Puerto Rico es diferente por varias razones. Una es la situación colonial de Puerto Rico. El llamado «mercado común» con los Estados Unidos fue una imposición colonial iniciada con la invasión de 1898 y la Ley Foraker de 1900. Otra es que esta colonización implicó la apertura inmediata y sin restricciones del mercado a los productos de los Estados Unidos, y a la inversión estadounidense. No hubo salvaguardas, como las que aparecen en los tratados. Aunque se podría argumentar que estas salvaguardas no han sido efectivas. Otra diferencia es la inexistencia de restricciones a la migración de puertorriqueños a los Estados Unidos.

Sin embargo, podríamos considerar a Puerto Rico como un caso extremo de integración. Lo que este análisis sugiere es que mientras más se profundice y se acelere la uniformidad de legislación y políticas entre los Estados Unidos y los países pequeños de este hemisferio, mientras más se abran los mercados a las importaciones y empresas estadounidenses, mientras más se implanten medidas que tengan el efecto de integrar estas pequeñas economías a la de los Estados Unidos, probablemente el mayor beneficio será para las empresas estadounidenses y estas economías estarán más desnacionalizadas.

PEDRO J. GUZMÁN

Catedrático del Departamento de Ciencias Sociales de la Universidad de Puerto Rico en Bayamón, Ph. D. en Economía de la Universidad del Estado de Nueva York en Binghamton y ex presidente de la Asociación de Economistas del Caribe.

Intervención ante el Comité Especial de Descolonización de la Organización de Naciones Unidas

HÉCTOR L. PESQUERA SEVILLANO

Buenas tardes señoras y señores miembros del Comité de Descolonización de la ONU. Mi nombre es Héctor L. Pesquera Sevillano y represento al Movimiento Independentista Nacional Hostosiano.

Como en años anteriores, venimos a solicitar la acción urgente de este Comité Especial, en las postrimerías de la segunda década de la descolonización proclamada por la ONU, para que asistan al pueblo puertorriqueño a ponerle fin a una de las situaciones coloniales remanentes del imperialismo estadounidense del pasado siglo.

Desde nuestra comparecencia ante este Comité el año pasado, Puerto Rico ha sufrido una de las más brutales embestidas del gobierno de los Estados Unidos con el fin de socavar el derecho a la autodeterminación e independencia que tanto aprecia y proclama este Comité en la Resolución 1514 (XV). Se ha incrementado el acoso y persecución del movimiento independentista, el saqueo de yacimientos arqueológicos y recursos naturales, la destrucción de nuestras posibilidades de autosuficiencia alimentaria en renglones avícolas y de la industria de la leche. Son evidentes los intentos de destruir lo poco que queda de nuestra agricultura, aumentando así la dependencia alimentaria del mercado cautivo estadounidense. Ha sido descarada la interferencia del gobierno federal en los procesos electorales nacionales, el desprecio y falta de respeto al sistema judicial puertorriqueño y a las leyes y ordenamientos nacionales. Esto último dramatizado por la negativa del gobierno de los Estados Unidos a colaborar en el esclarecimiento del asesinato del dirigente independentista Filiberto Ojeda Ríos y en la investigación de las agresiones a periodistas puertorriqueños por parte de agentes del FBI.

Durante este año varios independentistas han sido citados viciosamente por el Tribunal de los Estados Unidos a comparecer ante un Gran Jurado Federal, amenazados que de no comparecer serían encarcelados. En febrero de este año dos jóvenes independentistas puertorriqueños residentes en Nueva York fueron citados al llamado Gran Jurado. Hace dos semanas fue citado al Gran Jurado el compañero Elliot Monteverde. Esta misma semana fue citado a comparecer a un Gran Jurado en Nueva York otro independentista residente en Puerto Rico.

No hay tiempo para mayores demoras o posposiciones. Según transcurre el tiempo, arrecian las agresiones contra el movimiento patriótico y la agenda asimilista del imperialismo en Puerto Rico. La más reciente de dichas embestidas asimilistas fue la celebración de primarias del Partido Demócrata de los Estados Unidos en Puerto Rico. Después de semanas de intensa propaganda y millones de dólares invertidos en tratar de interesar al pueblo puertorriqueño en dichas primarias, solo el 15% del electorado acudió al llamado a participar del bochornoso espectáculo. La abstención masiva del electorado fue una respuesta de dignidad.

El pueblo de Puerto Rico exige respeto y un proceso serio de descolonización

Las constantes intervenciones de las agencias federales en la vida cotidiana de los puertorriqueños, desde lo más insignificante, como establecer el precio de la leche, hasta influir en el resultado de las elecciones coloniales, pasando por la persecución, criminalización, encarcelamiento y asesinato de independentistas, dramatizan la urgencia de que un árbitro imparcial intervenga en auxilio de un pequeño país abusado y maltratado por la nación más poderosa del planeta.

En estos momentos se ventila legislación en el Congreso de los Estados Unidos para dar la impresión de que están haciendo algo para resolver el caso colonial de Puerto Rico. Nuevamente Washington recurre a maniobras que solo pretenden engañar a la comunidad internacional e impedir que la Asamblea General de la ONU reabra a discusión el caso de Puerto Rico como tema separado. Se pretende repetir el engaño con el proyecto CR 900, originado, dirigido y supervisado por el gobierno imperial de los Estados Unidos. Con dicho proyecto, además de intentar engañar a la comunidad internacional, pretenden mantenernos divididos en tribus partidistas e impedir que los puertorriqueños nos convoquemos en Asamblea de Status para que en legítimo ejercicio de nuestra soberanía, nos convoquemos como pueblo y nos organicemos en reclamo a nuestros derechos nacionales.

Se han aprobado decenas de resoluciones en este Comité Especial de Descolonización relativas al derecho inalienable del pueblo de Puerto Rico a su autodeterminación e independencia. No obstante, las expresiones y reclamos de este Comité Especial no han prosperado en que se reexamine el caso de Puerto Rico en el pleno de la Asamblea General.

Hoy no es solo el sector independentista quien acude a este foro, sino una amplia gama de sectores políticos, comunitarios, organizaciones profesionales, de derechos civiles y humanos, que incluyen hasta el propio Gobernador del llamado Estado Libre Asociado de Puerto Rico.

Unos y otros estamos expresando ante este Comité, de maneras diversas y distintas, cómo el gobierno de los Estados Unidos ha violado constantemente el derecho a la autodeterminación e independencia de Puerto Rico. Hoy acudimos a este Comité de Descolonización como parte de un clamor unitario de pueblo, para plantearles la urgente necesidad de que se reexamine en toda su amplitud el caso de Puerto Rico en la agenda de la Asamblea General de la ONU.

Agradecemos las reiteradas resoluciones de respaldo al derecho a la libre determinación e independencia del pueblo de Puerto Rico que este organismo ha consignado durante las pasadas tres décadas, mas este momento histórico requiere que se tomen pasos más proactivos, que le den sustancia y contenido a dichas resoluciones.

Con el caso de Puerto Rico, la ONU tiene la oportunidad de reafirmar su importancia y utilidad para promover la paz y la justicia en el mundo y consagrarse como un instrumento útil en servicio de la humanidad. Estamos ante el enfrentamiento de dos naciones: una que aspira a que se respeten sus derechos nacionales y otra que se adjudica título de propiedad sobre una isla caribeña y sus ciudadanos.

La ONU tiene que asumir su deber en esta desigual contienda. Tiene en sus manos la oportunidad de consagrarse como un foro pertinente y de utilidad. No debe concluir el segundo decenio por la descolonización sin que el reclamo de tantos sectores diversos de la sociedad puertorriqueña sea atendido por este organismo internacional.

Mientras tanto, el pueblo de Puerto Rico continuará defendiéndose de las agresiones imperialistas con todos los mecanismos y formas de lucha que tenga a su alcance. Más temprano que tarde la victoria será nuestra. Ustedes tienen la oportunidad histórica de contribuir desde este foro a que prevalezca la verdad y la justicia.

9 de junio de 2008

HÉCTOR L. PESQUERA SEVILLANO

Co-presidente del Movimiento Independentista Nacional Hostosiano (MINH).

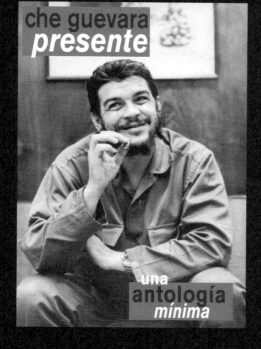

nuevos títulos de Che Guevara

publicados en conjunto con el Centro de Estudios Che Guevara

OTRA VEZ
Diario del segundo viaje por latinoamérica
Prólogo de Alberto Granado

Graduado ya de medicina, Ernesto Guevara emprende un segundo viaje por Latinoamérica, que cambió su vida para siempre. Texto sugerente y lleno de claves que nos permiten entender la vida y obra del Che, al mostrarnos la búsqueda de un camino que lo conduce a la revolución, donde se perfila ese gran amor por la humanidad y una estatura moral de inmensas dimensiones.

200 páginas + 32 páginas de fotos, ISBN 978-1-920888-78-7

PASAJES DE LA GUERRA REVOLUCIONARIA: CONGO
Prólogo de Aleida Guevara

La participación del Che en la guerrilla congolesa en 1965, resulta expresión de una práctica internacionalista consecuente con sus tesis tercermundistas. En este escrito de madurez, entrelaza la descripción de esta experiencia local, con el análisis de perspectiva mundial.

273 páginas + 42 páginas de fotos, ISBN 978-1-920888-79-4

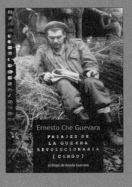

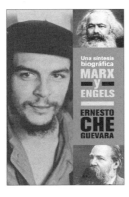

MARX Y ENGELS
Una síntesis biográfica

Texto hasta ahora inédito, escrito por Che Guevara después de su contribución internacionalista en la contienda del Congo. Es una biografía en la que se refleja la esencia humanista de los fundadores del marxismo, así como el contexto y las reflexiones que sobre sus obras hiciera Che.

Este libro incluye una lista de lecturas sugeridas por Che, imágenes y facsímiles de los manuscritos originales del Che.

74 páginas, ISBN 978-1-921235-25-2

Mi boca narra lo que mis ojos le contaron...*

MARÍA DEL CARMEN ARIET GARCÍA

Chapurreando un verso de Sábato…, con el eterno placer que siempre sintiera por la poesía, haciéndola su inveterada compañera, Ernesto Guevara de la Serna comienza su viaje iniciático de *terco aventurero*, en enero de 1950, para conocer su Argentina natal pero esta vez por el norte, esa que lo aproxima a una realidad que distinguía de soslayo y que no había tenido oportunidad de captar con detenimiento.

Quizás desde que imaginara un recorrido por América Latina, se sintiera atraído por esta primera iniciativa de deuda no saldada y a la vez tan indispensable. Pocas páginas se conservan de esa experiencia, pero bastan las que se conocen para adentrarnos en su mundo tan íntimo, cargado de ensueño y filosofía, dispuesto a acercarse de forma tangible a la realidad para avanzar, a partir de ese momento, en una búsqueda incesante de su verdad; de esa verdad que lo llevará infinitamente a lo largo de su existencia, a tratar de palpar el sentido real del pueblo, del que confesara que sólo es posible conocerlo al intimar con él, aún cuando no estuviera en condiciones de emitir juicios más concretos.

Miles de kilómetros caminados por tierras áridas, hermosas o no, le sirvieron para percatarse de una constante que lo seguiría de por vida, su visión del atraso a que es sometida la inmensa mayoría de la población por el solo hecho de no ocupar una posición privilegiada en la sociedad y estar condenada a la pobreza y la indefensión.

---

* En acuciosa mirada sobre el pensamiento y la acción de Che hacia América Latina, se ofrece al lector el Prólogo de *América Latina, despertar de un continente*, Centro de Estudios Che Guevara-Ocean Press, La Habana-Melbourne, 2003. Esta es una antología imprescindible para conocer, de primera mano, la evolución y desarrollo de su ideario latinoamericano. La dinámica actual de los acontecimientos en la región rebasa alguno de los planteamientos de la autora; no obstante, su ordenamiento histórico fundamentado mediante textos decisivos de su vida y obra, validan su publicación. [*N. del E.*]

Apenas un año lo separa de su primer viaje por el continente, el que sin dudas dejaría huellas permanentes y que recordaría cada vez que, voluntaria o involuntariamente, pensara en América. En ese breve *lapsus*, su conciencia social avanzaba a pasos agigantados, tratando de escudriñar en su entorno y más allá del mismo, cuanto era posible conocer para alcanzar un camino que satisficiera sus intereses y deseos. Se le ve enrolado de enfermero en barcos que lo llevan por tierras del Caribe y de sanitario en la zona del puerto de Buenos Aires, vivencias, que aun cuando no haya dejado plasmadas en escritos, el hecho de haberlas experimentado, le nutrieron y sirvieron para decidirse a emprender senderos y búsquedas más profundas.

Esta vez la empresa es mayor y muy arriesgada: recorrer en moto una parte considerable de América. No lo haría en solitario, sino que lo acompañaría un par hecho a su medida, su amigo Alberto Granado, capaz de compartir sus quimeras y perseguir propósitos similares.

Hasta donde alcanzó este viaje relieves imperecederos, se puede apreciar a través de esa costumbre tan ineludible en Ernesto, escribir todo lo que sus *ojos le contaron*. Relatos, que sin proponérselo, describen y descubren, en un estilo muy propio —precursor del cronista que siempre fue—, realidades y verdades que lo llevan de la mano por tierras desconocidas, sugerentes, sugestivas y que lo harán cambiar más de lo que creyó.

…a lo mejor sobre diez caras posibles solo vi una […] mi boca narra lo que mis ojos le contaron… Chile, Perú, Colombia, Venezuela, esencias de un mismo fin, que lo conducen para penetrar en verdades intuidas pero no corroboradas. No importa que confesara sus limitaciones para contar lo que percibió, lo que llega al lector es suficiente para entender búsquedas y propósitos y poder afirmar con cuanta objetividad y precisión emitió juicios tan certeros.

Desde Chile una constante, la denuncia ante la injusticia; primero, en lo que conocía con más detalles, la medicina, después, con los mineros y en un escalón más alto con una familia de mineros comunistas, con los que se sintió *más hermanado que nunca*. Ante tanta injusticia sentencia lo esencial del cambio, motivado por la nula gestión de los gobiernos y la despiadada explotación a que eran sometidos los humildes, con un aditamento que sorprende, en estas sus primeras apreciaciones de índole políticas, la necesidad de sacudirse *al incómodo amigo yanqui* si en verdad se desea alcanzar un nacionalismo soberano e independiente.

Perú posee un significado superior, porque sumado a sus juicios anteriores, penetra en un problema hasta entonces desconocido, el tema indígena. El impacto de la barbarie del conquistador frente a la riqueza monumental de una cultura cercenada, la más poderosa expresión de la civilización indígena, lo llevan primero a apreciar directamente la inmensidad y vastedad de su arquitectura y cultura, para en su justa medida penetrar en el cruel sometimiento de una conquista intolerante y brutal, que solo perseguía la colonización de hombres en aras de sus intereses metropolitanos y feudales, parasitarios y transculturadores.

El día de su cumpleaños, a seis meses de haber iniciado el recorrido, en el relato titulado *San Guevara,* invocación irónica al peronismo, se pueden evaluar los diversos modos en que ya es capaz de calificar y sentir a América Latina, unida como única forma de integración, bajo la evocación bolivariana.

Caracas, *la ciudad de la eterna primavera,* es el final del largo bregar que lo conduce a otro problema más desconocido aún, *la visión del negro en vida común con el blanco,* como otra de las caras de la colonización racista y deformante, historia cruel de rivalidades y enfrentamientos que integran las raíces coloniales hasta el siglo xix y que persisten hasta nuestros días en forma de prejuicios y de colonialismo mental.

El final o el principio, difícil de discernir cuando el autor no precisa de fechas para explicar lo que siente y expresa, sin embargo *Acotación al margen* es síntesis y sugerencia sin importar el orden cronológico, porque todas las narraciones fueron elaboradas después de transcurrido el viaje y por tanto hilvanadas por un hilo imperceptible, de alguien que no trata de demostrar, sino de acentuar algo que era o se estaba convirtiendo en una fuerza mayor, por el momento, espiritual, incorpórea, propia del confeso e irónico *ecléctico disertador de doctrinas y psicoanalista de dogmas,* pero que se sabía poseedor de una senda que lo llevaría a luchar por la transformación del mundo.

Las precisiones y las disyuntivas faltaban, sin embargo la reiteración de elementos tales como el pueblo, la conquista del poder, el humanismo —principio recurrente y permanente en toda su trayectoria y obra—, y el latinoamericanismo sólo alcanzables por medio de una revolución, van adquiriendo otras dimensiones que trascienden sus explicaciones iniciales y lo llevan a reafirmar convicciones íntimas, pensar en lanzarse a luchar junto al pueblo aunque medie la muerte y llegue esta *en perfecta demostración de odio y combate.*

Pasarían años y muchos acontecimientos en su vida para que frases similares fueran escritas con igual sentido; fue preciso que en primer lugar se lanzara a una segunda ojeada a nuestra América, *Otra vez* —título que le daría a su Diario—, con mayores propósitos, pero idénticos significados.

En julio de 1953, después de culminar sus estudios universitarios, en compañía de otro amigo de juventud, Calica Ferrer, comienza el recorrido, primero por Bolivia con el objetivo de conocer un proceso revolucionario, que se había iniciado bajo la conducción del MNR (Movimiento Nacionalista Revolucionario) en 1952. Su interés fundamental partía básicamente, porque excepto el movimiento peronista de su país y del que manifestaba muchas interrogantes, no conocía una revolución, ni el comportamiento y participación de las masas dentro de la misma.

La revolución boliviana no le sedujo lo suficiente como para anclar en puerto, pues para ese entonces, pudo vislumbrar con claridad la debilidad política e ideológica de sus dirigentes para enfrentar un movimiento de cambio radical en sus estructuras de dominación, así como augurar un proceso de agotamiento al no hacerse efectivas las metas que se habían propuesto en un inicio. Aunque de forma espontánea, sí pudo constatar la fuerza potencial del pueblo, encabezada en el caso boliviano, por el minero ancestralmente explotado.

Lógicamente, no escapó a la mirada penetrante del joven Ernesto Guevara la presión que estaba ejerciendo el gobierno de los Estados Unidos para doblegar el proceso revolucionario boliviano, enfrascados como estaban los primeros en diseñar su nueva política de guerra fría, y conducir a los bolivianos a una situación sin salida que a la larga provocaría la entrega de sus banderas y la claudicación de sus propósitos nacionalistas.

Decide continuar viaje, sin imaginar que con esta resolución encaminaría sus pasos a un futuro inevitable. En Ecuador, conversando con un grupo de amigos sobre su experiencia boliviana, lo conminan a continuar viaje hacia Centroamérica, con el propósito de conocer el proyecto revolucionario guatemalteco, que tantas expectativas estaba causando dentro de los dirigentes políticos e intelectuales más avanzados del continente.

Es en esas circunstancias, que escribe una carta a su familia, en la que emite un juicio revelador respecto a lo que sucedía en su interior y que ayuda a comprender el comportamiento de acciones futuras, ...*en Guatemala me perfeccionaré y lograré lo que me falta para ser un revolucionario auténtico.*

De Centroamérica llega a conocer lo suficiente antes de arribar a Guatemala, para aclararse a sí mismo la significación de la penetración norteamericana en la región y concluir que la única salida posible es la revolución para enfrentar la burguesía feudal y los capitales extranjeros y alcanzar la justicia en América. Entender esa realidad, aun cuando le faltaban apreciaciones más acabadas, le permitió diferenciar entre el socorrido panamericanismo como un supuesto falso de la unidad continental, donde lo único que realmente se había logrado era una abrumadora disparidad y una sujeción económica y política de los débiles países del Sur. Los hechos y la historia lo corroboraban con creces, múltiples son las anécdotas trágicas que se registran, la intromisión en el Canal de Panamá, el asesinato de Sandino en Nicaragua, la despiadada explotación de la United Fruit y otros, que poseen el sello de la mal llamada unidad panamericana.

En su percepción de la época, el panamericanismo y el imperialismo son pares que se encuentran, donde los unos, conscientes o no, actúan como meros instrumentos de ese imperialismo, que no ha representado más que acumulación de capitales, exportación de los mismos, concentración monopólica y explotación de los mercados productores de materias primas y, cuando los intereses lo demanden surgen solapadas o explícitamente las exigencias imperiales para obligar a alistarlos en las filas de una democracia a uso y medida de los Estados Unidos.

Es por eso que, en la vida del *aspirante a revolucionario* Ernesto Guevara, un punto de ascenso en su evolución se halla en Guatemala, tanto en lo intelectual como en lo ideológico, porque aun cuando comprendiera las limitaciones conceptuales y programáticas de ese proceso, lo consideraba como una *auténtica revolución* de las que valía la pena arriesgarse por ella.

Es un período multiplicador donde se mezcla la experiencia con la necesidad de profundizar en sus estudios, sobre todo filosóficos; aquellos que con tanto ahínco había comenzado a realizar en épocas tempranas de juventud y que lo ayudarían a aclarar el emprendimiento de nuevos derroteros.

Guatemala fue su incipiente escuela revolucionaria y también su frustración al ser derrocada la revolución en junio de 1954. *Destrozo de otro sueño de América*, así calificó a la deshonrosa conjura del Departamento de Estado, de la CIA y de los gobiernos títeres de Centroamérica para con un gobierno que sólo pretendió transformar su economía medieval, dictando una moderada Ley de Reforma Agraria, pero sobre todo, por el simple hecho de cometer la osadía de expropiar a la United Fruit tierras que «le pertenecían».

Esas pretensiones de un gobierno legítimo, elegido por el pueblo, bastaron para que la CIA pusiera en marcha una operación internacional, donde convirtieron a Guatemala en una nación dominada por el «comunismo internacional» y por consiguiente como un peligro evidente para la paz y la seguridad hemisférica. Antes del año de la puesta en práctica de la Reforma Agraria prepararon el aislamiento diplomático, promovieron la subversión interna, se crearon fricciones artificiales entre sus vecinos y por último se preparó la fuerza de choque de mercenarios entrenados por la CIA, que invadirían el país desde Honduras.

Para Ernesto la frustración de la derrota, lejos de amilanarlo, le sirvió para convencerse aun más de que la vía elegida era la decisiva. Resulta interesante sintetizar algunas de sus observaciones emitidas en cartas y en su Diario de Viaje: el primero y el principal de todos, el papel de los Estados Unidos en el derrocamiento del gobierno de Arbenz, hecho que contribuyó a hacerlo *más antiyanqui*, más antimperialista, para seguirle después, la reafirmación conciente de que la única vía de solución era la revolución para alcanzar el *imperio de la justicia en América* y por último, unido a esta aseveración, la convicción absoluta de su pertenencia a América y de su integración en una sola.

Desde la Guatemala de Arbenz, contacta con un grupo de revolucionarios cubanos atacantes del cuartel Moncada y asilados políticos en ese país, por medio de los cuales conoce de los objetivos del Movimiento 26 de Julio y de su líder, Fidel Castro, en esa época preso en las cárceles cubanas, por la conducción del levantamiento armado, realizado el 26 de julio de 1953, en la entonces provincia de Oriente.

En México se encuentra de nuevo con los cubanos y posteriormente conoce a Fidel a su llegada en junio de 1955, al ser liberado de la prisión. De este encuentro deja plasmado en su Diario las impresiones que le causa: «Un acontecimiento político es haber conocido a Fidel Castro, el revolucionario cubano, muchacho joven e inteligente, muy seguro de sí mismo y de extraordinaria audacia; creo que simpatizamos mutuamente».[1]

Encuentro determinante, que vincularía para siempre a Ernesto Guevara, conocido desde entonces como Che, a la Revolución Cubana dentro de una de las facetas más enriquecedoras de su vida y que le permitiría alcanzar posteriormente sus anhelos de juventud.

Pero a la par de ese encuentro decisivo, en México además, no sólo se detuvo a analizar las causas directas que posibilitaron el derrocamiento de la revolución guatemalteca, sino que como consecuencia, las lecciones de historia vividas le sirvieron para ampliar y depurar su conciencia política y trazarse con mayor precisión su destino futuro, el que estaba indisolublemente unido al papel preponderante del hombre, como antecedente directo de lo que, con posterioridad, constituiría la esencia y el centro de su pensamiento humanista.

Perfila con mayor profundidad, las razones por las que latinoamericanismo y antimperialismo marchan unidos en eterna contradicción. Esta vez sus análisis se refuerzan con estudios más integrales del marxismo, especialmente de Carlos Marx y de la Economía Política, al considerarlos como referentes teóricos imprescindibles para entender los males de América y poder alcanzar una solución definitiva mediante el socialismo, aun cuando no estuviera lo suficientemente conciente de lo que implicaba esa aseveración.

Por todo ello, el encuentro con Fidel es premonitorio, pues a su participación directa en la lucha, le añade la convicción de que después de su participación en la liberación de Cuba se iría para cumplir con aquello que consideraba definitivo: «…América será el teatro de mis aventuras con carácter mucho más importante que lo que hubiera creído…»[2]

Cuba sería el puente necesario para poder adquirir la experiencia única e irrepetible de formar parte de la vanguardia de un pueblo, que ha apostado por la independencia de su país y por medio de la vía que consideraba fundamental, la lucha armada.

Esas ideas las resume cuando, encontrándose ya en plena lucha en tierras cubanas, es entrevistado por su compatriota Jorge Ricardo Masetti: «Estoy aquí, sencillamente, porque considero que la única forma de liberar a América de dictadores es derribándolos. Ayudando a su caída de cualquier forma. Y cuanto más directa mejor».[3] Y más adelante, a la pregunta de si su intervención en los asuntos internos

---

[1] Ernesto Che Guevara: *Otra vez*, Casa Editora Abril, Ciudad de La Habana, Cuba, 2000, p. 73.

[2] Ernesto Guevara Lynch: *Aquí va un soldado de América*, Editorial Planeta, Buenos Aires, 1987, p. 52.

[3] Jorge Ricardo Masetti: *Los que luchan y los que lloran*, Editorial Madiedo, La Habana, 1959, p. 49.

de una patria que no era la suya pudiera tomarse como una intromisión, añade: «En primer lugar, yo considero mi patria no solamente a la Argentina, sino a toda América. Tengo antecedentes tan gloriosos como el de Martí y es precisamente en su tierra en donde yo me atengo a su doctrina…»[4]

Para el luchador que persigue quimeras...

Un nuevo ciclo en la vida de Che, que es un tanto el resumen de una etapa, donde a la experiencia adquirida, le añade a su comportamiento elementos propios, al convertir la lucha revolucionaria en Cuba, en su primer peldaño en las aspiraciones de construir una nueva América. Al latinoamericanismo, esbozado con anterioridad, le incorpora razones suficientes para comprender hasta dónde poder avanzar, y es precisamente en la guerra donde encuentra sus primeras respuestas de integración.

En la lucha revolucionaria en Cuba no sólo midió fuerzas para vencer los obstáculos propios de una contienda militar, sino que por encima de todo, encontró la vía propicia para su total identificación con un proceso revolucionario que como el cubano se proponía efectuar cambios estructurales profundos.

La extensión de esas convicciones lo hacen afirmar consecuentemente que Cuba representa un nuevo paso en el desarrollo de la lucha de los pueblos de América para alcanzar su liberación definitiva. Ese despertar de América, después del triunfo de la Revolución Cubana, el 1ro. de enero de 1959, le refuerzan sus criterios acerca de las rutas que debían utilizar los pueblos latinoamericanos.

Fueron disímiles y complejas las tareas asumidas como dirigente en Cuba, que lo hicieron ejemplo y referente obligado en su permanente ascenso como expresión plena de su formación marxista y revolucionaria. Combinó con singular capacidad la teoría para enriquecer con sentido creador lo que en la práctica el proceso revolucionario estaba llevando a cabo para alcanzar propósitos más elevados, contribuyendo con sus aportes en las esferas de lo económico y lo político al desarrollo de la transición socialista en la Isla.

Sin embargo, a pesar de la complejidad de la empresa, en los años en que permaneció en Cuba, Che no cejó en el empeño por tratar de unir y reforzar los frentes posibles de lucha dentro del continente, tomando en consideración las similitudes y objetivos comunes que se conjugaban, esencialmente en los problemas sociopolíticos y en el enemigo común que los ataba.

Es una etapa en la que se reúne y entrevista con un número considerable de revolucionarios latinoamericanos, quienes además de desear conocer directamente la experiencia de una revolución, estaban necesitados de vínculos afines que reforzaran sus convicciones sobre lo inaplazable de comenzar la lucha que los llevaría a alcanzar la soberanía de sus respectivos países. Dedicó largas jornadas a discutir

---

[4]   Ídem.

acerca de futuras tácticas y estrategias, al considerarlas como los principios fundamentales para poder lograr el triunfo revolucionario.

Desde 1959, en discursos, entrevistas y trabajos se advierten profundas reflexiones con un amplio espectro, donde analiza temas cruciales en lo económico, lo político y lo social, hasta llegar a un primer examen realmente asombroso sobre la unidad tricontinental, como una especie de prolegómenos de lo que serían posteriormente sus tesis tercermundistas.

Algunos de esos planteamientos, fueron escritos con posterioridad al recorrido que efectuara, en 1959, por los países que conformaban el Pacto de Bandung, antecedente del futuro Movimiento de Países No Alineados:

> A la nueva conferencia de los pueblos afroasiáticos ha sido invitada Cuba. Un país americano expondrá las verdades y el dolor de América ante el augusto cónclave de los hermanos afroasiáticos. No irá por casualidad, va como resultado de la convergencia histórica de todos los pueblos oprimidos, en esta hora de liberación. Irá a decir que es cierto que Cuba existe y que Fidel Castro es un hombre, un héroe popular […] Desde la nueva perspectiva de mi balcón […] tengo que contestarles a todos los cientos de millones de afroasiáticos que marchan hacia la libertad en estos tiempos atómicos, que sí; más aún: que soy otro hermano de esta parte del mundo que espera con ansiedad infinita el momento de consolidar el bloque que destruya, de una vez para siempre, la presencia anacrónica de la dominación colonial.[5]

Esa permanente lección de Cuba, lo convence de lo indispensable que resultaría para América Latina *conseguir su cohesión política para defender su posición en el campo internacional* e incluso le permite reflexionar en un tema, que con posterioridad analizará en circunstancias más complejas, pero que planteado en 1959, dice sobre lo mucho que había avanzado en la búsqueda de los caminos más eficaces para alcanzar la liberación plena del continente.

Este tema en el que se adelanta con admirable precisión, es el referido al Fondo Monetario Internacional, sobre el que señala: «si es un elemento de liberación para América Latina, yo creo que tendría que habérselo demostrado, y hasta ahora no conozco ninguna demostración de que haya sucedido tal cosa. El FMI cumple funciones totalmente diferentes: la de asegurar precisamente el control de toda la América, por parte de unos cuantos capitales que están instalados fuera de América».[6]

Desde su experiencia guerrillera en la Sierra Maestra y lo abarcador del proyecto de liberación cubano, comenzó a diseñar un proyecto de cambio para América

5   Ernesto Che Guevara: «América desde el balcón afroasiático», en: *Ernesto Che Guevara. Obras (1957-1967)*, Casa de las Américas, La Habana, 1970, t. 2, pp. 388-389.

6   Ernesto Che Guevara: Entrevista para Radio Rivadavia de Argentina, 3 de noviembre de 1959. *El Che en la Revolución cubana*, Ediciones del MINAZ, La Habana, t. 2, p. 120.

Latina en el que sostenía la necesidad de reformas económicas y sociales profundas, encabezadas por la Reforma Agraria, al considerarla como la primera medida en América de todo gobierno revolucionario que pretendiera la conquista de sus derechos plenos, mediante la estrecha comunión que debía establecerse entre un verdadero ejército de pueblo —vanguardia indiscutible en la obtención de la plena liberación—, el que unido a las masas constituirían los verdaderos portadores de la real independencia, obligados a enfrentarse en primera instancia, a las fuerzas imperialistas y a las falsas democracias que detentan el poder.

Para 1961, el entonces presidente Kennedy propone, ante el desarrollo incuestionable de Cuba y de su persistente ejemplo, un programa denominado Alianza para el Progreso, con el propósito de entregar fondos a los países latinoamericanos para su desarrollo y progreso. Sin embargo, dicho programa, a pesar de su aparente propuesta de cambio en las relaciones hemisféricas, no dejó de ser una expresión depurada de la hegemonía económica y política que históricamente han mantenido en la región.

Al fracasar la agresión mercenaria contra Cuba, en abril de ese mismo año, los Estados Unidos aceleran la puesta en práctica del programa de la Alianza, apoyado en un plan de ayuda exterior, pero condicionado a la aplicación de determinadas medidas internas en cada país, que garantizarían la subordinación a los intereses del vecino del norte. Se pone en marcha la política de orden para América Latina que le aseguraría al gobierno norteamericano su seguridad interna y que a la vez propiciaría el camino para la eliminación consensuada de la Revolución cubana, asunto para el que no contaban con respaldo suficiente.

Cuba era una espina clavada para Washington, no porque hubiera violado ningún acuerdo continental, sino porque había sido capaz de resolver los problemas que aún no habían sido resueltos en muchos países de América Latina. Era en ese terreno que debían competir, pues al triunfar Fidel Castro su ejemplo sería más peligroso que cualquier acción de agresión directa. Ese y no otro era el verdadero sentido de la Alianza para el Progreso expuesta por el presidente Kennedy.

En la conferencia de Punta del Este, donde se discutiría la Alianza, participó como jefe de la delegación cubana el comandante Ernesto Che Guevara en agotadoras sesiones de trabajo y en discursos en los que precisó no sólo la postura de Cuba, sino también donde analizó las enormes limitaciones y diferencias que separaban el verdadero camino del desarrollo que debían perseguir los países de la región en contraste con las propuestas manidas y obsoletas, aunque con nuevos ropajes, planteadas por los Estados Unidos.

Cuba en la voz de Che y contra pronósticos mal intencionados ofrece el apoyo para alcanzar una acción conjunta constructiva, no obstante sus sospechas de las verdaderas intenciones y alcances de la Alianza y propone su colaboración para que en Punta del Este se sienten las bases de un plan efectivamente progresista, en beneficio de muchos y no de unos pocos.

Che define el carácter político de la Conferencia y de su relación con la economía, dejando establecidos un conjunto de parámetros válidos para cualquier política que pretendiera alcanzar una verdadera integración económica, al tener en cuenta el peligro que representan los monopolios internacionales y sus pretensiones de manejar totalmente los procesos del comercio dentro de las asociaciones de libre comercio.

Se proponen medidas y planes racionales de desarrollo, la coordinación de asistencia técnica y financiera de todos los países industrializados, el tratar de salvaguardar los intereses de los países más débiles y la proscripción de actos de agresión económica de unos miembros contra otros, acompañado de una garantía para proteger a los empresarios latinoamericanos contra la competencia monopólica y lograr la reducción de los aranceles norteamericanos para los productos de la región y las inversiones directas sin exigencias políticas.

Lógicamente, las conclusiones a las que se arribaron en la Conferencia obviaron los argumentos esgrimidos por Cuba, toda vez que centraban la atención en el análisis y realidad de la política económica seguida por los Estados Unidos, la que históricamente ha respondido a necesidades de la misma, sin tener en cuenta los requerimientos de la economía de América Latina y que invariablemente ha derivado en una política incongruente y falta de desarrollo regional sostenido.

Otros muchos temas fueron tratados por Che en el transcurso de la Conferencia y que después retoma en diversos trabajos con mayor detenimiento, acorde con circunstancias y contextos determinados; tal es el caso de los cambios que debían producirse de forma total en las estructuras de las relaciones de producción para alcanzar el verdadero progreso. Para Che la única alternativa posible se encontraba en la liberación del comercio, una plena política económica independiente conjugada con una política externa también independiente o de lo contrario asumir la lucha abierta, enfrentando directamente a los monopolios extranjeros.

Esa y no otra ha sido la historia del siglo xx americano, enmarcada en las diferencias abismales entre Norte y Sur, donde a América Latina le ha correspondido el papel de base táctica de la penetración económica imperialista, que en el caso particular de los norteamericanos, la convierten en traspatio para la exportación de sus capitales, además de ser el foco de influencia ideológica más próximo, y por ende, blanco favorito para tratar de destruir las tradiciones y las culturas regionales y locales, deformadas ya por el parasitismo feudal.

Sostenía Che con insistente reclamo, que el efecto principal de esa penetración había sido devastador, caracterizado por un atraso absoluto de la economía, causa real del subdesarrollo y de la dependencia neocolonial, donde ni su propia élite había sido capaz de gobernar, muy por el contrario, con su actitud entreguista han agudizado aun más los polos antagónicos entre la extrema acumulación de riquezas de una minorías y la depauperación extrema de las mayorías.

Para ese entonces, Che es un convencido absoluto de que la única alternativa real en esos momentos históricos, es enfrentar el enemigo por medio de la lucha armada.

En diversos trabajos y discursos, de 1962 en adelante, como *Táctica y estrategia de la revolución latinoamericana*, *La influencia de la Revolución cubana en América Latina*, apunta incisivamente no sólo a emplazar las raíces de todos los males y fenómenos sociales de carácter permanente que subsisten en el continente, sino sobre todo a advertir que en un mundo económicamente distorsionado por la acción imperial, la única solución era la lucha político-militar, mediante una táctica y una estrategia global acertadas por parte de su vanguardia verdadera, que permitiera el triunfo político a las masas hasta alcanzar la victoria continental.

Hacer la guerra necesaria, como postulara Martí, significaba aprovechar el contexto histórico en que era posible debilitar las bases económicas del imperialismo, destruir a la oligarquía reaccionaria y tratar de polarizar la lucha. Como advierte Che, parafraseando el discurso de Fidel pronunciado en los Estados Unidos en 1960, la única forma para que *cese la filosofía de la guerra*, es que *cese la filosofía del despojo*.

Que la libertad sea conquistada en cada rincón de América…

Como se ha podido constatar, para Che su proyecto de cambio social se va perfilando paulatinamente desde 1960, con componentes que constituyen el fundamento esencial de actuaciones posteriores. A la praxis revolucionaria inmediata, producto de una experiencia concreta, como es la Revolución cubana, le va incorporando una perspectiva revolucionaria general y no circunscrita a los intereses generales de Cuba. En esta perspectiva están enunciadas sus principales tesis tercermundistas, las que se convierten en un instrumento viable para el movimiento revolucionario y para alcanzar, como objetivo supremo, la emancipación plena de la humanidad.

Es una fase en la que pone a prueba sus condiciones como hombre de acción, que se ha impuesto iniciar una revolución antimperialista, cuyos antecedentes se remontan a su experiencia guatemalteca en 1954. Esta perspectiva la enmarca en una primera etapa de la revolución latinoamericana, donde Cuba emerge como la vanguardia, pero sin obviar las tradiciones de lucha del continente, cuyas raíces entroncan con Bolívar, desde que en 1815 en la carta de Jamaica, promulgara la unidad de las Américas.

Para Che esa unidad continental era el sustrato de su estrategia de lucha como la única vía, primero, de liberación nacional para seguirle después, la obtención de la liberación definitiva, por considerar a América el continente más avanzado del Tercer Mundo y a la vez el más contradictorio.

Es por ello explicable, la obligación que siente Che, antes de emprender el camino de la acción armada en el Congo y Bolivia, de escribir textos imprescindibles para comprender el alcance de sus decisiones. En todos resalta el carácter ineluctable de la revolución y la decisión de emprender iniciativas que agudizaran las contradicciones sociales para abrirle paso a la participación popular dentro de la misma, alejado de todo voluntarismo y sectarismo, por ser portadoras en última instancia, del cambio necesario.

Puntualizaba que el probable éxito de la lucha radicaba en una acertada organización, encabezada por la vanguardia revolucionaria, tomando en cuenta la experiencia adquirida en el proceso revolucionario cubano, donde se concientizó acertadamente, acerca del enemigo principal y de las fuerzas revolucionarias con que se debía contar, además de valorar con conocimiento pleno las contradicciones principales y secundarias que rigen tanto en el plano nacional como en el internacional y de las tareas imprescindibles a emprender para acentuarlas o apagarlas, con el propósito de conducir el proceso a su fin último: la toma del poder y su transición al socialismo.

La conducción de ese proceso exigiría la formación de organizaciones político-militares coordinadas entre sí y encargadas de dirigir el conjunto de la lucha, pero desde la lucha misma, como requisito esencial de toda vanguardia que en verdad se precie de ser el destacamento más desarrollado. En dichas exigencias, se ponía en evidencia la secuela de las posiciones asumidas por décadas dentro del movimiento comunista continental, y que con posterioridad el propio Che padecería en Bolivia con la actitud asumida por el Secretario General de dicho partido, cuando se distanciaban de las realidades concretas de América Latina y buscaban soluciones dentro de una estrategia orientada a promover la revolución democrático-burguesa.

El exponente máximo de su pensamiento y conceptualización, para ese entonces lo constituye sin dudas el mundialmente conocido *Mensaje a la Tricontinental*, publicado cuando se encontraba en plena lucha en tierras bolivianas y en el que resume su estrategia revolucionaria mundial. Este mensaje de liberación sintetiza sus tesis tercermundistas, al enfatizar que ante un sistema mundial imperialista la única fórmula para exterminarlo es la de combatirlo en un enfrentamiento mundial, por una parte, mediante la eliminación de las bases de sustentación y por otra, en unión con la participación plena de los pueblos. A la América, *continente olvidado*, le asigna una tarea primordial, *la de la creación del segundo o tercer Viet Nam*, como el único camino para solucionar los problemas del continente, lucha que consideraba larga, y cuya finalidad estratégica sería la destrucción del imperialismo.

En este proceso, además de las realidades imperantes en América Latina, es imprescindible tomar en consideración el debate de temas cruciales en los que Che participó y en los que había dejado puntualizadas sus posiciones, con el fin de encauzar la lucha por la ruta que eliminara las incongruencias y la contradicción del esquema creado por la división del mundo en dos grandes esferas de influencia: capitalismo *versus* socialismo. Las tesis tercermundistas de Che se focalizaban en el centro de esa polémica e intentaban cambiar esa bipolaridad desde posiciones de izquierda.

Emplazó sin miramientos y con total agudeza la posición de principio que debían adoptar los países socialistas, definiendo la cuota de sacrificio que les tocaba entregar si deseaban contribuir al desarrollo de los países dependientes. Advirtió claramente que no podían permanecer indiferentes, ni en el terreno económico ni en el enfrentamiento armado, porque tanto una derrota como una victoria pertenecían a todos. Este llamado de alerta implicaba sin ambages que el socialismo tenía que volver sus ojos de forma radical hacia el Tercer Mundo si en verdad estaba comprometido con la estrategia revolucionaria mundial.

La cabal comprensión de la voluntad de Che respecto a su incorporación a la lucha, partiendo de las observaciones señaladas, las resumió en el *Mensaje a la Tricontinental*:

> No hay fronteras en esta lucha a muerte, no podemos permanecer indiferentes frente a lo que ocurre en cualquier parte del mundo, una victoria de cualquier país sobre la derrota de una nación cualquiera es una derrota para todos. El ejercicio del internacionalismo proletario es no sólo un deber de los pueblos que luchan por asegurar un futuro mejor; además, es una necesidad insoslayable. Si el enemigo imperialista, norteamericano o cualquier otro, desarrolla su acción contra los pueblos subdesarrollados y los países socialistas, una lógica elemental determina la necesidad de la alianza de los pueblos subdesarrollados y de los países socialistas; si no hubiera ningún otro factor de unión, el enemigo común debiera constituirlo.[7]

Esta certeza, desde su óptica, era el punto de partida para esbozar la alianza entre los pueblos subdesarrollados que luchan por liberarse del imperialismo y los países socialistas, concientes de que los Estados Unidos intervendría contra cualquier brote revolucionario que surgiera, como efectivamente sucedió en todos estos años.

Con el advenimiento de los brotes revolucionarios en América Latina son diseñados y puestos en práctica, con la conducción directa de los estadounidenses, sistemas autoritarios con denominadores comunes, que actuaban paralelamente a la militarización de la sociedad o se convirtieron a si mismo en regímenes militares de facto. Esta doctrina político-militar para su implementación encontraba su justificación en la lucha guerrillera iniciada en los años sesenta y la urgencia de implantar condiciones de estabilidad social.

Claro está que esa política no era en lo absoluto novedosa, pues tenía como antecedente la aplicación de la Doctrina de la Seguridad Nacional a principios de los años cincuenta dentro del contexto de la guerra fría, creada para contener al comunismo internacional y su extensión a América. Es imprescindible recordar la Guatemala de Arbenz donde se ponen en práctica medidas que caracterizarían la intervención de los Estados Unidos, toda vez que entendieron que sus intereses se

---

[7] Ernesto Che Guevara: *Obras (1957-1967)*, Casa de las Américas, La Habana, 1970, t. 2, p. 573.

encontraban en peligro. A esas posturas se le agrega, en 1959, el advenimiento de la Revolución cubana que contribuyó al reforzamiento de esas políticas y de otras más violentas aun.

Desde esos momentos, lenguaje y hechos se hicieron más incisivos y alcanzaron una dimensión regional, con la fundamentación de que se debía combatir el comunismo en cualquier lugar que se presentara, para evitar que desde Cuba siguieran proliferando los brotes insurreccionales. Se abogaba por una eficaz respuesta en forma de ayuda material y espiritual a las comunidades afectadas y al fortalecimiento de los ejércitos latinoamericanos, los que debían estar preparados para luchar contra la subversión interna.

La esencia última de la doctrina ha quedado inscrita en incontables páginas sangrientas a lo largo de décadas en el continente, tratando de ocultar la insatisfacción popular cada vez más empobrecida y la tensión social y política que todo ello genera. En definitiva la «Seguridad Nacional» serviría para justificar la represión en torno a aquello que pudiera provocar desajustes, sin establecer diferencias entre subversión, crítica, oposición política, guerrilla, terrorismo o guerra, todas entendidas como manifestaciones de un único fenómeno, la guerra revolucionaria, que como tal había que exterminar a cualquier precio y donde el aparato militar sería el instrumento a emplear para asumir la represión, como el ingrediente indispensable, encargado de mantener la dominación.

Para Che, que había encontrado desde muy joven en América el laboratorio idóneo para medir su crecimiento humano e ideológico, desde el movimiento revolucionario boliviano de 1952, la Guatemala de Arbenz, pasando por la Cuba de Fidel y culminando en la gesta de Bolivia en 1967, como la síntesis de ese proceso, su teoría sobre la lucha armada significó una ruptura con el pensamiento imperante en la izquierda latinoamericana de la época, expresado por los partidos comunistas que promovían esencialmente la transición pacífica hacia el socialismo, principio no excluido por Che, pero condicionado a un fuerte movimiento de lucha como antecedente ineludible.

De modo irrevocable se dio a la tarea de forjar un foco guerrillero en Bolivia, tratar de lograr su crecimiento, para después desde ahí, controlar una porción importante del territorio y convertirlo en formador de otras guerrillas surgidas en otros países latinoamericanos. Consideraba que su presencia debía darle una proyección continental, al ganarse un espacio propio en el combate y convertir a la guerrilla en una alternativa política concreta frente al poder establecido.

En el transcurso de esa etapa, la primera parte de su evolución transcurrió con triunfos indiscutibles, a pesar de los muchos detractores que condenaban de antemano la acción, algunos de los cuales abiertamente se pronunciaron desde los propios países socialistas, condenando a la guerrilla y la sangre derramada y la que se derramaría en caso de continuar *3 ó 4 Vietnams*, como apunta Che en su Diario de Campaña.

No obstante, en el propio *Diario*, Che inscribe para la posteridad, en franca oposición a expresiones de ese tipo, con su estilo peculiar y sintético, el significado del 26 de julio, *rebelión contra las oligarquías y contra los dogmas revolucionarios*, elementos que constituyen los factores determinantes que impiden el ascenso verdadero a la revolución y a los que irrevocablemente hay que enfrentar, contrario a cualquier «doctrina de gabinete».

Mucho pudiera argumentarse sobre la resonancia histórica de las páginas de heroísmo escritas por Che y sus compañeros en Bolivia; sin embargo, sus propias remembranzas de juventud expresan más que cualquier conclusión, el verdadero sentido de la coherencia y entrega que caracterizaron toda su vida con una dimensión esencialmente humanista y ética: «…realmente creo haber llegado a comprenderla [a América] y me siento americano con un carácter distintivo de cualquier otro pueblo de la tierra».[8]

Conquistar el porvenir

Con resonancia de historia como un himno revolucionario destinado a eternizarse en los labios de los combatientes de América, así vislumbraba Che el futuro del continente, si se era capaz de barrer las trabas y los esquemas que habían impedido alcanzar su liberación definitiva. No eran la utopía ni el sueño los que imperaban en sus aspiraciones, sino el análisis certero de la situación económica, política y social prevaleciente por siglos, quien lo lleva a lanzarse a la batalla por la plena independencia.

Conocía que el uso brutal de la fuerza se implantaría ferozmente para impedir cualquier movimiento revolucionario, sin que mediaran retrocesos, pero de igual forma, también advirtió que el momento histórico era el propicio para enfrentar esa fuerza ciega y de no hacerse en ese contexto, el costo político acarrearía retrocesos insospechados.

En todos estos años, muchas han sido las fórmulas que se han ensayado, pasando de la represión despiadada de los años sesenta y setenta, hasta transiciones que han oscilado entre una aparente democratización y una violencia sutil. Este panorama es más evidente, a partir de la desaparición del mundo socialista y la implementación del neoliberalismo y la globalización, donde los esquemas de dominación se hacen más absolutos.

Para América Latina el saldo ha sido extremadamente grave; del temor al dogma totalitario se pasó a la libertad irrestricta del mercado y, por consiguiente, a la del mundo de la injusticia globalizada, traducido en la pérdida de las libertades políticas, toda vez que esta deriva de las «libertades económicas», donde la función

---

[8]   Ernesto Guevara Lynch: *Aquí va un soldado de América*, Editorial Planeta, Buenos Aires, 1987, p. 52.

del Estado se limita a en garante de la plena vigencia de ese mercado, en todos los planos de la sociedad.

Por consiguiente, el régimen político, dada sus limitaciones, trae aparejado el abandono de la soberanía nacional y, al contrario de lo postulado, se pierden cada vez más libertades democráticas y se recrudece de nuevo el empleo de la violencia y el autoritarismo, como mecanismos idóneos para frenar cualquier brote de inconformidad, agrediendo tanto las libertades individuales como las colectivas, y la consecuente violación reiterada de los derechos humanos a pesar del discurso oficial de «respeto a los mismos».

La situación actual de América Latina es una radiografía en negativo de cualquier pronóstico crítico que se hubiera hecho con antelación, aunque no mediaran criterios tan incisivos y veraces como los esgrimidos por Che. Ni los más conservadores pudieron prever los estragos de un mercado salvaje como el existente y de sus respectivas insuficiencias para atender la pavorosa miseria y desigualdad de un continente de 400 millones, donde más de la mitad se encuentra sumida en la pobreza y un centenar en la indigencia extrema.

El drama actual ha tocado fondo incluyendo a los propios gobernantes que apaciblemente aceptaron la política imperante de la globalización y cuyo resultado es la existencia de una gran cantidad de países de la región en crisis, lo cual incluye una amplia corrupción gubernamental y, por supuesto, un inmenso y consabido descontento popular, que rechaza las privatizaciones y las políticas de libre mercado.

Muchos se preguntan con escepticismo si el ciclo de otra década perdida como la de los ochenta será el signo imperante en este nuevo siglo, donde la anunciada política del ALCA (Área de Libre Comercio de las Américas), tras su aparente ropaje de integración hemisférica, no es más que el mismo exponente, pero con un ropaje aparentemente diferente, de una política que ha traído terribles consecuencias sociales, mayor degradación laboral, mayor privatización, destrucción del medio ambiente, restricciones a los derechos democráticos, mayor pobreza y desigualdad, condensado en un gobierno continental de facto, comandado por los Estados Unidos, y que satisface todos sus intereses hegemónicos.

Después de más de una década de política neoliberal, muchas voces en el mundo están tratando de promover un nuevo orden mundial que sea más racional y justo. Para América Latina, continente olvidado y sojuzgado por siglos, éste es un reclamo imperioso, toda vez que una parte de su población sometida al extremo, está abogando por una América humanista, con equidad y justicia social y una plena soberanía nacional.

Corresponde a los grupos dirigentes del continente —de cualquier movimiento o estrato social—, como compromiso histórico ineludible, construir proyectos nacionales y regionales, en los que se encuentren representados los intereses de los pueblos dentro de cualquier espacio que logren, a pesar de su actual fragmentación y brindar las nuevas coyunturas que propiciarían el cambio. El camino es en extremo difícil y peligroso, pero no imposible si se encauzan las luchas defendiendo todo lo que nos une como factores indiscutibles de nuestra identidad.

En este incipiente germen, portador de los cambios futuros, Che encuentra su espacio como la memoria histórica viva, para recordar que ese desafío, capaz de rescatar toda una historia de rebeldía acumulada y de múltiples experiencias políticas, es el único camino a seguir, aunque el mundo no sea el mismo y las soluciones adquieran nuevas formas, si en verdad se está dispuesto a «conquistar el porvenir».

MARÍA DEL CARMEN ARIET

Licenciada en Sociología, doctora en Ciencias Históricas, investigadora y profesora titular, es la coordinadora científica del Centro de Estudios Che Guevara y del proyecto editorial dedicado a la vida y obra de Che, en colaboración con la editorial Ocean Sur. También asesora la cátedra Che Guevara de la Universidad de La Habana e integra la comisión de categorías científicas de la especialidad de sociología del Ministerio de la Enseñanza Superior de Cuba. Ha publicado diversos artículos especializados sobre Che y varios textos, entre los que se destaca su libro *El Pensamiento Político de Ernesto Che Guevara*.

ENCUENTROS Y DESENCUENTROS DE LA IZQUIERDA LATINOAMERICANA
Una mirada desde el foro de São Paulo
Roberto Regalado

Examina el impacto del fin de la era bipolar en la izquierda latinoamericana, el cierre de la etapa de la historia de América Latina caracterizada por el choque entre las fuerzas de la revolución y la contrarrevolución, el inicio de otra etapa en la cual predominan la movilización social y la competencia electoral.

El autor, fundador y participante del Foro, hilvana su historia y la de los partidos y agrupaciones que lo integran, desde su fundación hasta finales del 2007.

301 páginas, ISBN 978-1-921438-07-3

¿POR QUÉ LAS ARMAS?
Desde los mayas hasta la insurgencia en Guatemala
María del Rosario Valenzuela Sotomayor

Un recorrido por la historia del pueblo maya en Guatemala, desde sus orígenes hasta la actualidad. Demuestra cómo la conquista, el saqueo, el racismo, la exclusión, la sobreexplotación y los grandes conflictos por la tenencia de la tierra provocaron el subdesarrollo, la dependencia y la discriminación de quienes constituyen la inmensa mayoría de esta nación centroamericana. Esas son las causas fundamentales de la guerra de 30 años que libró el pueblo guatemalteco, con el mayor saldo de muertos, desaparecidos y expatriados registrado en la historia de América Latina.

363 páginas, ISBN 978-1-921235-99-3

CON SANGRE EN LAS VENAS
Apuntes polémicos sobre la revolución, los sueños, las pasiones y el marxismo desde América Latina
Néstor Kohan

Una selección de ensayos y entrevistas sobre temas económicos, culturales, políticos y sociales que invitan a la reflexión respecto al presente y futuro del pensamiento político en América Latina. Rescata la tradición y las ideas de grandes revolucionarios latinoamericanos, en un ejercicio de memoria histórica indispensable para enfrentar los retos por venir. Un libro que resulta alentador.

320 páginas, ISBN 978-1-921235-76-4

Los desafíos del pensamiento crítico latinoamericano*

BEATRIZ STOLOWICZ

Cuarenta años de CLACSO, 40 años de América Latina. Es el tiempo estudiado por la hoy llamada historia reciente, que se ha centrado en la búsqueda de memoria y verdad sobre este período latinoamericano. Y creo que efectivamente habría que incorporar, como un aspecto destacado de su estudio, qué ha pasado con las ciencias sociales y los intelectuales, cuál ha sido su papel en esta historia reciente, con tantas sombras y, también, con maravillosas luces.

Estos 40 años ya son más que los «30 dorados» de la posguerra, que desde el capitalismo central dieron fisonomía a buena parte del «siglo xx corto» y a su producción intelectual. ¿Qué han significado estos 40 años, trágicos, en América Latina? No se puede hacer un balance lineal, pero me parece que, esquemáticamente, podríamos decirlo así: hace 40 años, las ciencias sociales lograron colocarse en su tiempo, anticipando tendencias; ahora, están, todavía, detrás de su tiempo. Desde luego, hay excepciones con extraordinarios aportes. Pero, en conjunto, las ciencias sociales no están a la altura de las necesidades de estos tiempos.

Hace cuatro décadas, en América Latina maduró una fundamental ruptura epistemológica respecto al pensamiento dominante, un verdadero aporte de nuestra región para las ciencias sociales, porque aportó significativamente al conocimiento del funcionamiento del sistema mundial. Me refiero a lo que, con imprecisión, se denomina teoría de la dependencia, que tuvo antecedentes fundamentales, dos décadas antes, en la obra del maestro de todos nosotros: Sergio Bagú.

---

* Intervención realizada en Bogotá, el 25 de octubre de 2007, en ocasión del 40 Aniversario de la Conferencia Latinoamericana de Ciencias Sociales (CLACSO).

El tiempo ya transcurrido nos ha ofrecido muchos elementos de comprobación teórico-histórica, lo que en términos biográficos no deja de ser impactante.

Cuando en 1969 Ruy Mauro Marini publicó *Dialéctica de la Dependencia*, fue denostado por «excesos exogenistas», por mirar nuestra región prioritariamente desde su lugar en la reproducción del sistema mundial. De eso ya había sido acusado Bagú en la década de 1940, en pleno desarrollismo, por su libro *Economía de la sociedad colonial*, que tuvo que esperar 50 años para volver a ser publicado. En el caso de Ruy Mauro, fue cuestionado, particularmente, en aquellos países donde existían o todavía sobrevivían elementos de un Estado de Bienestar, porque parecía un delirio teoricista hablar de la *sobreexplotación*, de que fuera posible que en economías dependientes de exportación llegara a ser cada vez más irrelevante el ingreso de los productores, importando sólo el de los compradores en el centro del sistema, y que el precio de la fuerza de trabajo en nuestra región fuera a disminuir hasta llegar a estar por debajo de los niveles de subsistencia. Y así ocurrió. Del mismo modo que había ocurrido en los años cuarenta, a fines de los sesenta estas elaboraciones teóricas tenían implicaciones políticas.

En la década de 1990 se pagó un precio muy alto, en términos políticos e ideológicos, por haber desechado el análisis teórico que abrevaba en las profundidades del proceso histórico, en la configuración del sistema mundial y en su reproducción, y por no haber sabido analizar mejor las coyunturas como parte de ese movimiento de más larga duración, de sus tendencias.

Hoy estamos en una América Latina nueva. ¡Vaya si lo es!, recorrida por un espíritu bolivariano y martiano, y vuelve a plantearse el problema del socialismo como necesidad histórica, como imprescindible horizonte de cambio. Por todo esto, existe la percepción de que este es, también, el tiempo del pensamiento crítico.

Sin embargo, creo que corresponde preguntarse: ¿qué tan crítico es el pensamiento crítico, hoy?, y ¿de qué se habla cuando se dice «pensamiento crítico»?

Por pensamiento crítico suele aludirse al rechazo al neoliberalismo por sus efectos devastadores de vidas y países. Este rechazo da cuenta de un estado social y político, y sin duda anímico, de sentido crítico, pero que no necesariamente implica el triunfo de la crítica en la producción de conocimiento. Porque en este ámbito, lo crítico no se refiere solamente al cuestionamiento moral, sino también, y fundamentalmente, a la capacidad de develar lo encubierto.

Decía que, en el presente, las ciencias sociales están, todavía, detrás de su tiempo. Esto que vivimos en América Latina, el torrente de energía social movilizada, que sacude, interpela, reclama con vehemencia por cambios, no se expresa de manera correlativa en los ámbitos de producción del conocimiento, en las instituciones académicas, en los programas de estudio, en la formación teórica. En ellos siguen cristalizadas las concepciones que dieron justificación al orden social que hoy se cuestiona en las calles, en los llanos y montañas. Es verdad que nuestras instituciones se han hecho mucho más receptivas a las temáticas que han levantado, con sus luchas, los diversos sujetos sociales populares. Pero esas temáticas, que alimentan foros y coloquios de gran valor, no tienen una expresión epistémica equivalente. Todavía hay una disociación profunda entre el auditorio y el aula, e incluso, entre la intención del investigador y sus fundamentos analíticos.

Los nuevos tiempos latinoamericanos no son, aún, de contrahegemonía efectiva. El pensamiento conservador de los dominantes todavía sigue demarcando el terreno conceptual desde donde se discute el presente y, lo que es muy grave, desde donde se están pensando las alternativas.

Es que los tiempos actuales son de confusión. Porque se dice, y se cree, que el capitalismo latinoamericano se estaría moviendo, por un ajuste de sus propios engranajes, a corregir los excesos del neoliberalismo e ingresando a un estadio posliberal. El movimiento pendular estaría confirmándose en las urnas. Todo un alivio… y un desconcierto, porque los latinoamericanos no sabemos mucho de suaves oscilaciones, sino de violentas trepidaciones.

Los voceros de la teoría pendular nos han tomado de la mano para transitar desde el desprestigiado «pensamiento único neoliberal» a la «era progresista», a la alternativa posliberal que encarnaría el espíritu crítico del presente. Con metamorfosis discursivas han reconquistado legitimidad.

Con el beneplácito de muchos intelectuales, la clase dominante ha logrado imponer la interpretación de la historia del capitalismo como un constante movimiento pendular de ajustes y reequilibrios, de sucesivas correcciones de anomalías o excesos que lo devuelven a sus equilibrios, y a su normalidad como «progreso». En esta lógica, las oscilaciones pendulares siempre son cambio para regresar, es decir, siempre se está dentro del capitalismo. Después de cinco siglos, con un breve lapso de coexistencia con otro sistema, esta proclamada capacidad de reajuste y reequilibrio del capitalismo lo hace parecer con renovadas posibilidades para enmendarse, y no como un sistema histórico senil.

Ese movimiento pendular explicaría que se pasara del mercantilismo del siglo xviii al liberalismo económico en el siglo xix; que con una oscilación en sentido contrario se pasara, desde finales del siglo xix, del liberalismo económico al proteccionismo, que habría durado hasta la década de los setenta del siglo xx; que en esa década de 1970 se pasara del proteccionismo al neo-liberalismo, y que desde finales de la década de 1990 se estaría entrando a un nuevo posliberalismo para corregir los excesos del neoliberalismo.

Cada uno de estos movimientos habría sido la respuesta necesaria y, por lo tanto realista –de lo cual derivaría su moralidad–, para corregir excesos y reestablecer la salud del sistema; habrían sido todas, por lo tanto, reformas inevitables.

Al devolverle la salud al sistema, cada una de ellas fue en su momento la alternativa «progresista», precisamente por «necesaria», «moral», e «inevitable». Aunque, en algunos casos, se haya tratado de una «medicina amarga».

En efecto, en la lógica del péndulo, el neoliberalismo ya no es el fin de la historia –eso ya lo admitieron– pero se reafirma al capitalismo como historia sin fin.

Ahora bien: desde aquella década de 1860, cuando la crítica marxista al capitalismo y su objetivo político para superarlo van acrecentando su influencia, los ideólogos del capitalismo agregan, a la teoría del péndulo, el juego de oposición en tríadas. Porque para preservar al capitalismo, además de tener que cuestionar una modalidad de reproducción que lo estaba desequilibrando, necesitaban al mismo tiempo enfrentar al marxismo que quería destruirlo.

Frente a los dos factores de desestabilización, la corrección burguesa se presenta como la «tercera posición». Cada momento de crisis real o potencial del sistema cuenta con su tercera vía: la solución *razonable* frente a los dos extremos desestabilizadores. La lógica de la tríada hace aparecer al «nuevo tercero» como el «centro progresista», el que permite superar el estancamiento y retomar el camino del progreso.

Cada tercera vía burguesa, para imponerse, desarrolla intensos debates al interior mismo de las clases dominantes para convencerlas de la necesidad de ese cambio, y desde luego hacia el resto de la sociedad para construir un nuevo consenso. Cuando este consenso aún no se concreta, la *batalla de ideas* entre los dominantes parece enfrentar, como si se tratara de enemigos, a quienes son igualmente defensores de la preservación del capitalismo. Los argumentos a favor del cambio de estrategia adoptan, por momentos, un dramatismo tal, que sus promotores quedan mimetizados como acérrimos opositores de las fuerzas que dominan y de sus métodos, pudiéndoseles confundir con la oposición de los dominados. El reclamo por *cambios* y contra el *statu quo* les confiere a sus promotores, invariablemente, un aura *progresista*. Son «los progresistas», no importando el contenido particular del cambio, ni que su alternativa sea una reacción para conservar al capitalismo. Es decir, una respuesta *conservadora* al margen de las adhesiones doctrinarias en cada momento.

Una vez impuesto el nuevo mecanismo de reproducción capitalista, las ideas *normativas* (deber ser) de los «combatientes progresistas» en turno se presentan como *racionalización descriptiva* (de lo que *es*); son socializadas como límite de lo real y lo posible; y de este modo son entronizadas como ideas dominantes, las renovadas ideas dominantes.

Todas las tríadas formuladas desde el capitalismo tienen en común el rechazo al marxismo, en eso todos los nuevos progresistas estuvieron siempre de acuerdo. Desde la década de 1920, el anti-liberalismo se presentó como el opuesto simultáneo al *laissez faire* y al *marxismo-comunismo*, oponiendo a ambos un capitalismo con intervención del Estado y reformas sociales con fines de control político; sus diversas versiones ideológicas coincidieron en establecer como sujeto ideal del «nuevo centro» al «socialismo responsable», fuera del tipo social-liberal o socialdemócrata. En los años treinta y los cuarenta, buscando recuperar su prestigio, el liberalismo se presentó como el opuesto simultáneo al *totalitarismo fascista* y al *totalitarismo comunista*, como una tercera posición libertaria y democrática y, por lo mismo, progresista; desde 1945 los Estados Unidos se adjudicaron la encarnación del anti-totalitarismo. A partir de la década de 1970, el neo-liberalismo impuso su hegemonía presentándose como el opuesto simultáneo a las dos «perversiones colectivistas»: el *Estado capitalista de Bienestar* y el *comunismo*, a los que se oponía como la única alternativa modernizadora. La versión para América Latina era contra el *populismo burgués* y contra el *comunismo*. Esa vez sí que se presentó como «una medicina amarga pero necesaria». Ni modo, el progreso a veces tiene que doler... Por eso la de ahora, la tercera vía posliberal, se presenta como bálsamo para los magullones neoliberales. Y al mismo tiempo, contra la irresponsabilidad populista.

Qué tan dulce o tan amarga fue cada nueva tercera vía para conservar al capitalismo, dependió de la fase histórica del capitalismo. Porque sucede que, lo que la teoría del péndulo no dice, es que cada movimiento de ajuste y corrección generado por el propio sistema (siempre presionado por las contradicciones sociales) se hizo para lograr mayores ganancias –ese es el progreso. Y que con cada cambio de mecanismos de reproducción hubo un cambio cualitativo en una mayor concentración y centralización del capital, no un punto de retorno. Los distintos grados de concentración y centralización del capital producen contradicciones de naturaleza e intensidad distintas, y cambia también la capacidad del sistema para absorberlas.

En su fase industrial y de expansión, cuando la ampliación del consumo era funcional a la ampliación de la producción y de la acumulación, los márgenes para una mayor distribución eran mayores. Y desde luego, mucho más, tratándose del centro del sistema, receptor de excedentes de su periferia colonial y dependiente.

Muy distinto es cuando se trata del capitalismo especulativo y rentista, saqueador neocolonial en la periferia ultradependiente. Las contradicciones actuales son tan profundas que resultan incurables, y la medicina tendrá que ser bien amarga. Esto explica que cada nuevo reajuste capitalista tenga que ser cada vez más conservador. Y menores serán los márgenes para variar en los medios de su reproducción.

Cuando la inestabilidad social y política se torna peligrosa, cuando entra en crisis la gobernabilidad, como ha ocurrido en estos años, las alternativas del propio sistema no pueden ser sino simples ajustes tácticos para reforzar el control político. Y esta es, sin lugar a dudas, la naturaleza de la tercera vía posliberal actual: una estrategia política para recuperar control y legitimidad.

Para presentarla como superación de una época, pero sin modificar lo que en ella ha producido tantos rechazos, requiere de una intensa batalla de ideas. Aquí es donde tenemos que preguntarnos sobre el papel de los intelectuales en general, y de las ciencias sociales en particular.

En los últimos tiempos, y por razones bien loables, cada vez que se escucha la frase «batalla de ideas» se asocia inmediatamente con «pensamiento crítico». Pero desde hace mucho que los ideólogos de la clase dominante hablan de «batalla de ideas», así denominan a sus estrategias ideológicas.

Digo bien: «estrategias». Efectivamente, racionales en su diseño, con sujetos concretos que las ejecutan. Cuando hablamos de estrategias ideológicas surgen inmediatamente las acusaciones de estar padeciendo de «paranoicas teorías conspirativas».

No hay tiempo ahora para discutir sobre la relación que existe, en la ideología dominante, entre los aspectos inconscientes que se derivan de la posición y el interés de clase por un lado, y los aspectos conscientes para mantener la dominación, por otro, que establecen diferencias entre la clase en general y sus ideólogos en particular. Pero podemos remitirnos a experiencias bastante conocidas de estrategias que, incluso remando a contracorriente, llegaron a imponer ciertas ideas como las nuevas ideas hegemónicas. Es la experiencia de la Sociedad Mont Pélerin, cuya eficacia estratégica está más que comprobada.

Hayek, su creador y mentor, decía a finales de los años cincuenta, que la batalla de ideas, más precisamente la lucha de ideas (*struggle of ideas*), consiste en generar «cierta idea coherente del mundo en el que se quiere vivir […] a través de un conjunto de ideas abstractas y generales». Para que las ideas abstractas y generales incidan en la acción política, es decir, que «hagan políticamente posible lo que parece imposible», tienen que llegar a ser «de propiedad común, a través de la obra de historiadores, publicistas, maestros, escritores e intelectuales». Es –dice– un proceso lento de difusión que tarda a veces más de una generación, que no se da «como expansión en un solo plano, sino como una lenta filtración desde la cúspide de una pirámide hacia la base». Pero esas nuevas ideas «no llegan a la base en su estado de generalidad», sino que llegarán a conocerse «sólo a través de su aplicación a casos concretos y particulares.»

Por eso Hayek no quería que la Sociedad Mont Pélerin creciera demasiado en el número de miembros; quería que fuera la cúspide de la pirámide, el cónclave de «los mejores talentos para la empresa intelectual de gestar una nueva versión del liberalismo.»

Como se observa, en esa pirámide, las instituciones académicas, los historiadores, publicistas, maestros, escritores e intelectuales –repitiendo el listado de Hayek– se sitúan entre la mitad inferior y la base, como difusores de ideas simplificadas que, ya falsificadas al ser encubiertos sus verdaderos objetivos, se transforman en sentido común, es decir, que se ven como la única representación de casos concretos y prácticos, como él dice. Es entonces cuando la estrategia ideológica triunfa como hegemonía.

Bien. Sucede que esos difusores de ideas simplificadas y falsificadas son los interlocutores habituales del llamado pensamiento crítico. El pensamiento que se define como crítico lo hace como antagonista de esas ideas. Pero al construir su argumentación con referencia a la simplificación y falsificación de las ideas abstractas y generales que dieron forma y justifican al nuevo mundo en el que se vive o se quiere vivir, (sigo usando los términos de Hayek), repito: al no enfrentar aquellas ideas fundamentales, no están haciendo verdadera crítica.

«Los neoliberales dicen…» ¿Quiénes lo dicen? ¿En verdad los ideólogos neoliberales piensan eso que es divulgado como pensamiento neoliberal?

He aquí el papel del discurso como medio para encubrir, para falsificar, y que es tomado como referente del antagonismo supuestamente crítico.

El arsenal discursivo utilizado por la tercera vía posliberal para presentarse como anti-neoliberal, utiliza a conciencia esos recursos, precisamente para que su crítica al neoliberalismo no sea tal, pero lo parezca. Todavía no ha pasado el tiempo suficiente para poder reconstruir con precisión historiográfica la estrategia ideológica posliberal, que está en curso, pero la investigación permite identificar recursos analíticos y discursivos, lugares habituales de encuentro de la cúspide posliberal, por ejemplo Princeton. También aparecen sujetos, nombres, como Fernando Henrique Cardoso, Enrique Iglesias, Joseph Stiglitz y hasta Carlos Slim, por nombrar sólo algunos.

Tomemos algunos de los ejes del argumento posliberal para verlo con mayor claridad:

«El neoliberalismo fracasó porque no resolvió la pobreza». Pero esos nunca fueron los objetivos del neoliberalismo sino elevar las ganancias. Claro, sus divulgadores decían que era para crecer y así resolver la pobreza. «El neoliberalismo es *laissez faire*, fundamentalismo de mercado, Estado mínimo, por lo tanto, derecha es antiestatismo, izquierda es estatismo». Y, en consecuencia, el neoinstitucionalismo es la tercera vía progresista. Pero el neoliberalismo nunca ha sido Estado mínimo sino un Estado intensamente interventor al servicio del capital aunque se desentendiera de lo social; ni ha sido planteado como ausencia de instituciones. El discurso del «no-Estado» fue planteado por los muchachos de Chicago, los *arditi*, las fuerzas de choque ideológico contra el Estado de Bienestar. Pero la *reaganomics friedmaniana* nunca fue Estado mínimo, fue el activo Estado del gran capital.

Hayek, quien además fue el que bautizó como «neoliberal» al proyecto con que se impondrá el interés del capital sin restricciones, decía en 1959: «El debate no es si debe haber una intervención racional de planificación en la vida económica, sino cuál tipo de planificación […] El funcionamiento de la competencia no sólo exige una adecuada organización de ciertas instituciones como el dinero, los mercados y los canales de información –algunas de las cuales nunca pueden ser provistas adecuadamente por la empresa privada–, sino que depende, sobre todo, de la existencia de un sistema legal apropiado, de un sistema legal dirigido, a la vez, a preservar la competencia y a lograr que ésta opere de la manera más beneficiosa posible. No es en modo alguno suficiente que la ley reconozca el principio de la propiedad privada y de la libertad de contrato; mucho depende de la definición precisa del derecho de propiedad, según se aplique a diferentes cosas.»

Son prácticamente las mismas palabras de Douglas North, con las que los neoinstitucionalistas del Banco Mundial, en la época de Stiglitz, presentan su célebre *Más allá del Consenso de Washington: la hora de la reforma institucional* como el programa posliberal que reclama más Estado para el crecimiento y la equidad. Más Estado para dar seguridad al capital, más Estado para eliminar los obstáculos a la inversión y a la apropiación de ganancias, los famosos «costos de transacción». Y políticas sociales focalizadas, ni más ni menos que el neoliberalismo, pero con un mayor gasto público en ellas. Sólo que ese mayor gasto público, financiado con sistemas fiscales regresivos basados en los impuestos que pagan los asalariados y los consumidores pobres, (no el capital, pues sería un costo de transacción negativo), ese gasto público es transferido a las empresas privadas que son las que proveen esos servicios. De modo que los pobres financian las políticas focalizadas para los extremadamente pobres, y las empresas ganan con ese servicio. El resultado es que disminuye la extremísima pobreza, pero aumentan las ganancias y hay mayor concentración del ingreso. Estos han sido siempre los objetivos del neoliberalismo.

Pero como «neoliberalismo» era «Estado mínimo», ese «más Estado» es la superación del neoliberalismo, y sin caer en las perversiones del populismo con sus irresponsables derechos universales… Es decir: la tercera vía. Y si además se parte del supuesto falso de que derecha es antiestatismo e izquierda estatismo, el neoinstitucionalismo es el camino intermedio, el nuevo centro, el nuevo progresismo, y hasta donde nos descuidemos, la nueva izquierda.

El señuelo de este nuevo progresismo es que se opone al discurso ideologizado de la competencia perfecta, pero para volver a Hayek: a aquella concepción amplia del mundo deseable para superar al capitalismo de la posguerra. La de Hayek es una concepción filosófica, económica, social, política, cultural incluso, que él no quería que se le calificara como conservadora porque decía que era una propuesta para el progreso. Pero que es profundamente conservadora.

Podríamos continuar con ejemplos de cómo se construye una alternativa falsa, falseando el objeto al que supuestamente se le hace oposición, con lo cual la hegemonía se sigue ejerciendo pero bajo la forma de pensamiento crítico.

Esto opera, además, porque la lógica de la tríada conduce a la terrible conclusión de que el «enemigo de mi enemigo es mi amigo». Con lo cual, basta con que alguien hable mal del neoliberalismo para considerarlo una inspiración.

Esta es una de las perversiones de la tercera vía posliberal, que dice oponerse al neoliberalismo pero utilizando los argumentos del neoconservadurismo, que disocian a la sociedad burguesa del capitalismo. Porque el neoconservadurismo critica al individualismo y al consumismo, pero no se los atribuye al desenfreno de la acumulación capitalista, sino a la pérdida de valores tradicionales, a la irresponsabilidad familiar y social provocada por el Estado de Bienestar, por el sindicalismo, y hasta por la laicidad. Es así que estos nuevos progresistas, dizque anti-neoliberales porque abrevan en el neoconservadurismo, se llevan bien con los valores conservadores de la Iglesia; les echan discursos contra el consumismo a los que están en extrema pobreza, como si esa fuera la causa de su miseria; justifican la disminución de la responsabilidad social del Estado con un discurso de la corresponsabilidad privada, y hasta de la «paternidad responsable». Son conservadores, fanáticos buscadores del orden, de la seguridad de la propiedad, entre otras razones, porque no pueden prescindir del individualismo posesivo que da oxígeno a la acumulación capitalista, con todos los efectos de ruptura de la cohesión social que conlleva.

Tal como están planteadas, son falsas sus oposiciones, falsas las opciones, falsas sus alternativas. Y en ninguna está instalada la crítica, ni puede reconocerse en ellas el pensamiento crítico. Porque el capitalismo ya no da lugar a tríadas ni a terceras posiciones, porque sus opciones de «reajustes pendulares» son cada vez menores, si no es que nulas, porque sus contradicciones son cada vez más profundas e incurables.

Y este es uno de los desafíos más importantes para el pensamiento crítico, que no es oponerse a tal o cual política, sino entender y explicar dónde estamos.

Es muy difícil pensarse en una posición liminar de la crisis de un sistema histórico. Y es muy duro tener que pensarlo en la periferia dependiente de ese sistema, destinada a hacerse cargo de los mayores costos de la crisis, que se exhibirá con todo su rigor. Tal vez por esta misma razón, las ciencias sociales latinoamericanas podrían dar cuenta con mayor precisión de la complejidad de este tiempo histórico y sus efectivas alternativas.

Siempre y cuando, claro está, las ciencias sociales fueran capaces de desprenderse de la base de la pirámide adonde las asignan las clases dominantes para su batalla de ideas, y recuperar las alturas que permiten ver horizontes más amplios. Tienen que liberarse del papel de vulgarizadoras y divulgadoras de las ofensivas ideológicas del poder, tienen que hacer rupturas epistemológicas y liberarse de las fantasías conservadoras de los equilibrios capitalistas o de las armonías sociales imposibles.

Para que esto ocurra, el «tercero» siempre excluido tiene que volver a ser reconocido y estudiado. Aunque debe decirse que, por más invisibilizado que se lo quiera, sigue gozando de buena salud en tanto capacidad de analizar las contradicciones capitalistas, porque apunta directamente a su origen: a la concentración y centralización de la propiedad, basada en la expropiación del trabajo ajeno y de las fuentes de vida colectivas. Como teoría en permanente construcción, el marxismo tiene que enriquecerse y recrearse con el estudio concreto de la realidad concreta y sus tendencias, haciéndose cargo de las incertidumbres que dependen de la voluntad y capacidad de acción de los distintos grupos sociales que disputan o disputarán el devenir de la humanidad.

Y desde luego, un desafío para el pensamiento crítico es no permitir que se falsifique la alternativa «del socialismo del siglo xxi», que no sea convertido en un cliché al que se le puedan asignar contenidos distintos y antagónicos, neutralizándolo. Un aparente proyecto alternativo encarnación del pensamiento crítico, que sea discurso moral pero no anticapitalista, no es más que burda farsa de los socialismos de comienzos del siglo xix.

Llama la atención el vendaval discursivo «neo-socialista» que, justamente cuando los pueblos están generando fuerza política e institucional, convoca a que la burguesía protagonice el desarrollo de las fuerzas productivas para que, recién en un segundo momento, quién sabe cuándo, se inicie la verdadera transformación socialista que transfiera el poder económico a la sociedad y construya poder político popular. Porque el neo-desarrollismo es parte de la estrategia de la tercera vía posliberal, que en ancas del gran capital hoy se despliega con toda su fuerza neocolonialista.

En la falsificación de lo verdaderamente alternativo del «socialismo del siglo xxi» podría estar engendrándose otro ámbito de la hegemonía dominante con ropaje de pensamiento crítico.

En suma, el pensamiento que se pretenda o aspire a ser crítico, se tiene que mirar críticamente, y para ello tiene que mirarse en el espejo de la capacidad hegemónica de las clases dominantes.

BEATRIZ STOLOWICZ

Profesora-investigadora del Departamento de Política y Cultura, Área Problemas de América Latina, de la Universidad Autónoma Metropolitana Unidad Xochimilco, México.

TEORÍA MARXISTA

INTRODUCCIÓN AL PENSAMIENTO SOCIALISTA
El socialismo como ética revolucionaria y teoría de la rebelión
Néstor Kohan

El actual movimiento de resistencia global pone de manifiesto la necesidad de comprender y debatir la teoría socialista. Este texto ofrece una síntesis de la historia del pensamiento socialista mundial, desde una perspectiva latinoamericana. Incluye textos claves de la obra de Carlos Marx, Che Guevara, Fidel Castro, Rosa Luxemburgo, José Carlos Mariátegui, Julio Antonio Mella, Flora Tristán, entre otros.

263 páginas, ISBN 978-1-921235-52-8

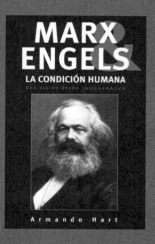

MARX, ENGELS Y LA CONDICIÓN HUMANA
Una visión desde Latinoamérica
Armando Hart

Los textos que integran la presente recopilación, revelan la búsqueda necesaria de una nueva manera de abordar los problemas fundamentales de la teoría y la práctica del socialismo. Una mirada a Marx y Engels a partir de la tradición revolucionaria cubana, tras los difíciles momentos del derrumbe del campo socialista en Europa Oriental y la Unión Soviética, hasta la actualidad. Reúne documentos de diversos autores, entre ellos, la carta que el comandante Che Guevara le envió al autor en diciembre de 1965.

250 páginas, ISBN 978-1-920888-20-6

MANIFIESTO
Tres textos clásicos para cambiar el mundo
Carlos Marx, Federico Engels, Rosa Luxemburgo y Ernesto Che Guevara
Prefacio de Adrienne Rich, Introducción de Armando Hart

Una selección que presenta tres textos clásicos sobre socialismo y liberación: *El Manifiesto Comunista* de Marx y Engels, *Reforma o Revolución* de Rosa Luxemburgo, y *El socialismo y el hombre en Cuba*, del Che Guevara, que inspiran a las nuevas generaciones que creen en una sociedad más justa.

185 páginas, ISBN 978-1-920888-13-8

américa latina

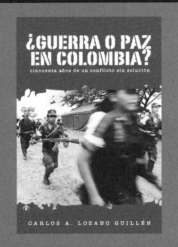

¿GUERRA O PAZ EN COLOMBIA?
Cincuenta años de un conflicto sin solución
Carlos A. Lozano Guillén

Un significativo aporte al debate sobre el largo conflicto interno, político y armado, que azota a Colombia desde los últimos cincuenta años, y la constante búsqueda del pueblo colombiano y la insurgencia por conseguir una solución política que lleve a la paz con justicia social.

Ofrece una visión histórica y coyuntural, así como un análisis teórico desde una perspectiva de izquierda, como lo define el propio autor, y analiza el papel del militarismo, impulsado y respaldado por los Estados Unidos.

184 páginas, ISBN 978-1-921235-14-6

AMÉRICA LATINA ENTRE SIGLOS
Dominación, crisis, lucha social y alternativas políticas de la izquierda
Roberto Regalado

Una aproximación al contexto político y social latinoamericano, con énfasis en su conflictiva relación con los Estados Unidos. El texto sintetiza las vivencias y reflexiones acumuladas por un testigo privilegiado, activo participante en los debates de la izquierda latinoamericana y caribeña. El autor hace un análisis teórico e histórico de la polémica *reforma* o *revolución* en el continente y aborda diferentes experiencias políticas, con atención particular a las alternativas que la izquierda se propone construir.

278 páginas, ISBN 978-1-921235-00-9

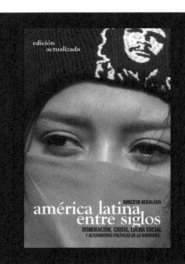

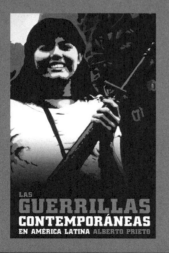

LAS GUERRILLAS CONTEMPORÁNEAS EN AMÉRICA LATINA
Alberto Prieto

Las guerrillas latinoamericanas son portadoras de una larga tradición. Desde la conquista hasta nuestros días, han sido una de las formas de lucha más recurridas en el continente americano.

El autor nos introduce a los movimientos guerrilleros contemporáneos, desde la epopeya de Sandino hasta la actualidad, y profundiza en acontecimientos relevantes y figuras significativas como Fidel Castro y Ernesto Che Guevara.

280 páginas, ISBN 978-1-921235-54-2

www.oceansur.com • info@oceansur.com

Medios disparando contra Venezuela

PASCUAL SERRANO

Puede parecer que el mensaje generalizado en los medios de comunicación es de rechazo a la guerra, el odio o cualquier manifestación de agresividad. Nada más alejado de la realidad; aunque existe la impresión generalizada de que los medios suelen adoptar un papel pacifista y condenatorio de la violencia, eso no siempre es así, y hasta pueden llegar a ser grandes aliados de la guerra y la agresión.

Los medios desempeñaron un papel fundamental en el conflicto de Yugoslavia, han sido condenados por el Tribunal Internacional por crímenes de guerra en el genocidio de los Grandes Lagos, han liderado un golpe de Estado en Venezuela y han sembrado el odio religioso en la India. Al mismo tiempo, criminalizan y satanizan a grupos sociales «incómodos» y a líderes políticos «díscolos» como preparación previa para la represión o la agresión militar. A todo ello se suma su participación en la psicosis antiterrorista, bien rentabilizada por los Estados Unidos.

El libro *Medios Violentos. Palabras e imágenes para el odio y la guerra*, publicado en España en mayo de 2008 por la editorial El Viejo Topo, repasa numerosos y elocuentes ejemplos de la implicación criminal que los medios de comunicación pueden llegar a tener en el fomento del odio, de los sesgos informativos, de las tergiversaciones y silencios, de la xenofobia y el racismo, e incluso del culto a la guerra y a las armas. Todo ello, sin obviar propuestas para un debate sobre la comunicación que pueda promover salidas y alternativas a esta situación.

El caso Venezuela se aborda en diferentes apartados de dos de sus capítulos que reproducimos a continuación. En el primero de ellos, «A las armas», se relata la participación de los medios de comunicación en el golpe de Estado del 11 de abril de 2002. Más adelante, en el capítulo «Vender la guerra», se aborda cómo los medios presentan ahora una escalada de agresión contra Venezuela integrada por tres fases. Una primera mostrando al gobierno de Chávez como peligroso para la región, seguidamente se ofrece un falso panorama de violación de derechos humanos en Venezuela y, por último, comienzan las sugerencias para una intervención abierta.

Venezuela: el golpe*

En Venezuela, los medios opositores en abril del año 2002 llevaban semanas convocando a una masiva manifestación contra el gobierno. Ésta se autorizó como muchas otras, puesto que los organizadores la presentaron como pacífica. Durante la manifestación, tanto en el lugar como desde las estaciones de televisión opositoras, se hizo un llamamiento a que los manifestantes se desviaran de su recorrido y se dirigiesen hacia el Palacio Presidencial de Miraflores, en Caracas, para enfrentarse a la guardia que lo protegía.[1] El titular de las ediciones extraordinarias de la prensa, repartidas entre los manifestantes era: «Todos a Miraflores», frase que no cesaban de repetir los canales televisivos privados. Incluso ya estaban preparadas las declaraciones de los opositores, acusando a Chávez de los manifestantes muertos, antes de que los hubiera.[2] Esos medios, cuando lograron que un grupo de militares secuestraran al Presidente, informaron que éste había renunciado voluntariamente.

El documental *La revolución no será transmitida*, de Kim Bartley y Donnacha O'Briain, recoge con precisión absoluta aquellos acontecimientos. El 10 de abril, el general Néstor González González aparece en televisión diciendo: «Señor Presidente, váyase; el alto mando tendrá que asumir esa posición», lo que suponía un llamamiento explícito al golpe de Estado militar. Los medios refieren que «las declaraciones del general González González vienen a confirmar que Hugo Chávez es agente al servicio de Fidel Castro y de la guerrilla colombiana». De esta forma los canales televisivos se alinean con el golpe. Al día siguiente, 11 de abril, comienza la marcha que desoye la convocatoria original y se dirige hacia el Palacio Presidencial para provocar la desestabilización y el enfrentamiento. Los medios continúan su convocatoria al golpe con el llamamiento: «Coroneles de la Fuerza Armada, ustedes están en los cuarteles viendo la televisión para saber qué hacer: tomen la decisión correcta».

Una vez tomado el control del Palacio Presidencial por los golpistas y secuestrado el presidente Chávez, los medios amanecen el 12 abril con este mensaje del presentador: «Buenos días, tenemos nuevo presidente». En el estudio comienza un conversatorio alegre y desenfadado entre representantes de los medios y militares.

---

*   Pascual Serrano: *Medios Violentos. Palabras e imágenes para el odio y la guerra*, El Viejo Topo, Madrid, 2008, capítulo VI: «A las armas».

[1]   Los acontecimientos de esos días están magníficamente recogidos en el documental *La revolución no será transmitida*, de Kim Bartley y Donnacha O'Briain, 2003.

[2]   Chávez revela que las declaraciones televisadas de los líderes golpistas fueron grabadas por algunos medios el día anterior al golpe. Consúltese a Pascual Serrano: *Rebelión*, 20 de mayo de 2002.

Dicen: «Gracias Venevisión; gracias RCTV». Otro presentador responde: «nosotros debemos decir, tanto Venevisión como RCTV, gracias Televen, gracias Globovisión». Continúa otro de los presentes: «Gracias medios de comunicación».

Riéndose, revelan que el pronunciamiento a la insurrección del militar González González, fue desde la residencia personal de los directivos de la televisión: «hicimos un vídeo desde la casa de Napoleón. Cuando nosotros decidimos que el general saliera a la luz pública, era porque Chávez se iba a Costa Rica y nosotros teníamos que tener a Chávez en Venezuela, y entonces el pronunciamiento del general hace que Chávez no vaya a Costa Rica, se quede en Venezuela y ahí es cuando nosotros activamos el plan definitivo». «¿Cuál era el plan?», pregunta uno de los asistentes. «El plan original era pasar al empleo de las Fuerzas Armadas», responde un militar que está en el estudio.

El odio que generó la campaña mediática con el objetivo de derrocar a un gobierno se demostró irrefrenable, hasta el punto de que los grupos antichavistas comenzaron la caza de líderes y responsables gubernamentales del gobierno derrocado. Cientos de personas rodearon la Embajada de Cuba indignados por la supuesta influencia que tenía ese país en la política de Chávez, cortaron a golpes el suministro eléctrico y de agua de sus instalaciones, lanzaron objetos al edificio, que se vio asediado por esos grupos violentos, lo que constituía una flagrante violación de las normas internacionales.[3]

Cuando comenzaron a bajar de los cerros y suburbios los manifestantes que reclamaban la vuelta del Presidente, los medios comenzaron a transmitir dibujos animados como única programación. Al recuperarse el Palacio Presidencial por los ministros de Chávez, ya el 13 de abril, los medios no informaban. La CNN emitía las declaraciones telefónicas del golpista Pedro Carmona, ya huido, diciendo que el control y la normalidad era total. Sólo cuando se restableció la emisión del canal estatal, los venezolanos pudieron saber la verdad.

La virulencia y el odio de los medios venezolanos contra el gobierno era, y sigue siendo, espectacular. Recuerdo a un comentarista político describiendo cómo cada día que pasaba al Presidente se le iba transformando la cara hasta parecerse a un hombre de *cromagnon*: «observen sus pómulos cada vez más pronunciados, su mandíbula agrandada», decía el «analista». Era un discurso xenófobo que buscaba despertar el odio entre la audiencia.

Del mismo modo, en aquellos disturbios del 11 de abril las cámaras captaron a tres partidarios de Chávez disparando desde un céntrico puente de Caracas, el Puente Llaguno. La versión opositora es que disparaban contra una pacífica marcha de manifestantes. Finalmente, el juicio demostró que se defendían de unos policías metropolitanos que les atacaban desde un edificio cercano, y que actuaban bajo el

---

[3] Ver: *Asedio a una embajada* (documental), de Ángel Palacios, 2002.

mando de un alcalde opositor a Chávez. Debajo del puente no había llegado manifestación alguna. Durante el año que tardó en dictarse la sentencia, los medios opositores estuvieron emitiendo todos los días un promedio de tres veces las imágenes de los partidarios de Chávez disparando sus armas cortas con una voz en *off* que decía «obsérvese a los pistoleros, a los asesinos, cómo descargan la pistola y la vuelven a cargar, sobre la marcha indefensa».[4]

En la conmemoración del aniversario de aquellos sucesos, en abril de 2003, de nuevo la oposición convocó a una movilización y concentración en el trágico Puente Llaguno. Desde un mes antes, un *slogan* se repetía en los canales televisivos venezolanos: «Vamos por ellos». Tuve la oportunidad de estar presente en Venezuela en aquellas fechas. Algunos partidarios de Chávez también se dirigieron al lugar mientras la mayoría esperaba instrucciones en sus barrios. No se movilizó ningún venezolano a la convocatoria opositora. No funcionó el llamado a la violencia. El pueblo había tomado nota de lo sucedido el año anterior, pero los medios no, quizás porque los primeros sabían que tenían algo que perder: la vida; y los segundos, con su habitual impunidad, no se jugaban nada.

El caso venezolano**

Sin dudas, Venezuela merece un análisis específico. Sobre Hugo Chávez se ha desencadenado una obsesión mediática que no tiene precedentes en la historia de los medios de comunicación. Aunque muchas de las campañas sobre ese país han girado en torno a la mentira acerca de las políticas del Presidente y la ocultación del apoyo popular que tiene entre los ciudadanos, nosotros solo nos vamos a detener en los elementos informativos que se han caracterizado por presentar una Venezuela en crisis, al borde de la guerra civil, o amenazante y peligrosa para la estabilidad regional. Mediante la implantación de esas dos imágenes en la mentalidad de las audiencias, se consigue sentar las bases de aceptación de una intervención extranjera y sembrar el odio y el temor entre los países vecinos ante la política gubernamental venezolana, elemento que también genera apoyo a una intervención en nombre de la paz regional.

Peligro militar

La *Red Globo* de televisión, en Brasil, en su edición del 16 de diciembre de 2007, emitió en su programa de mayor audiencia un reportaje con el título: «¿Brasil está preparado para una guerra contra Venezuela?». El trabajo fue exhaustivamente promocionado de manera sensacionalista en los días anteriores a su emisión, con reite-

---

[4]   Ver: *Puente Llaguno. Historia de una masacre* (documental), de Angel Palacios, 2004.

** Pascual Serrano: ob. cit., capítulo VIII: «Vender la guerra».

rados anuncios, en los cuales se preguntaba: «¿Cómo reaccionarían los brasileños a una invasión de Venezuela a nuestro país?».

El programa, en clave de humor, entrevistaba a brasileños en la frontera, a quienes se les hacía entender que Venezuela tenía intenciones de invadir a su país, para lo cual se estaba rearmando. Le preguntaban a los habitantes rurales de la región si lucharían para defender a Brasil ante la inminencia de la agresión venezolana. Llegaban al punto de recorrer, en un carro decorado con los colores nacionales de Brasil, la principal vía de Pacaraima (estado de Roraima), promoviendo una «convocatoria de emergencia», incitando a la población a «alistarse para la guerra contra Venezuela». Esto se realiza precisamente en la frontera entre los dos países amigos, fomentando un clima de hostilidad y agresividad entre vecinos que allí, mucho más que en otros rincones, tienen una intensa interacción familiar, cultural, social y económica. El programa trata de ridiculizar, satanizar y estereotipar al Presidente de Venezuela a través de imágenes que lo presentan como agresor de Brasil. Además, intentan ridiculizar a las Fuerzas Armadas brasileñas. Mientras el ejército venezolano es calificado como «la mayor fuerza bélica de América Latina» –lo cual es falso–,[5] las brasileñas son caracterizadas como ineficientes y con equipos obsoletos. En ese *desiderátum*, no faltan escenas grotescas y patéticas, como los locutores entrenando a brasileños para que se defiendan con piedras. El objetivo es sin dudas una campaña para instar al gobierno brasileño a reforzar su frontera con Venezuela y a armarse para poder «enfrentar al país agresor».

En un determinado momento del programa, un actor que interpreta el papel del presidente Hugo Chávez, pasa incólume por la frontera, de tres maneras: a pie, en bicicleta y a caballo. El bloque termina con la afirmación categórica y solemne del locutor: «Está probado: cuando Chávez quiera invade Brasil».

El programa es una provocadora y clara apología a la guerra entre el pueblo brasileño y el venezolano, donde los locutores revelan sus intenciones, en frases repugnantes y sórdidas como éstas: «Y si la situación se complica entre Brasil y Venezuela: ¿será que estamos preparados?».

A continuación insinúan que el peligro no se limita al norte, en la frontera con Venezuela, sino que la «invasión» puede venir también del sur, por la frontera con Bolivia. El programa aprovecha para ridiculizar al presidente boliviano, Evo Morales, mostrándolo como sumiso del venezolano. El locutor se dirige al público: «Ahora veamos como está la frontera sur» y, a continuación, entra una caricatura animada de Evo Morales proponiendo a Chávez para presidente de Bolivia.

---

[5] Según la Red de Seguridad y Defensa de América Latina, Venezuela destina a gastos militares el 1,39 % del PIB ($ 1 867 millones), el gasto de Brasil es mayor que Venezuela, 1,74 % ($ 13 692 millones). Sólo dos países gastan en Defensa menos que Venezuela, Paraguay y Argentina. La media regional es 1,9 % del PIB.

El programa fue emitido precisamente en el momento en que el presidente Luiz Inácio Lula da Silva estaba de visita en Venezuela y Bolivia, por lo que, según denunció el Partido Comunista de Brasil, formaba parte de «una insidiosa y contumaz campaña de manipulación destinada a crear un ambiente de confrontación entre los países de la región».

En esa misma línea, el diario *El Mundo* del 26 de febrero de 2007 titulaba: «Chávez realizará la mayor inversión con fines bélicos de los últimos dos años en Latinoamérica». Cuando leemos el texto de la noticia descubrimos que se basa en un informe divulgado por el Centro de Estudios para la Nueva Mayoría (CENM), con sede en Buenos Aires, según el cual «Chávez le pidió al Estado Mayor de la Marina que realizara un estudio para decidir cuál es el navío más apropiado para enfrentar los peligros a los que se vería expuesta Venezuela en aguas del Caribe». Es decir, no existe ninguna confirmación de «inversión con fines bélicos», sólo unos tipos de Buenos Aires que dicen que Chávez ha pedido un estudio. Pero es que, además, lo que denominan «fines bélicos» son unos submarinos para proteger sus aguas. El titular no obedece en absoluto ni a la realidad ni al contenido del texto. Con esta intencionalidad de presentar a un Hugo Chávez rearmado y peligroso, en los informativos de *Antena 3*, el 6 de julio de 2007, y con motivo de un reportaje sobre el histórico fusil Kalashnikov al que asocian a guerrillas y movimientos insurgentes, el periodista termina diciendo que Rusia «acaba de venderle a Venezuela 100 000 unidades» de esos fusiles y aparecen imágenes de Chávez esgrimiéndolo. En realidad, esa compra se anunció en mayo de 2005 y los fusiles llegaron a Venezuela en junio de 2006. O sea que no «acaba de venderle», pero el caso es seguir diciéndolo durante mucho tiempo para que parezca que todos los años Chávez compra 100 000 fusiles.

El intento de consolidar la imagen de un Hugo Chávez hostil a la comunidad internacional le lleva al diario *El Mundo*, el 2 de julio de 2007, a publicar una noticia de su corresponsal en Moscú sobre una gira del Presidente venezolano. Ese diario comienza titulando: «El líder venezolano culmina en Teherán su gira antiamericana» y dentro del texto utiliza de nuevo «gira antiamericana», «antiamericanismo más visceral» y «soflama más antiamericana». El periodista olvida que Chávez y su país, Venezuela, son americanos; no puede dedicarse al antiamericanismo. Confunde a los Estados Unidos con toda América. Además, en el mismo texto afirma el periodista que «Chávez es uno de los contados mandatarios que apoya los planes nucleares de Irán». Hay que aclarar que en la Cumbre del Movimiento de países No Alineados de septiembre del año 2006, las 117 naciones que se reunieron en La Habana manifestaron su apoyo al programa nuclear iraní.[6] Teniendo en cuenta que la ONU la integran 192 países, lo que el periodista llama «contados mandatarios» son más de la mitad del mundo.

---

[6] «MNOAL defiende en Cuba el derecho Irán a usar energía nuclear», *Irna*, 11 de septiembre de 2006.

Un ejemplo de hasta donde pueden llegar los medios para consolidar la imagen de un Chávez peligroso fue la portada de la revista brasileña *Epoca* una de las semanas del mes de noviembre de 2007. La ocupa una foto de Chávez, y hace falta entrar en el blog de la publicación en Internet para leer lo siguiente:

> Para realizar la portada de esta semana fue hecha una búsqueda de imagen muy específica. El presidente de Venezuela Hugo Chávez tendría que estar con cara amenazadora. Fue muy difícil, él tiene una cara gorda y simpática, no da miedo a nadie. La imagen que más se acercó al objetivo fue en la que él está con boina roja mirando hacia el lado izquierdo. Para dejar la imagen todavía más fuerte, nuestro ilustrador Nilson Cardoso hizo un trabajo de manipulación en la imagen original, hasta llegar a este resultado final.

Es decir, se manipuló la foto de Chávez para que pareciese más fiero y peligroso y aunque lo explicaran en un blog, quienes vieran la portada en los comercios no pudieron saber que les estaban engañando con un fotografía falsa.

La más reciente satanización del presidente venezolano se produjo durante el mes de marzo de 2008 cuando, tras el ataque al campamento guerrillero de las FARC en suelo ecuatoriano, el ejército colombiano comenzó a presentar documentos que, según decía, procedían de una computadora que había salido indemne del bombardeo y que mostraban las pruebas que relacionaban la implicación de Hugo Chávez con la guerrilla y por extensión con el terrorismo. Los medios tomaron sistemáticamente partido por la versión colombiana a pesar de que se trataba de afirmaciones sin pruebas sostenibles puesto que cualquier gobierno podría decir que se ha incautado una computadora con los documentos que «confirmen» la tesis que se desee.

Derechos humanos

Los medios no cejan de presentar a Venezuela como un país donde no se respetan los derechos humanos. El 7 de junio de 2007, los estudiantes venezolanos que se oponían a la decisión del gobierno de no renovar la licencia de un canal de televisión fueron invitados a un debate en el Parlamento o Asamblea Nacional junto a otros estudiantes que defendían la medida. El acto fue difundido por todos los medios de comunicación públicos y privados de Venezuela por instrucción gubernamental. Los opositores no esperaron el debate y, tras exponer su posición, decidieron abandonar la Asamblea. Fuera del edificio, se encontraban movilizados numerosos estudiantes partidarios de uno u otro bando. La salida de este grupo podría generar algún problema de seguridad por lo que lo servicios de orden les brindaron la posibilidad de salir protegidos dentro de un vehículo policial, lo que aceptaron gustosos al comprender la situación. Ello no impidió que siguieran esgrimiendo por la ventana del vehículo sus reivindicaciones.

La salida de los estudiantes protegidos por este coche policial blindado, al que –recordemos– se subieron voluntariamente, fue recogida y difundida mediante una fotografía de la agencia EFE en la que se apreciaba a estos estudiantes enseñando por las ventanas del vehículo policial unos folios que reivindicaban libertad de expresión. Esa foto fue ampliamente utilizada por la prensa venezolana al día siguiente, el 8 de julio. Así, el diario *El Nacional* recurrió a ella con este ambiguo pie: «El debate se fue en jaula de la PM [policía metropolitana]». Por su parte, *El Universal* la publicaba con estas palabras: «Y así se fueron los muchachos», sin explicar que iban voluntariamente y protegidos.

Lo más asombroso fue el diario colombiano *El Tiempo*. En él también la publicaron el mismo día con el siguiente título y texto a modo de pie de foto: «Protestas estudiantiles en Venezuela. Estudiantes venezolanos fueron detenidos por la Policía frente al Palacio Legislativo, en Caracas, por protestar a favor de la libertad de expresión».

En conclusión: un gobierno invita a estudiantes opositores a exponer sus posiciones en el Parlamento, ordena difundir su discurso por todos los medios de comunicación, los escoltan policialmente a la salida y lo que publica la prensa es que fueron detenidos por la policía. De este modo, presentaban falsamente la imagen de un gobierno represor.

La obsesión sobre Venezuela puede rozar la paranoia con el objetivo de sembrar el pánico entre los ciudadanos. El 20 de octubre de 2007, en el canal de televisión venezolano *Globovisión*, entrevistan al líder del partido Acción Democrática, Henry Ramos. El político expresa su indignación porque Chávez plantea disminuir la mayoría de edad a los dieciséis años. Según este opositor, eso provocará que los muchachos vayan al ejército a esa edad y a la guerra a luchar en Irán, «a morir a un país islámico donde no se les ha perdido nada». Es el mundo al revés porque los únicos muchachos que van a morir a un país islámico en el que no se les ha perdido nada, son los estadounidenses y latinoamericanos que se encuentran en Irak y Afganistán en las filas del ejército de los Estados Unidos, cuyo gobierno es el que más apoya a los opositores de Chávez.

Veamos cómo han sido tratados algunos hechos violentos sucedidos en Venezuela en noviembre de 2008, vísperas del referéndum para la reforma constitucional. Los medios introducían así un teletipo de *EFE* para contar los acontecimientos con un sensacionalismo que sólo buscaba proyectar una imagen de caos y represión:

> Mientras decenas de miles de estudiantes toman las calles de Venezuela en protesta por la reforma constitucional del «Gorila rojo», que no es más que una pseudo-consulta para perpetuarse en el poder, la situación política y social va caldeándose. Tanto así que la refriega de ayer tuvo como resultado trágico dos muertos asesinados por los brigadistas chavistas y decenas de heridos. Venezuela es un polvorín a punto de estallar.

El 8 de noviembre de 2007 los medios difundieron que unos pistoleros chavistas habían disparado contra unos estudiantes opositores en la Universidad Central de Venezuela. *El País*, el 9 de noviembre, afirma que «Las protestas contra la reforma constitucional del presidente Hugo Chávez se agravaron en la madrugada del miércoles, cuando un grupo de pistoleros enmascarados disparó contra estudiantes opositores en el campus de la Universidad Central de Venezuela, la más grande del país». Sin embargo en el canal *Telesur* pudimos ver a un estudiante antichavista, que forma parte de un grupo que tiene asediados a varios estudiantes partidarios de Chávez y de la reforma constitucional, y que dice «de aquí no nos vamos hasta que no salga por lo menos uno, y que lo torturemos para sacarlos a todos: ¿oyeron?, porque aquí necesitamos paz y libertad; no esa reforma que a nadie le gusta: justicia por favor». Eso decían quienes los medios consideraban las víctimas.

Pocos días después, el 26 de noviembre, unos manifestantes contra la reforma constitucional propuesta por el presidente venezolano protestaban desde las primeras horas provocando disturbios y cortando el tráfico de acceso a su urbanización, en el municipio Guacara, en el estado venezolano de Carabobo. En ese momento se encontraron con unos trabajadores de la empresa estatal Petrocasa que intentaban llegar a su lugar de trabajo. Los operarios llevaban camisetas rojas alusivas al nombre de la empresa y a la identificación del proyecto cooperativo de construcción de 400 casas. En Venezuela llevar una camiseta roja es un signo claro de simpatizar con el chavismo. Los manifestantes opositores, al descubrir a ese grupo ideológicamente opuesto, les dispararon con armas de fuego y mataron al trabajador José Oliveros Yepez, de 19 años, que fue alcanzado en el antebrazo y en la espalda.

La noticia de un muerto partidario de Chávez a manos de manifestantes opositores no se ajustaba bien a la matriz que los medios desean crear sobre Venezuela, donde los violentos son los progubernamentales y las víctimas, inocentes ciudadanos opositores. Por ello, *El País*, directamente la ignora y *El Mundo*, lo cuenta del siguiente modo mediante un texto firmado por *EFE* y *Reuters*. Se observa que con el título no logramos saber quién ha disparado ni de qué bando es el fallecido, dato importante sin duda: «Un venezolano muere de un disparo durante unas protestas contra Hugo Chávez». Incluso la lectura del titular sugiere que el muerto es antichavista, puesto que pierde la vida en una protesta contra Chávez.

Primer párrafo:

> Un hombre murió asesinado a consecuencia de un disparo durante las protestas contra el presidente venezolano Hugo Chávez, que pretende reformar la Constitución para poder ejercer un mandato ilimitado en el país, en un referéndum que se celebrará el próximo domingo.

Seguimos sin saber si el asesinado es opositor o defensor de la reforma, ni quién le ha disparado; eso sí, nos recuerdan por enésima vez que Chávez se enfrenta a la protesta por querer reformar la Constitución para «ejercer un mandato ilimitado», lo cual no es del todo exacto, el proyecto consta de 69 reformas del articulado y lo que llaman «mandato ilimitado» es la reforma del artículo 230 que queda textualmente así: «Artículo 230. El período presidencial es de siete años. El Presidente o Presidenta de la República puede ser reelegido o reelegida».

Segundo párrafo:

> José Oliveros Yépez, de 19 años, fue disparado en el antebrazo y en la espalda mientras intentaba conducir su camión en las inmediaciones de un lugar bloqueado por los manifestantes contrarios a Chávez, en el estado de Carabobo.

Parece que la víctima no era manifestante, pero seguimos sin descubrir si murió por estar afiliado a algún bando (como así sucedió) ni quien le disparó.

Tercer párrafo:

> El vicepresidente, Jorge Rodríguez, señaló que unas 80 personas han sido detenidas en «actos de violencia» en diferentes zonas de este estado y en poblaciones colindantes. Rodríguez prefirió no dar más información.

Logramos saber que la policía detiene a manifestantes que el gobierno acusa de «actos de violencia». Nada más.

Cuarto párrafo:

> El suceso ocurrió esta mañana en el barrio Ciudad Alianza, en Guacara, cuando trabajadores de la empresa estatal Petrocasa intentaban llegar a su lugar de trabajo y chocaron con grupos opositores que obstruían el paso en la zona para rechazar la reforma, según datos de la prensa local.

Los lectores españoles ya saben el barrio, la ciudad, y el Estado de Venezuela donde sucede. También que la víctima trabajaba para una empresa estatal y que «chocó con grupos opositores». Lo que faltó decir es que chocó concretamente con las balas disparadas por el grupo opositor.

El resto de la noticia son declaraciones del vicepresidente Jorge Rodríguez y de Hugo Chávez. No hay más información sobre el suceso. Los lectores se quedarán sin saber con seguridad la filiación de la víctima y la autoría de los disparos.

Vale la pena recordar un último caso. El 3 de noviembre, *El País*, titulaba: «Al menos dos estudiantes mueren durante una protesta entre chavistas y antichavistas en Venezuela». En aquella ocasión los grupos partidarios del gobierno ni fueron responsables de las muertes ni se encontraban en el conflicto. Los dos fallecidos eran opositores al gobierno y murieron en un enfrentamiento entre miembros del partido Un Nuevo Tiempo (del gobernador de Zulia, Manuel Rosales) y COPEI (partido socialcristiano que gobernó en dos oportunidades y que se ha rebautizado como «Partido Popular» por sus relaciones con el PP español).

Como se puede comprobar, tanto si los muertos son partidarios de Chávez, como si quienes disparan son opositores, los medios terminan colgándole el *sanbenito* al gobierno venezolano.

Ahora por Chávez

Ya tenemos presentado a través de los medios a un gobierno peligroso y rearmado, que viola los derechos humanos en su país y reprime y asesina a opositores. El siguiente paso es comenzar a insinuar la intervención internacional para liberar a ese pueblo de la dictadura y al mundo de la amenaza.

En julio de 2007 en su suplemento de ocio EP3, el diario *El País*, promociona un videojuego para ordenador personal denominado «Mercenaries 2». En la página promocional se explica así el juego:

> Un grupo de soldados de fortuna pone sus botas en mitad de la selva con el fin último de derrocar al gobierno de un tirano que se ha hecho poderoso sentado sobre miles de barriles de petróleo. Amparados en el caos de un país sumido en la violencia, este retén de mercenarios llegará hasta la capital para doblegar a un dictador descontrolado y peligroso.

Según el diario, «el país en el que se desarrolla el título es Venezuela y las semejanzas son más que evidentes…», insinuando así que Hugo Chávez es un «tirano que se ha hecho poderoso sentado sobre miles de barriles de petróleo».

El País incluye también en su web un vídeo promocional de un minuto y cuarenta segundos del juego que sitúa, mediante el texto «Welcome to Venezuela», la invasión en este país. Incluso algunas imágenes resultan familiares de Caracas. Aunque la empresa diseñadora del videojuego ha explicado que ellos no tienen ningún vínculo con el gobierno estadounidense, en su última nota de prensa afirmó que «pese a que un conflicto no necesariamente tiene que estar pasando, es lo suficientemente realista para creer que eventualmente podría pasar».

De esta forma *El País* se une a la promoción del videojuego que compara al Presidente de Venezuela con un dictador y en el que los jugadores tienen como misión derrocarlo violentamente mediante comandos de mercenarios.

Vale la pena recordar que, a principios de octubre de 2001, justo cuando iba a comenzar la invasión de Afganistán, la cadena de noticias ABC presentaba un videojuego donde aparecía un simulacro de bombardeo sobre la topografía marrón y rocosa de lo que se suponía que era Afganistán.

Los medios no regatean adjetivos para el satanizado. Basta ver el titular del «Perfil político de Hugo Chávez» de *El Mundo*, el 1ro. de diciembre de 2007: «Una "bestia negra" imbatible». Puede darnos una idea de la neutralidad del perfil que nos presentarán del presidente venezolano.

En marzo de 2005, en un programa del *Canal 22* de Miami (cable), el actor venezolano Orlando Urdaneta llamó a asesinar a Chávez «con un fusil de mira telescópica». Y días después, en el mismo programa, el ex agente de la CIA, Félix Rodríguez, –el mismo que cortó las manos del Che Guevara tras ser capturado en Bolivia– propuso acabar con la vida de Chávez. «Lo pueden hacer en un ataque militar con un avión»:[7] dijo.

PASCUAL SERRANO

Periodista. En 1996 fundó la publicación electrónica *Rebelión*, que hoy funciona como diario alternativo en Internet. Durante 2006 y 2007 fue asesor editorial de Telesur. Colabora en una decena de publicaciones latinoamericanas sobre temas de comunicación y política internacional. Es coautor de los libros *Periodismo y crimen* y *Washington contra el mundo*, y compilador de *Mirando a Venezuela*. Autor también de *Perlas. Patrañas, disparates y trapacerías en los medios de comunicación* y *Perlas 2. Patrañas, disparates y trapacerías en los medios de comunicación*, ambos editados en España por la editorial El Viejo Topo. En Cuba y Venezuela se editó una versión adaptada del primero de ellos: *Juego Sucio. Una mirada a la prensa española*.

---

[7] José Steinsleger: «De la libertad de expresión y otros cuentos», *La Jornada*, 23 de mayo de 2007.

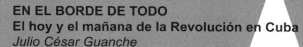
Cuba

EN EL BORDE DE TODO
El hoy y el mañana de la Revolución en Cuba
Julio César Guanche

A partir del discurso de Fidel Castro en noviembre de 2005, que alerta sobre la posible reversibilidad del socialismo en Cuba a manos de «errores propios» de la construcción revolucionaria, surge este abierto debate.

Quienes participan en este libro construyen un diálogo complejo sobre cuestiones propias de las revoluciones en general y en particular de la cubana. Es una afirmación de cómo las soluciones revolucionarias solo pueden encontrarse en la discusión colectiva y la participación ciudadana.

368 páginas, ISBN 978-1-921235-50-4

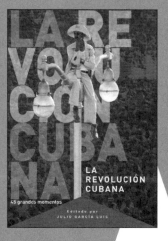

LA REVOLUCIÓN CUBANA
45 grandes momentos
Editado por Julio García Luis

La Revolución cubana es uno de los acontecimientos que define el perfil del siglo xx. Para comprender la acción de Fidel Castro, sus compañeros de lucha y su pueblo, por vez primera un texto reúne documentos emblemáticos de 45 grandes momentos del proceso que transformó el status de la isla, de neocolonia de los Estados Unidos en abanderada de la revolución y el socialismo. Una obra necesaria para todo investigador o académico. Documentos que ayudan a explicar por qué Cuba ha sobrevivido al colapso de la URSS y Europa del Este.

360 páginas, ISBN 978-1-920888-08-4

LA REVOLUCIÓN DEL OTRO MUNDO
Cuba y Estados Unidos en el horizonte del siglo XXI
Jesús Arboleya

Una reflexión sobre la condición colonial, el sistema de dominación neocolonial y el tránsito al socialismo. El autor analiza la historia convergente de Cuba y Estados Unidos, que nos lleva a entender el fenómeno de la revolución en un mundo globalizado. Reivindica la importancia de la dialéctica en los análisis políticos y sociales contemporáneos.

308 páginas, ISBN 978-1-921235-01-6

www.oceansur.com ★ info@oceansur.com

CENTROAMÉRICA

UNA GUERRA PARA CONSTRUIR LA PAZ
Schafik Handal

Breve reseña del proceso revolucionario que estremeció a El Salvador. Incluye un ensayo histórico elaborado por Schafik sobre las causas, el desarrollo y desenlace de la guerra revolucionaria. Contiene documentos que denuncian los incumplimientos de los Acuerdos de Paz por parte del gobierno y reflexiona sobre la estrategia y táctica de la izquierda salvadoreña en la etapa de lucha político electoral abierta en 1992.

150 páginas, ISBN 978-1-921235-13-9

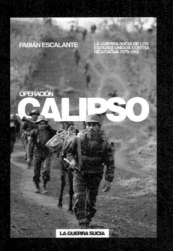

OPERACIÓN CALIPSO
La guerra Sucia de los Estados Unidos contra Nicaragua 1979-1983
Fabián Escalante

Poco o nada se ha escrito sobre la Guerra Sucia desarrollada por parte de los Estados Unidos y sus aliados del área contra la Revolución nicaragüense desde el mismo momento de su victoria. El libro narra un periodo de esta Guerra Sucia, verdadero terrorismo de Estado, en el cual un pequeño país enfrentó al imperio más poderoso que ha existido.

240 páginas, ISBN 978-1-920888-57-2

CON SUEÑOS SE ESCRIBE LA VIDA
Autobiografía de un revolucionario salvadoreño
Salvador Sánchez Cerén (Leonel González)

Recoge la ejemplar trayectoria de Salvador Sánchez Cerén, «Comandante Leonel González», quien a través de su memoria describe sus pasos por las luchas sociales y por la guerrilla salvadoreña, guiado por ideales humanistas y revolucionarios. Su vida es como una gran fotografía llena de detalles que muestra a lectoras y lectores como la razón y la pasión, cuando caminan unidas, pueden hacer de las personas conductoras de pueblos, líderes para una mejor humanidad.

235 páginas + 20 páginas de fotos, ISBN 978-1-921235-85-6

www.oceansur.com ▪ info@oceansur.com

El Consejo de los Movimientos Sociales del ALBA

JOSÉ MIGUEL HERNÁNDEZ

Las voluntades integracionistas latinoamericanas tienen sus antecedentes más lejanos a finales del siglo XVIII e inicios del XIX, en la etapa de crisis del colonialismo español que desemboca en la guerra de independencia.[1] Aunque la unidad de las nacientes repúblicas americanas era necesaria para enfrentar los retos económicos, políticos y sociales derivados de la independencia de España, y a la vez para defenderse de la codicia, la voracidad y la pretensión expansionista demostrada por los Estados Unidos hacia la región, diversos factores incidieron en el fracaso de ese proyecto.[2]

Durante la primera mitad del siglo XX, también se evidenció la incapacidad de las burguesías latinoamericanas para liderar auténticos procesos de integración regional. Esa etapa se caracterizó por la acción conjunta entre las burguesías locales y los monopolios imperialistas, que generaron altos niveles de dependencia económica

---

[1]   El primer proyecto de integración de lo que es hoy América Latina documentado en la historia es el «Plan para la forma, organización y establecimiento de un gobierno libre e independiente en la América meridional», redactado en 1790 por Francisco de Miranda, y las ideas más integrales en esta materia concebidas durante la guerra de independencia son las de Simón Bolívar, contenidas en el «Manifiesto de Cartagena de 1812», en la «Carta de Jamaica de 1815» y en su epistolario. Consúltese a Sergio Guerra Vilaboy: «Antecedentes históricos de la Alternativa Bolivariana para la América», *Contexto Latinoamericano* no. 1, México D. F., 2006, pp. 149-162. [*N. del E.*]

[2]   Las presiones y amenazas de Gran Bretaña y los Estados Unidos, las contradicciones entre grupos de intereses regionales criollos, y la insuficiente base de desarrollo capitalista para sustentar tal proyecto, hicieron fracasar los planes integracionistas de Simón Bolívar, que alcanzan su máxima expresión en el Congreso Anfictiónico, celebrado en Panamá del 22 de junio al 15 de julio de 1826. Ibídem. [*N. del E.*]

y política, y nefastas consecuencias sociales.[3] Es durante las décadas de 1960 y 1970 que los esfuerzos integracionistas latinoamericanos adquieren mayor madurez, sin llegar a convertirse en procesos acabados. Esos esfuerzos se caracterizaron por su esencia exclusivamente comercial y la falta de una efectiva participación social, pese a que, desde el punto de vista formal, esto último se reflejaba en sus documentos. Tal es el caso de la Asociación Latinoamericana de Libre Comercio (1960), el Mercado Común Centroamericano (1960), el Pacto Andino (1969) y el Mercado Común del Caribe (CARICOM, por sus siglas en inglés, 1973).

El Mercado Común del Sur (MERCOSUR, 1991) fue fundado en una etapa signada por la contradictoria relación entre la globalización y el surgimiento de bloques regionales. Tres años más tarde, México se une al Tratado de Libre Comercio de América del Norte (TLCAN, 1994), lo que da lugar al primer bloque integracionista que incluye la participación de un país latinoamericano, y de los Estados Unidos y Canadá. El TLCAN es un ensayo, en menor escala, del Acuerdo de Libre Comercio de las Américas (ALCA), el proyecto hegemonista más acabado que los Estados Unidos han pretendido implantar en el continente, cuya versión original fue derrotada por la oposición de los nuevos gobiernos de izquierda y progresistas surgidos en América Latina y el Caribe, y por la resistencia de los movimientos sociales organizados en la Campaña Continental contra el ALCA.

En diciembre de 2004, después de la derrota del ALCA[4] y de su relanzamiento mediante la figura de los tratados de libre comercio (TLC),[5] se crea la Alternativa

---

[3] La Primera Guerra Mundial y la Gran Depresión de 1929-1933 destruyen el esquema de subordinación económica al que las débiles burguesías latinoamericanas se acostumbraron después de la independencia –proceso concluido en 1826– y sobre todo durante el último tercio del siglo xix. La masiva destrucción de fuerzas productivas ocasionada por ambos acontecimientos interrumpe los flujos de capitales y mercancías hacia la región, que queda «abandonada a su suerte». La reacción de las burguesías latinoamericanas fue unir sus propias fuerzas con la de los Estados para emprender proyectos *desarrollistas* basados en el fomento de la industria y el mercado nacionales. En la última etapa de este medio siglo, el incremento de la demanda de productos primarios provocado por la Segunda Guerra Mundial (1939-1945) benefició a América Latina con una sustancial elevación de sus exportaciones, no así con las importaciones de productos industriales que las potencias en conflicto destinaban por completo a la guerra. Por estas razones, no estaban maduras las condiciones para que América Latina y el Caribe emprendiesen proyectos de integración regional. Consúltese a Roberto Regalado: *América Latina entre siglos: dominación, crisis, lucha social y alternativas políticas de la izquierda* (edición actualizada), Ocean Sur, Melbourne, 2006, pp. 133-144. [*N. del E.*]

[4] La derrota del ALCA se consumó en la reunión Ministerial sobre Economía y Finanzas de las Américas celebrada en noviembre de 2003. [*N. del E.*]

[5] Ante el fracaso del ALCA, el gobierno de los Estados Unidos adoptó una nueva estrategia, consistente en promover la firma de tratados bilaterales y subregionales de libre comercio (TLC), con todos aquellos países y grupos de países latinoamericanos y caribeños que estuviesen dispuestos a hacerlo. [*N. del E.*]

Bolivariana para los Pueblos de Nuestra América (ALBA), impulsada por los gobiernos de Cuba y Venezuela, a los que luego se suman los gobiernos de Bolivia, Nicaragua y Dominica. A diferencia de los esquemas integracionistas hasta entonces conocidos, el ALBA se fundamenta en la concepción del comercio como instrumento para lograr el desarrollo justo y sustentable. Por ello, tiene en cuenta las asimetrías económicas y sociales entre países, y prioriza la solidaridad, la cooperación y la complementación.

Por cuanto el objetivo supremo del ALBA es el beneficio de los pueblos, la participación social constituye un elemento esencial de su concepción, estructura y funcionamiento, que sirve de complemento a la acción de los gobiernos miembros y como canal para beneficiar a los sectores más necesitados de los países que no forman parte del mismo. La más clara muestra de la importancia atribuida a la participación popular en las decisiones del ALBA es la creación del Consejo de los Movimientos Sociales de ese mecanismo, lo que significa una innovación política en el historial integracionista de la América Latina y el Caribe.

La iniciativa de crear el Consejo de los Movimientos Sociales (CMS) de la Alternativa Bolivariana para los Pueblos de Nuestra América-Tratado de Comercio de los Pueblos (ALBA-TCP),[6] fue anunciada por el presidente venezolano, Hugo Chávez, en la V Cumbre de ese mecanismo, efectuada en Barquisimeto, Venezuela, en abril de 2007, en un acto que contó con la participación de activistas sociales y dirigentes políticos de América Latina y el Caribe. De forma simbólica, allí se creó un primer Consejo Provisional del CMS.

A partir de la idea del presidente Chávez, el Consejo de Ministros del ALBA-TCP, en su reunión efectuada en La Habana en septiembre de 2007, acordó proponer al Consejo de Presidentes que el núcleo inicial del CMS estuviese formado por Consejos Nacionales creados a tal efecto en los países miembros, que en ese momento eran Bolivia, Cuba, Nicaragua y Venezuela. Ese núcleo se reunió por primera vez durante la VI Cumbre, celebrada en Caracas, en enero de 2008, en la cual fueron establecidos la composición, objetivos, atribuciones, tareas, normas y procedimientos del CMS.

El CMS ocupa en la estructura del ALBA-TCP un lugar jerárquico equivalente al del Consejo de Ministros, ambos subordinados al Consejo de Presidentes. Su función fundamental es mantener informado a este último sobre los intereses y las prioridades de los sectores populares a los que deben responder los proyectos que se aprueben y ejecuten, no solo en los países miembros, sino también en beneficio de otros pueblos de la región. Por esta última razón es que, aunque el núcleo inicial

---

6   A partir de la incorporación del gobierno de Bolivia, presidido por Evo Morales, en 2006, este mecanismo de integración fue rebautizado con el nombre Alternativa Bolivariana para los Pueblos de Nuestra América-Tratado de Comercio de los Pueblos, debido a que esta última definición incorpora la cosmovisión de los pueblos indígenas. [*N. del E.*]

del CMS permanente fue integrado por los Consejos Nacionales de Bolivia, Cuba, Nicaragua y Venezuela –y ahora de Dominica–, el mismo está abierto a la incorporación de movimientos, redes y campañas, locales, nacionales y regionales, de toda América Latina y el Caribe, que se identifiquen con los principios del ALBA y estén dispuestos a colaborar con su materialización.

Con el CMS del ALBA-TCP nace un nuevo escenario de actuación para los movimientos sociales, que no solo cumple la importante función de servir de canal con los gobiernos, sino que posibilita y potencia su participación directa en el diseño y ejecución de la colaboración, lo cual constituye, como ya hemos dicho, una innovación política en la historia de América Latina y el Caribe.

El reto es hacer de ese espacio un instrumento efectivo de ampliación de la voluntad integradora de los gobiernos miembros y demostrar la capacidad de los pueblos para trabajar en beneficio propio.

JOSÉ MIGUEL HERNÁNDEZ

Funcionario del Departamento de Relaciones Internacionales de la Central de Trabajadores de Cuba, miembro del Capítulo Cubano de la Alianza Social Continental y del Capítulo Cubano del Foro Social Mundial, y coordinador del Consejo Nacional cubano de los Movimientos Sociales del ALBA.

I Encuentro de Mujeres Zapatistas con mujeres de todo el mundo

GLADYS ALFARO

El levantamiento del Ejército Zapatista de Liberación Nacional (EZLN),[1] generó grandes esperanzas en México. Fue un llamado a la lucha no solo local, sino también nacional e internacional. Este acontecimiento marca el comienzo de una nueva etapa en la historia de las y los indígenas, las y los oprimidos, y las y los excluidos. Su lema «luchar por la dignidad» o «morir por la justicia» encarna las demandas enarboladas por esta organización en materias tan sensibles como la salud, la educación, la cultura y la tierra.

El proyecto de construcción de la autonomía zapatista se concreta con la fundación de los caracoles[2] y las Juntas de Buen Gobierno,[3] que revierten, en los territorios bajo su control, las consecuencias del incumplimiento de los Acuerdos de San Andrés por parte del gobierno de México.[4]

---

[1] El EZLN salió a la luz pública en el estado mexicano de Chiapas, el 1ro. de enero de 1994, al tomar el control de varias cabeceras municipales. Su lucha es en defensa de los derechos negados históricamente a los pueblos indígenas mexicanos, por la construcción de un nuevo modelo de nación, democrático, libre y justo, y por la articulación de una red de resistencias y rebeldías en nombre de la humanidad y contra el neoliberalismo. [N. del E.]

[2] Los caracoles, creados en 2003, son las regiones organizativas de las comunidades autónomas zapatistas. [N. del E.]

[3] Las Juntas de Buen Gobierno (JBG) se forman con representantes de los Municipios Autónomos Zapatistas, que forman parte de cada caracol. Sus miembros son rotativos y reemplazables. [N. del E.]

[4] Los Acuerdos de San Andrés sobre Derechos y Cultura Indígena están contenidos en un documento firmado el 16 de febrero de 1996 por el gobierno de México y el EZLN. En ese documento el gobierno mexicano se comprometía a modificar la Constitución nacional para otorgar derechos, incluida la autonomía, a los pueblos indígenas de México y atender las demandas en materia de justicia e igualdad para los pueblos indígenas y los pobres del país. La firma de estos acuerdos ocurrió en el poblado de San Andrés Larráinzar, Chiapas, después de varios años de negociaciones iniciadas a raíz del levantamiento zapatista. El responsable del incumplimiento de esos acuerdos fue el gobierno de Ernesto Zedillo. [N. del E.]

El movimiento zapatista, que a lo largo de catorce años ha resistido los embates de tres gobiernos mexicanos, establece relaciones solidarias con otros movimientos y organizaciones sociales, con el fin de fortalecerse; pero muchas veces esta solidaridad veía al zapatismo con un prisma estrecho, como si fuese un conjunto de grupos menores y dispersos, sin colocar en el primer plano sus objetivos, acciones y pronunciamientos.

En 2006, La Otra Campaña[5] amplió y profundizó los lazos del movimiento zapatista con las luchas en otras partes de México, como las de San Salvador de Atenco.[6] En esa misma dirección, el I Encuentro con los Pueblos del Mundo, efectuado en diciembre de ese año, puede considerarse como punto de partida en la apertura de nuevos espacios de entendimiento, hermandad y apoyo al zapatismo en el ámbito internacional. Le siguió un II Encuentro, celebrado seis meses después con la participación de dirigentes de la Vía Campesina, en el que se crearon las condiciones para un diálogo entre ambos movimientos, que, pese a tener culturas políticas y formas organizativas distintas, poseen una perspectiva común.

Uno de los pasos más importantes para estrechar esta relación fue la participación de una delegación de mujeres de Vía Campesina en el I Encuentro de Mujeres Zapatistas con Mujeres de México y con Mujeres del Mundo, realizado en el caracol La Garrucha, en Chiapas, del 28 al 31 de diciembre de 2007. Otra acción de trascendencia fue el vínculo establecido entre la Marcha Mundial de Mujeres (MMM) y la Coordinadora Latinoamericana de Organizaciones del Campo (CLOC) con el fin de unificar sus objetivos de lucha. Ambas organizaciones formularon una posición común de defensa del acceso de las mujeres a la tierra, al agua, a las semillas –o sea, al territorio– y de reconocimiento a su contribución y sabiduría en la producción, preparación y distribución de los alimentos. La invitación a que las integrantes de la Marcha nos sumáramos a la delegación de mujeres de Vía Campesina que participa-

---

[5] La Otra Campaña es la gira emprendida por el EZLN a través de todo el territorio de México, con el objetivo de fortalecer sus relaciones con los más diversos movimientos políticos y sociales del país. Esta gira fue una acción política alternativa a la campaña presidencial que concluyó con el fraude cometido por el gobierno de Vicente Fox y el Partido Acción Nacional contra Andrés Manuel López Obrador, en los comicios del 2 de julio de 2006. La posición asumida por La Otra Campaña con relación a esos comicios era promover la abstención, sobre la base de que ninguno de los candidatos resolvería los problemas de fondo que afectan a la sociedad mexicana. [N. del E.]

[6] Los días 3 y 4 de mayo de 2006, mientras el EZLN se encontraba inmerso en actividades de La Otra Campaña en la Ciudad de México, se produjo el movimiento de resistencia de los pobladores de las localidades de Texcoco y San Salvador de Atenco, en el estado de México, contra la expropiación de tierras por parte del gobierno con el propósito de construir un nuevo aeropuerto internacional que ofreciese sus servicios a la capital federal. La represión policial arrojó un elevado saldo de muertos, heridos y detenidos pertenecientes al Frente de Pueblos en Defensa de la Tierra, conocidos como los «Macheteros», por lo que ha quedado registrado con el nombre de La Masacre de Atenco. [N. del E.]

ría en el Encuentro, fue aceptada con mucha alegría y forma parte de esta trayectoria de trabajo común.

El I Encuentro de Mujeres Zapatistas –también III Encuentro de Zapatistas (hombres y mujeres) con los Pueblos del Mundo–, fue el primer evento realizado por mujeres en los catorce años transcurridos desde la rebelión del EZLN. Este es, sin dudas, un paso importante en la lucha contra la desigualdad de género. Como integrantes de un movimiento mixto (de mujeres y hombres), tradicionalmente liderado por hombres e influido por las ideas y costumbres de una sociedad patriarcal, las mujeres zapatistas, nos enfrentamos al desafío de construir un espacio para nosotras desde la visión de igualdad. En este sentido, el referido Encuentro brindó una oportunidad especial para que las que compañeras zapatistas –autoridades comunitarias y algunas capitanas militares del EZLN– compartieran avances y retos, entre ellas y con mujeres de organizaciones mexicanas y de otros países.[7]

La situación de las mujeres en las comunidades zapatistas mejoró de manera significativa con el establecimiento –anterior al levantamiento de 1994– de la «Ley Revolucionaria de Mujeres»,[8] emitida por el EZLN y llevada a la práctica desde su aprobación. En aquellos lugares donde antes las niñas no estudiaban porque se consideraba que no necesitaban educación, hoy van a las escuelas autónomas zapatistas junto a sus hermanos; donde las muchachas eran obligadas a tener sexo con los dueños de la plantación antes de los casamientos arreglados, ahora se casan con quien quieren, sin ser violadas por sus patrones –que ya no existen, pues en 1994 los zapatistas recuperaron grandes parcelas de terreno que les habían sido robadas a las comunidades indígenas–; donde las mujeres trabajaban sin recibir pago, o por los restos de comida de las casas de los dueños de la plantación –lugares en los que estaban en constante riesgo de violencia sexual y embarazo como resultado de violaciones–, ahora trabajan en sus comunidades y familias; donde sus maridos no les permitían salir de la casa, ahora ocupan posiciones de responsabilidad y participan activamente de la vida comunitaria.

Aún así, pese a todos los avances alcanzados desde el levantamiento zapatista, la desigualdad entre mujeres y hombres es todavía muy fuerte, y la discriminación de las mujeres es evidente en las esferas pública y privada. Los hombres aún son reticentes a dejar a las mujeres salir de la casa y ellas son aún responsables de todo el trabajo doméstico, del cuidado de los niños y la preparación de los alimentos, a pesar de que «los hombres ayudan un poquito más ahora», según explica Sandra, la promotora de salud del caracol Oventik. Todavía, las mujeres constituyen una minoría en todos los niveles de la autonomía zapatista y son ridiculizadas por hom-

---

7   De 3 mil participantes en el Encuentro, alrededor del 70% eran mujeres.

8   Ver: *Regeneración Radio* (www.regeneracionradio.org).

bres que dudan de su capacidad de liderazgo, de toma de decisiones y de asumir responsabilidades en la comunidad.

Todas quedamos impresionadas por los relatos y por la convivencia en los días del Encuentro. Estas experiencias fortalecieron nuestra voluntad de luchar para que lo mismo suceda en otras partes del mundo, y para defender de las agresiones a los caracoles y territorios zapatistas. Por estas razones, decidimos hacer un pronunciamiento común que compartimos con nuestras activistas en todo el mundo.

Pronunciamiento de La Garrucha

Militantes de La Marcha Mundial de Mujeres y de la Vía Campesina

Buenas tardes a todas las mujeres que participan en este Primer Encuentro entre las Mujeres Zapatistas y las Mujeres del Mundo.

Mujeres de varias partes del mundo, militantes de la Marcha Mundial de Mujeres y de Vía Campesina, solidarias con el proceso de lucha de las mujeres zapatistas, estamos muy contentas de estar en este evento. Su carácter internacional y la honestidad conque las compañeras compartieron sus experiencias, permiten globalizar la lucha de las mujeres de todo el mundo y apoyar su proceso como mujeres zapatistas y del movimiento zapatista en general.

En este encuentro, en el que hemos adquirido toda una experiencia política, han reconocido sus múltiples avances pero también que aún tienen mucho camino que recorrer, siempre con la confianza de que sí es posible construir un mundo con relaciones de igualdad, justicia y con la esperanza de cambiar las relaciones sociales y económicas, la vida cotidiana y la cultura de opresión, explotación y represión que padecemos.

Estamos enteradas de las agresiones que ha sufrido el movimiento zapatista y que se han agudizado últimamente en la zona de Montes Azules, el poblado de Nuevo Momon, la reserva ecológica del Huitepec, y en muchos otros lugares. Son atacados en una guerra oculta con fuerzas paramilitares de campesinos cooptados y entrenados por el ejército federal del mal gobierno, que trata de despojar a los caracoles y municipios autónomos de su base territorial, tratando de poner en entredicho la existencia misma del proyecto político zapatista, al que nosotras vemos como una alternativa nacional e internacional.

Ante estos hechos, expresamos nuestro firme compromiso de vigilar con atención lo que suceda, difundir por todas partes del mundo la experiencia zapatista y las agresiones de que son objeto, de la misma manera que lo haremos respecto a sus objetivos de autodeterminación como mujeres zapatistas, y de la autonomía de los pueblos, que sólo pueden construirse sobre la base de la autonomía de sus territorios.

¡Estaremos en la lucha con las mujeres zapatistas hasta que todas las mujeres del mundo seamos libres!

¡Ramona vive!

¡La lucha sigue!

¡Ramona vive y vive!

¡La lucha sigue y sigue!

La Garrucha, Chiapas, México, 31 de diciembre de 2007

GLADYS ALFARO

Miembro del Comité Internacional de la Marcha Mundial de Mujeres y de su Coordinación Nacional en México.

El Día de Acción Global

RUBENS DINIZ

En el momento en que redactamos estas notas sobre el Día de Acción Global, celebrado el 26 de enero del presente año por iniciativa del Foro Social Mundial (FSM), aún se siguen recibiendo informaciones y cifras sobre las acciones realizadas en esa fecha. Los datos iniciales indican que centenares de miles de personas participaron en las 2 500 actividades realizadas en más de 80 países del orbe. Por solo citar dos ejemplos, en los Estados Unidos se celebraron 66 acciones y 159 en Brasil. Sin embargo, es importante identificar los límites y las dificultades evidenciadas en esta primera experiencia.

El objetivo inicial del Día de Acción Global era potenciar e interconectar la lucha contra la globalización neoliberal en todo el mundo. Esta iniciativa contribuyó a expandir el alcance del FSM, a vincular ciertas luchas locales y nacionales con el proceso general y a reforzar la idea de que el mismo es un espacio de debate, acción y movilización. Sin embargo, del mismo modo en que hubo aspectos positivos, también se presentaron problemas que obedecen a la naturaleza misma del FSM, en particular, aquellos relacionados con el debate sobre su identidad y perspectivas.

Del debate sobre la periodicidad del FSM al Día de Acción Global

El Día de Acción Global surgió como resultado de un acalorado debate sobre la periodicidad de los Encuentros del FSM ocurrido en la reunión del Consejo Internacional celebrada en Parma, Italia, en 2006. Su convocatoria fue la salida encontrada para el *impasse* en que cayó ese debate. Con otras palabras, fue una solución que permitió armonizar la relación entre el evento mundial y el tiempo que necesitarían los movimientos sociales para organizar y coordinar sus luchas, y así evitar un vacío entre uno y otro Foro.

Hoy es posible sacar tres conclusiones: la primera es que por positiva que haya sido la realización del Día de Acción Global, queda claro que ese recurso no constituye la solución para el problema de la periodicidad de los Encuentros del FSM;

la segunda es que aunque fue convocado con dos años de antelación, ese tiempo no se empleó para garantizar la preparación previa y necesaria en el ámbito de los movimientos sociales; y la tercera es que no contó con una bandera unificadora, más allá del conocido lema «Otro mundo es posible». De esto último se deriva que no se construyó un eje común que le diera sentido político al Día de Acción Global.

La única fuerza que hubiera podido darle un sentido político unificado al Día de Acción Global era la Asamblea Mundial de los Movimientos Sociales. Lamentablemente, esto no sucedió con la intensidad necesaria debido a que, en sus encuentros más recientes, la Asamblea optó por realizar una interminable valoración sobre el FSM de Kenia, y dedicó poca energía a la construcción y difusión del Día de Acción Global.

Por otra parte, los vastos recursos destinados a la Comisión de Comunicación del Consejo Internacional del FSM, para la utilización de nuevas tecnologías de información garantizaron una buena convocatoria pero no hubo el equilibrio financiero necesario para la movilización y la preparación política, lo que provocó que la agenda fuese amplia pero dispersa, carente de una bandera unificadora y de objetivos definidos. Entre otras cosas, faltó enfatizar la contraposición a la Conferencia de Davos que fue el objetivo principal del nacimiento del FSM.

¿Cuáles son las lecciones del Día de Acción Global?

Lo primero es reconocer, como ya afirmaron Ignacio Ramonet, Gustavo Codas y Walden Bello que el mundo ha cambiado desde el nacimiento del FSM. El Foro surge en un contexto caracterizado por las luchas contra el «libre comercio» y los acuerdos asimétricos adoptados por la Organización Mundial del Comercio (OMC), la campaña contra el Área de Libre Comercio de las Américas (ALCA) y las jornadas contra la guerra.

En el nuevo escenario no hay, como al inicio del proceso del FSM, una bandera política que unifique a todos de la misma forma y los desafíos que se presentan son de otra magnitud. Si no tuviéramos en cuenta estos aspectos, nuestra valoración sobre el FSM y el Día de Acción Global, estaría alejada de la realidad.

La nueva realidad es compleja y contradictoria. La hegemonía del imperialismo norteamericano es cada día más cuestionada por los pueblos y naciones. El panorama mundial es de transformación, como lo indica el surgimiento de nuevos polos contestatarios al orden internacional, entre ellos, el proceso de integración de América Latina. Estas transformaciones provocan reacciones violentas del imperialismo, que utilizará todo tipo de armas para mantener su dominación. El desafío del FSM es adecuar sus acciones a la nueva situación internacional, en el que las banderas de lucha ya no cohesionan tanto como en el período anterior. Es imprescindible construir espacios de debate, de convergencia y de unidad para los movimientos sociales y los procesos de transformación en marcha.

En este sentido, el desafío que enfrenta el FSM no es solo definir su periodicidad y armonizar su caótico calendario; por supuesto que esto es necesario, pero no es lo principal. El dilema es, realizar o no, cambios en su estrategia. El FSM necesita dialogar con otros actores, como los partidos políticos y los gobiernos de izquierda y progresistas que buscan construir un camino alternativo al neoliberalismo. La próxima reunión del Consejo Internacional tendrá que debatir estos aspectos.

El Foro Social Mundial aún tiene mucho que contribuir a la lucha política. En este momento es preciso valorizar el principal patrimonio del FSM: ser un espacio articulador de luchas, manifestación del debate de ideas donde respetando las opiniones diversas es posible construir acciones en común.

El proceso del FSM debe adoptar una periodicidad que permita la realización de foros nacionales en un año, foros regionales policéntricos en el otro y en el tercer año la realización del Foro Mundial.

En este contexto, la realización del Día de Acción Global debe estar determinada por la situación existente en el momento que se vaya a realizar, debe ser organizado con mayor flexibilidad, respetar las características nacionales y locales, y evitar convertirse en algo formal, frío, que no contribuya con los movimientos y sus luchas reales. En síntesis, aún con todas las limitaciones señaladas, el Día de Acción Global enriqueció la lucha de los pueblos y fortaleció el patrimonio político del FSM.

RUBENS DINIZ

Psicólogo, miembro del Centro Brasileño de Solidaridad para con los Pueblos y Lucha por la Paz (CEBRAPAZ) y de la Alianza Social Continental (ASC).

Altermundialismo y post-altermundialismo

BERNARD CASSEN

¡2001-2008: siete años de reflexiones!

Según la película de Billy Wilder, «The Seven Year Itch», traducida al francés como «Sept ans de reflexion» (Siete años de reflexiones) y cuya protagonista femenina era la inolvidable Marilyn Monroe, los hombres casados experimentan una «comezón del séptimo año» (traducción literal del título en inglés). A aquellas y aquellos que pudieran ofenderse por la referencia frívola (¿y sexista?) de este número siete en un texto de presentación de las intervenciones de un coloquio, recordaremos que en los relatos de los orígenes y las mitologías, éste nos remite de manera simbólica a la cosa concluida e indica que una acción ha llegado a su fin.

Muchos son los indicios que nos hacen pensar que este giro del séptimo año se aplica a los Foros Sociales Mundiales (FSM) que celebraron sus primeras reuniones en Porto Alegre en enero de 2001, y las últimas, descentralizadas, en enero de 2008. En la actualidad son pocos aquellos que dentro de la mayoría de las organizaciones de vocación altermundialista, encuentran que es todavía incorrecto, desde el punto de vista político, abordar la cuestión. Este no era el caso hace dos o tres años cuando algunos militantes comenzaban a hacer el balance, positivo, en verdad, pero también crítico, de un proceso inédito en la historia de la oposición al neoliberalismo. Para ellos no era cuestión de comezón, de un asunto de epidermis, sino y ante todo una cuestión de fondo: ¿en qué medida la herramienta Foro sería el promotor de profundas transformaciones políticas y sociales?

La tarea que les compete es ardua ya que el formato «Foro» codificado por la Carta de Principios de Porto Alegre de 2002 se había convertido en una especie de vaca sagrada, considerada por tanto, insuperable, ya que se había ampliado e internacionalizado con éxito en algunos lugares, gracias a la celebración de foros sociales continentales (Europa, África, América, Asia), temáticos, nacionales y locales. Las voces que se interrogaban sobre el modo de preparación y el impacto real de algunos foros (sobre todo aquellos que se organizaban en Europa) eran acusadas, entre otras infamias, de «dividir el movimiento social». Aquellas que, de entre la masa desbordada de cientos de proposiciones de los Foros, querían conservar las más sobresalientes y presentarlas en un conjunto coherente con sentido y proyecto global, eran acusadas de autoproclamarse «guías» del «movimiento social» (¡otra vez con lo mismo!) mundial, de querer constituir una nueva internacional, etcétera.

Fue así que el Manifiesto de Porto Alegre, firmado a título estrictamente individual en 2005, por 19 militantes de los cuatro continentes (de ellos dos Premios Nobel), fue más vilipendiado que leído en realidad por muchos catecúmenos de la ortodoxia «Foro», cuando este documento se atenía explícitamente al respeto de los principios de la Carta. Suerte idéntica corrió por cuenta de los mismos, el Llamamiento de Bamako redactado al final de un encuentro organizado por el Foro Mundial de Alternativas (FMA) que había reunido a 200 delegados de movimientos sociales, la mayoría de ellos del Sur, en vísperas del FSM descentralizado que tuvo lugar en la capital de Mali en enero de 2006.

El principio de realidad terminó, empero, por recuperar sus derechos. Por una parte, comprobamos un indiscutible desgaste de la fórmula de los Foros, muchos militantes que ya habían participado en varios se cuestionaban sobre el tipo de transición hacia el acto político al que podían dar lugar para lograr el advenimiento de «otro mundo posible». Por otro lado, presenciamos la subida al poder en América Latina de gobiernos surgidos de movimientos populares que de manera concreta implementaban con altas y bajas, por supuesto, políticas de ruptura con el neoliberalismo, como las que se habían planteado en los Foros. Para las categorías más pobres, estas políticas sentaban los cimientos de otro mundo posible, empezando por el acceso de todos a la educación y a la salud.

En varios componentes del movimiento altermundialista, para los que cualquier «poder» es fatalmente sospechoso y debe por ende ser mantenido a distancia, la cuestión de la postura que se debía adoptar ante estos gobiernos fue y sigue siendo fuente de confusión. Para la asociación «Mémoire des luttes» (Memoria de las Luchas) cuyos dirigentes desde el año 2000 estuvieron entre los organizadores del primer FSM y participaron activamente en todos, y para la revista *Utopie critique*, había llegado la hora de instar a unos y a otros, a sacar la cabeza de la tierra y mirar de frente al nuevo contexto internacional.

Para esta nueva etapa de la lucha mundial contra el neoliberalismo y con miras a la elaboración de un «Manifiesto para un socialismo del siglo XXI», las dos estructuras organizaron, el 26 de enero de 2008 en París, un coloquio titulado «Altermundialismo y post-altermundialismo». La «y» de este título es importante. Se trata de una «y» y no de una «o». Lo que significa que el post-altermundialismo, que se caracteriza por la búsqueda de nuevos espacios y de nuevas formas de articulación entre movimientos sociales, fuerzas políticas y gobiernos progresistas, no sustituye el altermundialismo, que está muy lejos de haber agotado sus virtualidades. Sencillamente constituye una distinción posible e incluso indispensable.

Los Foros conservan toda su importancia como espacios y procesos sometidos a las reglas de la Carta. Es paradójico que su éxito inicial haya sido el que contribuyeran a la acumulación de fuerzas que aspiraban a configuraciones más provechosas. Sin lugar a dudas serán más restringidas, en un principio, pero estarán más a tono con el proceso de transformación social que está en curso. Configuraciones, repitamos, que se establecen paralelamente a los Foros pero no contra ellos en verdad.

La lectura de las alocuciones pronunciadas en el coloquio, incluidas las que comparten los análisis de Mémoire des luttes y de *Utopie critique*, permitirá, así lo esperamos, comprender mejor lo que mañana podrá ser el post altermundialismo.

Altermundialismo y post-altermundialismo

Coloquio Internacional

París, 26 de enero de 2008

Llamamiento final

El coloquio «Altermundialismo y post-altermundialismo», organizado en París el 26 de enero de 2008 por la Asociación Memoria de las Luchas y la revista *Utopie critique*, con la participación de varios miembros del Consejo Internacional del Foro Social Mundial, permitió establecer un primer balance de los importantes logros, pero también de los límites que afectan al movimiento altermundialista y los Foros Sociales a 10 años de su inicio; mientras que la globalización neoliberal, con su nuevo orden imperial, continúa, a pesar de su crisis de legitimidad, dominando la marcha del mundo.

Teniendo en cuenta las actividades a desarrollar en los meses y años venideros, en ocasión del Foro Social Europeo de septiembre 2008 en Suecia y del Foro Social Mundial de Belem en enero de 2009, hay que señalar de forma prioritaria la capacidad del movimiento de extenderse hacia nuevas áreas geográficas y nuevos actores sociales a quienes le facilita establecer nuevas alianzas. Tal extensión fortalece la resistencia planetaria a las políticas neoliberales de desarticulación social y destrucción ambiental, y contribuye a denunciar el guerrerismo de los Estados Unidos y sus «aliados» como instrumento de preservación de su hegemonía imperial. Esta resistencia se hace más urgente con el estallido de la crisis financiera internacional sistémica que toca los fundamentos mismos de la globalización neoliberal.

Los límites del movimiento altermundialista y de los foros sociales atañen a su propia naturaleza: ellos son espacios y procesos donde se encuentran organizaciones y redes que tienen objetivos muy variados. Tal diversidad es fuente de riqueza, pero también factor de diferenciación a nivel de estrategias y de alianzas. Se trata de una cuestión clave para este movimiento: aunque la mayoría de sus componentes estén de acuerdo sobre la autonomía de los actores sociales en relación con la esfera política, y también concuerdan en su oposición al sistema social dominante, no están necesariamente de acuerdo acerca de la manera de cambiar el sistema, y tampoco sobre el contenido del sistema destinado a sustituirlo. La consigna «otro mundo es posible» deja las configuraciones de este «otro mundo» en el estado de preguntas abiertas.

Por su lado, Memoria de las luchas y *Utopie critique* se dedican a la elaboración de un «Manifiesto para el socialismo de siglo xxi» que no separa la emancipación individual y la emancipación colectiva, el imperativo ecológico, la soberanía popular, la realidad (ocultada) de la lucha de clases y el arraigamiento de la democracia. Es decir, que rechaza al capitalismo. Memoria de las luchas y *Utopie critique* aspiran a integrar los aportes de quienes, a través del mundo, comparten sus objetivos. En reciprocidad, les someterán sus propuestas. Las resistencias a las políticas neoliberales y los procesos de transformación social en curso, especialmente en América Latina –principal grieta introducida en la hegemonía ideológica y política del modelo dominante– son experiencias a tomar en consideración.

Dichos procesos tienen una singularidad: son promovidos por movimientos sociales y por fuerzas políticas cuya articulación inédita les permite consolidarse y renovarse mutuamente. Prolongando su acción, algunos gobiernos progresistas están poniendo en práctica varias medidas propuestas por organizaciones altermundialistas y se fijan unos objetivos que coinciden con los que ya fueron adoptados por varias agrupaciones del movimiento altermundialista, por ejemplo los objetivos enunciados en *El Manifiesto de Porto Alegre* en enero de 2005 y en el *Llamado de Bamako* en enero de 2006.

Estas configuraciones emergentes constituyen una base de apoyo para hacer un nuevo paso en la construcción de una estrategia de transformación global. En el respeto de la autonomía de cada uno, toca encontrar nuevos espacios y nuevos modos de articulación entre los movimientos sociales, las fuerzas políticas y los gobiernos comprometidos en el mismo combate. Con eso se daría respuesta a la pregunta, más bien la interpelación, que el presidente Hugo Chávez hizo en ocasión de su encuentro con los representantes de movimientos sociales durante el Foro Social Mundial de Caracas en el mes de enero de 2006.

Al dar este paso post-altermundialista, que llamamos provisoriamente «convergencias socialistas e internacionalistas», no se trata en absoluto de entrar en competencia con el movimiento altermundialista cuya capacidad propulsora no está agotada; más que nunca lo seguiremos apoyando activamente. En cambio, esta iniciativa constituye un entramado al cual podrían unirse un gran número de movimientos sociales.

Proponemos, que esta problemática sea debatida en un taller autogestionado, organizado por Memoria de las Luchas y *Utopie critique* en el marco de las actividades de la red de movimientos sociales euro-latino-americanos *Enlazando Alternativas* en ocasión de la Cumbre Unión Europea/América Latina a desarrollarse en Lima del 15 al 18 de mayo de 2008.

La asamblea del Consejo del Foro Mundial de Alternativas (FMA), que se efectuará en octubre en América Latina, será la oportunidad para profundizar el debate.

Memoria de las luchas, *Utopie critique* y el FMA establecerán los contactos necesarios para que el mayor número de movimientos y partidos, y también los gobiernos a quien le atañe, puedan participar en estos encuentros.

BERNARD CASSEN

Periodista, secretario general del Instituto Francés Mémoires des Luttes, presidente de honor de la Association pour la Taxation des Transactions pour l'Aide aux Citoyens (ATTAC) y su representante en el Consejo Internacional del Foro Social Mundial.

El Tratado de Libre Comercio de América del Norte

ALEJANDRO VILLAMAR CALDERÓN
y ALBERTO ARROYO PICARD

El 31 de enero de 2008, una gran movilización cimbró las calles de la Ciudad de México y de otras 15 ciudades del país (entre 200 mil y 300 mil calcularon los organizadores; «algunos miles» reportó el gobierno). La noticia circuló masivamente por el mundo (356 mil citas en español dieron cuenta en la web, 58 mil en inglés y miles en otros idiomas).

Una vez más, como durante los últimos 14 años, un amplio conglomerado de organizaciones campesinas en alianza con organizaciones sindicales, sociales y civiles de los tres países de América del Norte se movilizó en demanda de la renegociación del Tratado de Libre Comercio de América del Norte (TLCAN) y una nueva política agraria integral.

Esta protesta fue la punta del iceberg en la región. En los Estados Unidos el electorado ha hecho sentir también su descontento por los efectos negativos de dicho tratado, sobre todo en el empleo, al grado que los dos precandidatos demócratas a la presidencia se han comprometido a renegociarlo. En Canadá los pequeños y medianos agricultores y algunos parlamentarios llevan años denunciando sus impactos negativos.

Por su parte, el gobierno mexicano y el pequeño grupo de beneficiarios de dicho acuerdo (tal y como sus pares de los Estados Unidos y Canadá) en lugar de dialogar para encontrar soluciones, sólo responden con el despliegue de una amplia campaña de propaganda sobre los supuestos logros del tratado. Pero la noticia de la movilización fue el golpe ciudadano más difundido, después de la aparición del Ejército Zapatista de Liberación Nacional (EZLN) el 1ro. de enero de 1994, contra el TLCAN y la política oficial.

No es sólo el capítulo agropecuario lo que hay que revisar: hay que repensar la forma de inserción de México en la economía mundial bajo un paradigma distinto al del libre comercio, como lo están haciendo buena parte de los países suramericanos.

El TLCAN ha sido un fracaso; no logró los objetivos planteados por sus promotores. Es cierto que la situación económica y social de México se debe a múltiples factores, incluso previos al TLCAN, pero también que dicho tratado es la expresión jurídica de un modelo social injusto y su normatividad impide aplicar políticas que podrían ir mejorando la situación. Modificar o derogar el TLCAN es una necesidad; con ello no se resolverán todos nuestros males, pero recuperaríamos soberanía para emprender una nueva estrategia de desarrollo nacional con justicia y democracia.

El gobierno propagandiza datos parciales espectaculares que, si bien son ciertos, ocultan el profundo fracaso del modelo económico. Aunque breve y quizá esquemáticamente, pretendemos mostrar, con datos incontrovertibles y provenientes de fuentes oficiales, que el TLCAN no sólo ha sido negativo para la mayoría de los mexicanos, sino que además es un fracaso para el país.

La estrategia económica mexicana en la que el TLCAN es su pieza clave

El objetivo primordial, planteado desde 1982 cuando se transita hacia el modelo neoliberal, es que la economía logre de nuevo un crecimiento acelerado, sostenido y estable. Durante el llamado «milagro mexicano» (desde principios de los años cincuenta hasta finales de los setenta) el Estado mexicano conducía un proyecto nacional de desarrollo basado en la sustitución de importaciones de bienes industriales y agroalimentarios. Fue exitoso ya que logró sus objetivos: crecimiento elevado, estable y sostenido. Hacia finales de los años setenta, esta estrategia se agota. Ciertamente es necesario un cambio aunque, como muestran los hechos, el que realiza el gobierno impulsado por los organismos financieros internacionales no fue el correcto.

Se hizo a un lado el mandato de la Constitución mexicana de promover y conducir un *proyecto nacional de desarrollo*; la nueva filosofía neoliberal fue expresada magistralmente por el negociador en jefe del TLCAN: «el mejor proyecto nacional es no tenerlo y dejar que el mercado modele al México posible». En la búsqueda de aumentar la competitividad se abre la economía a la competencia internacional y a la inversión extranjera. No es malo buscar competitividad pero es un error teórico pensar que la apertura por sí misma lo logrará. El mercado exige competitividad, pero no la genera por sí mismo y mucho menos si el Estado no implementa políticas activas específicas, sino que lo deja todo a las fuerzas del mercado.

El objetivo de la estrategia es el mismo que en la etapa anterior: crecer aceleradamente, con estabilidad monetaria y baja inflación. Para ello: a) abre las fronteras a la libre circulación de mercancías, servicios e inversiones; b) desregula la economía para dejar que las fuerzas del mercado se expresen libremente; c) abre nuevos mercados entrando al GATT y negociando tratados de libre comercio (actualmente

México tiene tratados de este tipo con 50 países) buscando que la demanda externa sea el motor que jale el crecimiento; d) ofrece garantías y privilegios a los inversionistas extranjeros para que sean un motor que impulse el crecimiento.

Resultados

A) Generales

1. México logró un crecimiento espectacular de sus exportaciones (aunque seguimos teniendo déficit comercial) y en la atracción de inversión extranjera directa (aunque una buena parte es compra de empresas ya existentes y también sale inversión de mexicanos al exterior), pero se trata de los medios para lograr un crecimiento acelerado que no llega.[1]

    a) Comparando las distintas estrategias económicas seguidas por México, la tasa media de crecimiento del PIB por habitante durante el TLCAN y en general durante el período neoliberal es la más baja de la historia del México del siglo xx y lo que va del xxi, como puede verse en el cuadro siguiente.

Resultados de estrategias de crecimiento en México		
Período	**Algunas características**	**Tasa media anual PIB x Hab.**
1334-1940	cardenismo	2,53%
1940-1954	primario-exportador	2,90%
1954-1970	sustitución de importaciones	3,41%
1970-1976	Echeverría	2,25%
1976-1982	exportación petrolera	3,81%
1982-2007	neoliberal: exp. manufacturas	0,76%
TLCAN	neoliberal: exp. manufacturas	1,62%

Fuentes: De 1921 a 1975, cálculo sobre la base de la serie en pesos de 1960: tomado de Leopoldo Solís *La Realidad Económica Mexicana*, Siglo XXI, pág. 92. De 1970 a 1982, cálculo sobre la base de la serie en pesos de 1980: tomado de INEGI BIE. De 1981 a 2007, cálculo sobre la base de la serie en pesos de 1993: tomado de INEGI BIE. Cuando fue necesario, se homologaron las series basadas en pesos constantes de distintos años.

---

[1] La explicación detallada del por qué el aumento de las exportaciones y la inversión extranjera no se tradujo en crecimiento de la economía y el empleo puede verse en Alberto Arroyo: «El México del TLCAN en el contexto latinoamericano y caribeño», *Integración regional. Los límites del Debate Económico*, Editorial Fundación Heinrich Böll, San Salvador, 2005, pp. 62-97.

b) En realidad hay un decrecimiento real de la economía mexicana. La contabilidad oficial no considera los costos ambientales. El Instituto Nacional de Estadística Geografía e Informática (INEGI) hace un acercamiento al calcular los costos de la degradación y el agotamiento ambiental. Los resultados dan un sorprendente resultado: en promedio, de 1994 a 2004 equivale al 10,3% del PIB;[2] si agregamos este costo, en realidad hay un decrecimiento neto.

c) México, con sus TLC's con 50 países, tampoco logró un crecimiento superior que la mayoría de los países de América Latina y el Caribe. Comparando la tasa de crecimiento promedio del PIB por habitante entre 33 países de los que ofrece información la CEPAL, México obtiene el lugar número 21. Entre 1994 y 2006 México está en una tasa promedio anual de 1,79%, muy por debajo de Trinidad y Tobago (11,3%), República Dominicana (4,57%), y menos que Chile, Perú, Granada, San Vicente y las Granadinas, Cuba, San Kitts y Nevis, Guyana, Costa Rica, Panamá, Nicaragua, Belice, Surinam, Antigua y Barbuda, Barbados, Dominica, Uruguay, Santa Lucía, Bahamas y Ecuador.[3]

2. La inflación se disparó de 1977 a 1988 y aunque de 1989 en adelante fue controlada, no se ha logrado el objetivo de situarla en un nivel similar al de sus principales socios comerciales. Durante el período del TLCAN la tasa media de inflación en México es de 11,68%, en los Estados Unidos de 2,54% y en Canadá de 1,9%. El año de más baja inflación en México es de 3,33%, en los Estados Unidos es de 1,6% y en Canadá de 0,2%.[4]

3. Durante el período neoliberal hubo tres macro devaluaciones: 1976, 1982 y 1995. La última ya con la vigencia del TLCAN. De 1976 a 2007, el precio del dólar ha aumentado 87 200%. Sólo durante el período del TLCAN la devaluación ha sido de 352%.[5]

4. Los efectos sociales negativos son múltiples. Baste decir que el sector de las manufacturas concentra el 85% de las exportaciones totales del país y el 49% de la inversión extranjera directa; entre 1994 y 2007 el sector creció 51,6%[6] y la pro-

---

[2] INEGI. Sistema de Cuentas Económicas y Ecológicas de México, 1993-1999 y 1999-2004.

[3] Cálculos de Alberto Arroyo realizados con información oficial de cada país tomada de la base de datos de la CEPAL (web-sie.eclac.cl/sisgen/ConsultaIntegrada.asp).

[4] Cálculos de Alberto Arroyo basados en el índice nacional de precios al consumidor de cada país proporcionados por la OCDE. Tomados de BIE-INEGI: Indicadores internacionales/otros indicadores de países seleccionados/mensuales/tasa de inflación. Se trata de la inflación anual.

[5] Recordemos que México le quita 3 ceros a su moneda por lo que medido en pesos nuevos pasa de 0,0156 pesos por dólar en 1976 a 10,9475 en 2007. Se trata de la cotización promedio anual del tipo de cambio para solventar obligaciones en moneda extranjera. Tomado de BIE-INEGI: Finanzas públicas e indicadores monetarios y bursátiles.

[6] INEGI. Sistema de Cuentas Nacionales. Tomado de BIE-INEGI: PIB trimestral/a precios de 1993/por gran división de actividad económica/valores absolutos/promedio anual.

ductividad por hora trabajada 79,5%[7] y, sin embargo, hay una pérdida neta del 14,5% del empleo[8] y el costo de la mano de obra para el patrón se redujo 46,6%.[9] Crecimiento y beneficios para unos pocos y pérdidas para la mayoría.

5. La muestra más contundente del fracaso del TLCAN es que en promedio cada año migran a los Estados Unidos 570 148 personas.[10] Se quiere presentar a México como una potencia exportadora, pero el comercio exterior (incluido el petróleo) no significa ingreso de divisas ya que tenemos déficit. En los últimos años la primera entrada de divisas son las remesas que envían los expulsados del país. En 2007 la entrada neta de divisas por inversión extranjera (es decir descontando la de mexicanos en el exterior) es de 17 751 mdd[11] y por remesas de 23 979 mdd.[12]

B) En el sector agropecuario

Los impactos del TLCAN se han combinado perversamente con la ausencia o vacío de una política propia de inserción no dependiente, lo que provoca una disminución de las capacidades productivas autónomas, un proceso de desindustrialización, un control creciente de las empresas trasnacionales en la producción, comercialización y el financiamiento, que terminan imponiendo las orientaciones de las políticas económica, general y sectoriales.

El incendio de la economía y la cultura campesina e indígena

El modelo del TLCAN ha pretendido reforzar el papel de México en la región como productor, exportador y proveedor especializado de mano de obra migrante de ciertas hortalizas, frutas y segmentos de la cadena agropecuaria, a cambio de conso-

---

[7] INEGI: Encuesta industrial mensual. Tomado BIE-INEGI: indicadores de competitividad/ productividad de la mano de obra en la industria manufacturera/anual/México.

[8] INEGI: Encuesta industrial mensual. Tomado BIE-INEGI: sector manufacturero/encuesta industrial mensual/índice/205 clases de actividad económica/índice de personal ocupado/ total industria manufacturera/promedio anual.

[9] INEGI: Encuesta industrial mensual. Tomado BIE-INEGI: indicadores de competitividad/ costos unitarios de la mano de obra en México en la industria manufacturera/mensual/ índice/promedio anual.

[10] Secretaría del Trabajo y Previsión Social. Encuesta sobre migración en la frontera norte de México, tomada de www.stps.gob.mx/inf_sector.htm. El promedio es de 1993 a 2004, que abarca las encuestas disponibles, pero el flujo continúa aumentando.

[11] CEPAL. Base de datos electrónica CEPALSTAT: Estadísticas e Indicadores económicos/ sector externo/balanza de pagos/balance de cuenta financiera. Consultada en websie.eclac. cl/sisgen/ConsultaIntegrada.asp.

[12] Banco de México. Tomado de BIE-INEGI: Sector externo/ingresos por remesas familiares.

lidarlo como importador dependiente del paquete tecnológico trasnacional de los cereales, oleaginosas, grasas, cárnicos y alimentos procesados con mayor valor agregado. Una variante del modelo maquilador en el sector rural (creciente exportador a partir de similar importación de insumos, de tecnología, pero desarticulado del resto de la economía y las necesidades internas).

Los indicadores comerciales generales muestran un aumento de más de 30% en la dependencia o pérdida de soberanía alimentaria (de 10% en 1994 a 47% en 2007). El valor de las importaciones de alimentos provenientes de los Estados Unidos de 1994 a 2007, alcanzó la cifra de 145 mil mdd, provocando un déficit agroalimentario de 22 mil mdd acumulado en ese lapso. Ese déficit tiende a agudizarse, no únicamente por la inundación de masivas importaciones ilegalmente subsidiadas y vendidas a menor precio de su costo de producción (mercancías con un promedio de entre 30 y 40% de *dumping,* sustentado y demostrado tanto por organismos civiles especializados, como por gobiernos como los de Canadá o Brasil*),* sino también en la medida que aumenta el precio y el peso de los insumos básicos importados, y el gobierno mexicano no usa ninguno de los mecanismos de defensa existentes tanto en el GATT-OMC como incluso en el TLCAN.

La destrucción deliberada, a lo largo de 20 años, de instituciones y regulaciones para el apoyo a la agricultura y agricultores nacionales, ha desembocado en el control extranjero casi absoluto de insumos básicos y de los precios.

El valor de las importaciones de insumos básicos agrícolas creció entre 1994 y 2007 de manera similar a las exportaciones «exitosas». La importación de semillas creció 280% (370% de semillas de plantas forrajeras; 240% de flores; 330% de vegetales y 220% de frutales); los fertilizantes 302%, los plaguicidas 284%, la maquinaria agrícola 232% (datos calculados a partir de la base estadística del Departamento de Comercio y Agricultura de los Estados Unidos). Los 1 125 mdd de estas importaciones en 2007 significan una ya muy peligrosa dependencia en los insumos, comparable a la mitad de los insumos similares que importan todos los países sudamericanos (2 093 mdd) o dos veces y media lo que importan juntos los países de Centroamérica y el Caribe (411 mdd).

En paralelo se ha propiciado un aumento de las tarifas eléctricas, de agua y crédito, y de los insumos, lo que castiga aún más el costo de producción y el beneficio neto de pequeños y medianos productores. En 2007, los insumos significaron un 50% en el costo de producción de la tonelada de maíz: la semilla mejorada 12% promedio; fertilizantes 9%; plaguicidas 5%; agua 9%; electricidad 12,8% y diesel 2% (datos calculados a partir de información oficial SIAP-Sagarpa, 2008).

En contraste, bajo el TLCAN el gobierno ha mantenido un férreo control de los precios medios pagados al agricultor en el bien salario y de la tasa de cambio del peso a dólar, lo que propicia una pérdida económica neta para el productor. Estas son medidas económico monetarias ligadas con el objetivo político de reducir la población rural y aumentar la acumulación salvaje del modelo de agronegocios industriales, a costa de la destrucción de la economía campesina e indígena y del llamado «capital natural».

El castigo a los 9 millones de productores derivó en la expulsión de 2,5 millones de campesinos tras la caída de la remuneración media anual de 29% (de 5 121 a 3 623 pesos reales) de 1990 a 2004 (datos oficiales divulgados por CEPAL, 2007). Esta expulsión es una de las principales fuentes de la migración rural hacia los Estados Unidos y a las ciudades. Los 24 mil mdd de remesas familiares enviadas en años recientes por los trabajadores migrantes es uno de los mejores indicadores del fracaso laboral interno del modelo TLCAN, que ante la ausencia de un acuerdo regional de trabajo criminaliza al trabajador migrante y frente a la recesión económica lo expone como el eslabón más débil frente al racismo y la xenofobia.

Además, la creciente dependencia amenaza la riqueza de la mega biodiversidad mexicana, la salud pública y las culturas indígenas y rural, por la contaminación de semillas, cultivos y alimentos transgénicos, por la biopiratería de los recursos genéticos, así como por los cambios legislativos a favor de los intereses de las trasnacionales. La profundización de ésta estrategia trasnacional está contenida también en el capítulo de alimentación y salud del TLCAN-*plus*, oficialmente llamado Alianza para la Seguridad y Prosperidad de América del Norte (ASPAN).

Frente a tal agresión, a lo largo de 14 años se han dado protestas múltiples; la más reciente fue la movilización masiva de enero pasado, que presentó al gobierno y a los parlamentarios un pliego de demandas campesinas, obreras y populares («Manifiesto Campesino» y del «Pacto por la Soberanía Alimentaria y Energética, los Derechos Laborales y las Libertades Democráticas»). Las demandas campesinas se sintetizan en la renegociación del capitulo agropecuario del TLCAN y una serie de medidas de cambio en la política interna, entre éstas se destacan la aprobación de una ley de Planeación, Soberanía y Seguridad Alimentaria, un mecanismo legislativo de regulación de las importaciones y exportaciones agroalimentarias, y un giro en la política de desarrollo rural con transparencia y democracia, en el que se incluye modificar el ejercicio del presupuesto público.

La respuesta se ha iniciado con comisiones especiales, tanto en la Cámara de Diputados como en la de Senadores, para promover las reformas legales demandadas y apoyar a los campesinos frente a la insensibilidad política del Gobierno Federal. Más allá de la retórica tradicional, la respuesta presidencial está estancada. Los resultados están en el aire y por esa razón las organizaciones campesinas han apostado al fortalecimiento de la alianza interna de las múltiples y variadas organizaciones campesinas, a incrementar sus relaciones y actividades coordinadas con las organizaciones de pequeños y medianos productores agrícolas de Canadá y los Estados Unidos, así como fortalecer la alianza con los sindicatos y organizaciones populares, a la vez que consideran una serie de movilizaciones en todo el país hasta alcanzar respuesta favorable.

La historia de México ha dado reiteradas muestras de que en el campo se han incubado los grandes cambios políticos. La pérdida del control político en las organizaciones campesinas por parte del sistema político mexicano ha facilitado que en la protesta contra el TLCAN los productores rurales jueguen un papel destacado; ese sistema político arcaico, disfuncional y con muy escasa legitimidad carece de la voluntad política y la imaginación necesaria para construir una salida de cambio político. Es evidente que la iniciativa y creatividad política sigue estando hoy del lado de los contemporáneos desheredados de la tierra.

ALEJANDRO VILLAMAR CALDERÓN

Asesor parlamentario y miembro del Consejo Ejecutivo de la Red Mexicana de Acción frente al Libre Comercio (RMALC).

ALBERTO ARROYO PICARD

Investigador de la Universidad Autónoma Metropolitana y miembro del Consejo Ejecutivo de la RMALC.

historias DESDE abajo

En cada acontecimiento de la historia contemporánea se esconden la guerra de clases, la lucha entre la dominación y la rebelión; entre el poder, la resistencia y la revolución. Cada documento de cultura es un documento de barbarie. Debajo de la superficie, laten y palpitan las rebeldías de los pueblos sometidos, la voz insurrecta de las clases subalternas, los gritos de guerra de las explotadas y los condenados de la tierra.

Esta colección, de autores jóvenes para un público también joven, pensada para las nuevas generaciones de militantes y activistas, se propone reconstruir esas luchas pasándole a la historia el cepillo a contrapelo. La contrahegemonía es la gran tarea del siglo XXI.

Guerra y Revolución en España

Valeria Ianni

La Guerra Civil Española, pelea entre la república y el franquismo, fue una batalla decisiva que significó el último aliento de la Revolución rusa de 1917, y el preludio a la escalada del fascismo y la Segunda Guerra Mundial. Este breve escrito rescata las aspiraciones sociales radicales de los pueblos de España y su brutal represión en manos del franquismo. Da muestra también de los vínculos de la solidaridad internacional que se desarrollaron durante este período.
142 páginas, ISBN 978-1-921235-80-1

La Guerra de Vietnam

Agustín Prina

Una breve narración de la epopeya de Vietnam y sus combatientes. Relata las victorias sobre Japón, Francia y los Estados Unidos; la lucha armada y política de esta pequeña nación y su indoblegable espíritu. Rescata las enseñanzas políticas de Ho Chi Minh y el general Giap. La influencia sobre las juventudes occidentales, en el movimiento antibélico en los Estados Unidos y en el mundo, en el cine, el arte y la cultura, son también revisados en este texto.
188 páginas, ISBN 978-1-921235-79-5

El Nazismo
La otra cara del capitalismo

Patricia Agosto

Breve historia del ascenso y caída del nazismo, el mayor régimen criminal y genocida que ha conocido la humanidad. Ofrece una mirada en profundidad más allá de Hitler. Analiza las causas internas e internacionales que llevaron a la consolidación del nazismo, y hace una radiografía de los grupos que se enriquecieron en medio de los campos de concentración y exterminio. También estudia las fuerzas sociales y de resistencia que se opusieron a este atroz régimen.
192 páginas, ISBN 978-1-921235-94-8

Reunión Latinoamericana del Foro Mundial de Alternativas

FRANÇOIS HOUTART

La idea de crear el Foro Mundial de Alternativas (FMA) nació en Lovaina la Nueva, Bélgica, en ocasión del XX aniversario del Centro Tricontinental, en septiembre de 1996. Estaban presentes Samir Amin (Egipto), Pablo González Casanova (México), Walden Bello (Filipinas), Ernesto Cardenal (Nicaragua), Schafik Hándal (El Salvador), Jean Marc Ela (Camerún), Carlos Tablada (Cuba), Wim Dierckxsens (Costa Rica), Pierre Beaudet (Canadá) y Jean Labbens (Francia) entre otros. La fundación oficial tuvo lugar en 1997 en El Cairo. Samir Amin es el presidente y François Houtart el secretario ejecutivo. Sus dos instituciones claves son el Foro del Tercer Mundo en Dakar y el Centro Tricontinental en Lovaina la Nueva.

La primera iniciativa fue la organización en 1999 de El Otro Davos, una reunión en Suiza de cinco movimientos sociales emblemáticos: el Movimiento de los Trabajadores Rurales Sin Tierra de Brasil, sindicatos obreros de Corea del Sur, cooperativas agrícolas del Burkina Faso, el Movimiento de Mujeres del Québec y el Movimiento de los Desempleados de Francia. Participaron también varios analistas de varios países: Samir Amin (Egipto), Susan George (Estados Unidos), Ricardo Petrella (Italia), Bernard Cassen (Francia) y otros. Se organizó una conferencia de prensa en Davos, en el momento de la reunión del Foro Económico Mundial (FEM), para decir: ¡No! a la concepción del FEM sobre el porvenir del mundo. Poco después se publicó un libro, *El Otro Davos*, con los documentos de esta reunión, que ha tenido 16 ediciones en 14 lenguas, incluidas, el japonés, el chino, el vietnamita, el malayalam, el birmano y el árabe. Eso constituyó una de las fuentes de inspiración del Foro Social Mundial (FSM), a cuyo Consejo Internacional pertenece el FMA.

La publicación de una investigación sobre los movimientos sociales realizada a escala mundial, fue el origen la revista *Alternatives Sud*, órgano del Centro Tricontinental de Lovaina, y también del sitio web del FMA (www.foro-alternativas.org) que recibe más de 250 000 visitas al mes.

Antes del Foro Social Mundial de 2006, celebrado en Bamako, se dedicó un día al examen de 10 puntos claves para la construcción de un mundo poscapitalista. Esos temas fueron discutidos de nuevo en el Foro Social Mundial de Nairobi efectuado en 2007.

En 2008, debido a que el FSM no celebró un Encuentro, sino un Día de Acción Global en múltiples ciudades, se decidió celebrar en Caracas, del 13 al 19 de octubre, una reunión conjunta del Consejo Ampliado del FMA y la red En Defensa de la Humanidad. Esta reunión estará precedida de reuniones preparatorias regionales en Europa (Portugal), Asia (Vietnam), África (Nigeria) y América Latina (Ecuador). En este contexto es que se efectúa en Quito la reunión «De las resistencias a las alternativas», con los objetivos de preparar la participación continental en la reunión mundial de Caracas y comprobar la metodología de trabajo.

En ese evento sesionaron cuatro grupos de trabajo: economía política; integración; movimientos sociales y políticos; y cultura, ética y espiritualidad. De un total de 40 participantes, 12 eran de Ecuador y 28 de otros países de la región. Esta fue una reunión de intelectuales, unos con responsabilidad política, otros con responsabilidad en los movimientos sociales, y otros dedicados a la academia y la investigación. Cada grupo redactó un informe y hay un libro en fase de preparación.

Conclusiones de la reunión latinoamericana del Foro Mundial de Alternativas

Quito, 26 al 29 de febrero de 2008

En América Latina iniciativas nuevas y múltiples tratan de dar respuestas a las necesidades económicas, sociales y culturales de poblaciones profundamente afectadas por décadas de neoliberalismo. Estos esfuerzos son una apuesta para la superación de la crisis generalizada del modelo económico capitalista mundial que fueron el tema de varios encuentros continentales como «En Defensa de la Humanidad», los encuentros sobre la globalización, las reuniones internacionales contra el neoliberalismo y los Foros Sociales de las Américas, entre otros.

El desequilibrio ecológico y el calentamiento global, consecuencia de la sobreexplotación de los recursos naturales, en particular de los recursos fósiles, afecta a todas las regiones del mundo y se siente más intensamente en las zonas más deprimidas y, dentro de ellas, en los sectores empobrecidos.

Hay una crisis financiera que se expresa en la caída del dólar, en la insolvencia de los bancos, en el incremento de la deuda entre otras cosas, que son parte de la crisis del conjunto del sistema de producción y distribución.

Hay crisis del Estado puesto al servicio del capital; hay un cuestionamiento y deslegitimación de gobiernos, de partidos políticos y de construcción de espacios y procesos democráticos; problemas sociales que desembocan en la exacerbación de la violencia como método de la solución de los conflictos cotidianos; desorientación cultural, producto de la hegemonía de una cultura occidental de progreso sin límite y excluyente, que provoca desesperanza, visiones fatalistas y la emergencia de fundamentalismos religiosos. Se puede añadir a todo esto que la mayor parte de los medios de comunicación son dominados por los intereses del capital y sirven como instrumentos de deformación de la conciencia.

La guerra es el instrumento que el sistema capitalista no duda en utilizar para apropiarse de los recursos naturales en particular energéticos, como en Irak y Afganistán o para resolver las contradicciones internas no descartando el uso del arma nuclear. La región no está al margen de esta estrategia geopolítica que aún repercute en una crisis militar.

Está claro que se trata de una crisis estructural y no solamente coyuntural, una crisis de modelo de desarrollo de tipo civilizacional que exige un replanteamiento de parámetros, al cual la lógica del capitalismo no puede responder.

Se requiere construir en la práctica y la teoría un poscapitalismo, es decir, el socialismo sobre la base de principios que incluyen el uso sostenible de los recursos naturales y su apropiación social, el predominio del valor de uso, es decir, las respuestas a las necesidades de la gente, sobre el valor de cambio, la democracia generalizada a todas las relaciones sociales, políticas, económicas, culturales, de género y la multiculturalidad, permitiendo a todas las culturas, saberes, filosofías y religiones, dar su aporte propio a la construcción social nueva.

En América Latina las resistencias al modelo han sido y son numerosas. Se encuentran en todos los sectores populares: campesinos, obreros, pueblos indígenas, afrodescendientes, mujeres y jóvenes. Se encuentran nuevas expresiones de tipo cultural: en la literatura, en la música, en el arte y en la religión con una relectura de la Teología de la Liberación. Grandes convergencias de las resistencias se han manifestado frente al ALCA y a los Tratados de Libre Comercio. Estas convergencias se han expresado en los distintos Foros Sociales.

El hecho nuevo es que en la región se pasó de las resistencias a la búsqueda de alternativas que se expresa en la construcción de nuevas institucionalidades a través de los procesos de Asambleas Constituyentes; el desarrollo de procesos de integración como la Alternativa Bolivariana para los Pueblos de Nuestra América (ALBA), los trabajos articulados de las redes y los instrumentos de comunicación como Telesur y el Satélite Simón Bolívar. Varios aspectos de la experiencia latinoamericana ayudan a entender cómo la lógica del capitalismo puede ser confrontada para entrar en un proceso de transición al socialismo. Son procesos diversos, con actores múltiples que se enfrentan a oposiciones radicales en función de intereses de clases o de grupos dominantes. Encuentran, como todos los procesos sociales dificultades de organización, de orden cultural, éticas e ideológicas. Son procesos dialécticos que exigen determinación, realismo, estrategias concretas, pero sobre todo claridad de visión.

Con el objetivo de profundizar se hacen necesarias dimensiones económicas, sociopolíticas y culturales del proceso como un paso dentro de la dinámica de cambio.

I – Dimensión económica

A – La crisis del capitalismo y su superación en América Latina

1- El capitalismo mundial está sumergido en una crisis sistémica muy grave

Con el neoliberalismo el sector productivo tiende a crecer cada vez menos; el sector financiero especulativo se volvió dominante y es el centro de la crisis económica, financiera, política social, militar y cultural actual. A la vez estamos próximos al tope de la producción mundial de petróleo y el agua y los recursos minerales se tornan recursos cada vez más escasos. Por otro lado, está presente una competencia entre biocombustibles y alimentos por el uso de la tierra, lo cual encarece la producción de estos últimos.

Las mayores reservas de recursos naturales se encuentran en el Sur y son ferozmente disputadas por los países dominantes, lo que ya generó guerras que tienden a ampliarse a otras regiones del planeta. Por tal razón, para protegerse de la crisis, es necesario que los países latinoamericanos reivindiquen la soberanía sobre sus recursos naturales, que tienen un peso determinante en la economía mundial y en su propia sobrevivencia.

La actual crisis económica financiera está acompañada además por una crisis ecológica y de recursos naturales. Estos no son suficientes para atender el actual estilo occidental de vida; actualmente el 20% de la población mundial, concentrada en el Norte, consume el 80% de los recursos naturales.

Hay una distribución extremadamente desigual de la riqueza y la renta, alimentada por un flujo permanente del Sur al Norte. Es necesario un proceso de redistribución de la misma en función de los países pobres y los sectores populares.

El siglo XXI es un período de agotamiento de las reservas de las materias primas, y esta realidad configura una nueva situación y un problema muy grave para la humanidad. Los precios ascendentes de los minerales conducen a una deformación de la estructura económica de los países poseedores de esos recursos. Por otro lado, la tasa de inflación de los productos agrícolas es hoy el doble de la tasa de inflación general.

Con la imposición del modelo neoliberal, la corrupción vinculada al poder se ha convertido en una forma de apropiación de recursos que degrada la funcionalidad del sector público. Esta desestructuración del Estado implicó la descomposición generalizada a todos los niveles de la sociedad. La corrupción forma parte de la lógica económica de las transnacionales y las élites, al tiempo que su acción en las economías periféricas, al priorizar la acumulación de ganancias, distorsiona las funciones racionales de la economía en cuanto a la provisión de bienes, servicios y empleo para sus respectivas sociedades y lesiona la renovación de los recursos naturales.

2- ¿Cuáles pueden ser los pasos que se pueden dar en América Latina para amortiguar la crisis?

A los países latinoamericanos no les conviene más tener sus reservas internacionales en dólares. Sin embargo, las monedas de todos los países están pegadas al dólar. Esto es una fragilidad estratégica, ya que hoy el dólar está perdiendo su papel de reserva internacional. Actualmente, la gran mayoría de ellas se encuentran en bonos de los Estados Unidos recibiendo intereses bajos, mientras la deuda externa latinoamericana se paga a tasas de interés mucho más altas. Es recomendable diversificar y cambiar de moneda de referencia.

El alza de los precios de los alimentos básicos es una tendencia a largo plazo. La importación de alimentos, a menudo transgénicos, es un fenómeno preocupante cada vez más generalizado. Ante una crisis es fundamental garantizar la soberanía y seguridad alimentaria.

La nacionalización y control soberano sobre los recursos naturales, ha resultado un proceso muy difícil en el pasado reciente. La profundización de la crisis internacional puede brindar una mejor oportunidad para la nacionalización y socialización de los mismos. Ante una crisis más profunda, el control sobre los precios de los recursos naturales podría favorecerse mediante un acuerdo de precios Sur-Sur, siguiendo el ejemplo de la OPEP.

La profundización de la crisis actual es una oportunidad de desconectarse de las políticas neoliberales y de (re)conectarse con las necesidades y demandas populares y orientar la economía hacia un desarrollo autocentrado y no basado en el fomento de las exportaciones. Asimismo, es una oportunidad de recuperar el control sobre los flujos financieros, en particular sobre los capitales especulativos, para reducir la vulnerabilidad de nuestras economías.

3- ¿Qué es posible hacer?

Los países latinoamericanos deberían desarrollar una mayor reflexión sobre la necesidad de crear una moneda única regional. Asimismo, es necesario impulsar la creación de un sistema multilateral de pagos que favorezca los intercambios, para lo cual se requiere crear una nueva arquitectura financiera regional.

La integración latinoamericana no se puede tratar en abstracto sino en concreto, y no se debe posponer. La integración que propugnamos es la unión de los pueblos, no de los mercados, construida desde los intereses populares, no sólo desde los aspectos económicos, sino a partir de la totalidad de la sociedad. Si no cambia el carácter del Estado, la integración será siempre en beneficio del capital. El tema del Banco del Sur hay que plantearlo en esos términos: saber a quién va a beneficiar y para qué.

Los gobiernos deben priorizar políticas que busquen salvaguardar las reservas naturales y utilizarlas para atender las necesidades de la población. Es decir, recuperar el campo para preservar la soberanía y seguridad alimentaria así como los recursos naturales.

Debemos construir una sociedad que sea sustentable con la naturaleza, las necesidades humanas presentes y futuras, con una ética solidaria, definidas desde los sectores populares, teniendo como fin la construcción de una sociedad socialista basada en valores de solidaridad, libertad, democracia, justicia y equidad.

Ante la crisis, inviabilidad y contradicciones del sistema existente, se requiere de una ruptura pronta y profunda con éste, así como el replanteamiento y construcción de nuevas alternativas y la profundización de las que están en marcha tales como el ALBA, el Banco del Sur y Telesur.

B – La Integración Latinoamericana como forma de respuesta

1- La Crisis

La crisis capitalista abre un espacio de oportunidades para los pueblos de América Latina y la orientación que tomen los procesos de integración dependerá de la acumulación de fuerzas sociales y políticas que se alcance.

El período de crisis parece ser mucho más fuerte de lo que se creía. Es un período de crisis de transformaciones cualitativas de las estructuras del sistema de los últimos 30 años. Se instaló un esquema de competencia basado en bajos salarios, con deslocalización de las transnacionales que permitió la aparición de China como actor fundamental.

En los Estados Unidos hay ya una crisis de solvencia de los bancos, están fracasando los instrumentos de salvación y se avizora una recesión con fuerte impacto social. Ese país tiene menos mecanismos y menos capacidad para hacer recaer el peso de sus crisis en sus rivales y competidores.

La novedad consiste en la incertidumbre sobre el papel que podría jugar la semiperiferia en una compensación parcial de la crisis, en un escenario de ascenso de países semi-periféricos asociados con grandes empresas trasnacionales. Esos países se han ubicado en la nueva división internacional del trabajo; unos con producción de salarios bajos y otros aprovechando el ciclo de ascenso de las materias primas.

Es una crisis planetaria por las consecuencias devastadoras sobre el medio ambiente pero cuyo impacto recae primero en los países del centro y no solo en la periferia. El grado de alcance de la crisis (de desaceleración o de recesión profunda) y la forma en que se dilucide va a ser determinante para el curso que tome la integración, tanto al interior de América Latina y el Caribe, como en sus relaciones con el resto del mundo. La crisis puede concluir consolidando la hegemonía capitalista en sus diversas versiones haciendo uso de la fuerza militar, legitimada en la política de seguridad nacional, como sucedió al terminar la crisis de los petrodólares con una contraofensiva trasnacional, con la de la deuda y los ajustes neoliberales; o con el fortalecimiento de los procesos de cambio en los países de América Latina y el surgimiento de formas alternativas de integración y de unión de los pueblos.

2- Los pasos y los desafíos

Toda crisis busca el reacomodo de la fuerza. La pérdida de dominio de los Estados Unidos y el estancamiento de las negociaciones en la OMC, revive actores en la lucha por la hegemonía.

El correlato de esta crisis de libre comercio, es también el agotamiento de las políticas neoliberales más crudas de los años noventa. Algunos gobiernos como los de Uribe, Calderón y Alan García mantienen esa política, y gobiernos que no tienen ese rostro derechista como Chile, mantienen una política neoliberal de desigualdad social y privatizaciones. Esta línea de los noventa está en crisis; sin embargo, en algunos países, a pesar de haber habido cambios políticos importantes, se mantienen rasgos fundamentales del modelo.

A la pérdida de fuerza de los Estados Unidos para imponer su proyecto, se le suman las experiencias de lucha de resistencia de los pueblos enfrentados a la ofensiva de ajustes neoliberales y en defensa de sus territorios y recursos, en época de escasez de los combustibles fósiles junto a la destrucción ambiental.

En este contexto, los proyectos de integración económica de los años sesenta, Asociación Latinoamericana de Libre Comercio (ALALC) y Pacto Andino, reconvertidos en los subregionales MERCOSUR y Comunidad Andina de Naciones (CAN), que surgieron acoplados a la expansión instrumentada por los ajustes neoliberales, comienzan a perder su fuerza original.

La lógica de la integración económica hemisférica de inserción a la economía mundial trasnacional, que quedó fragmentada, podrá ser reorientada y adecuarse para mantener los mecanismos de dominación. La crisis sistémica puede permitir cambios radicales y la emergencia de otra lógica de integración comandada por la unión de los pueblos.

El MERCOSUR, a pesar de las limitaciones estructurales, sigue avanzando. Debe reconocerse que el marco institucional flexible del MERCOSUR admite la disputa entre diferentes concepciones de integración. Continúa el debate sobre el ingreso de Venezuela y el eventual ingreso de Bolivia.

Pero más allá de eso, es evidente que el MERCOSUR se fortalece económicamente por excedentes comerciales, acumulación de reservas internacionales, datos evidentes del fortalecimiento de los sectores dominantes en América del Sur. Un actor fundamental de este proceso son las translatinas, que expresan una nueva modalidad de asociación internacional de clases dominantes con intereses propios y con nexos importantes en la región. El correlato de esta fisonomía social, cuya perspectiva va a depender básicamente de Brasil, que es el país que le dará o no hegemonía a esto, dependiendo de si las élites de Brasil apuestan o no apuestan a un proyecto regional.

La crisis en la que entra la CAN, a partir de la denuncia del tratado por Venezuela en abril de 2006 y de las diferencias políticas entre Perú y Colombia, de un lado, y Ecuador y Bolivia, por otro, agravado por los TLCs de Perú y Colombia y la negociación con la Unión Europea, la mantienen en un terreno inactivo, buscando sobrevivir mediante el ingreso de Chile y la propuesta de que la Unión de Naciones del Sur (UNASUR) se constituya de la convergencia institucional de la CAN y el MERCOSUR.

UNASUR se debate entre constituirse sobre un tratado radical, como el propuesto en la Cumbre de los Pueblos en Cochabamba (diciembre de 2006), con la presencia protagónica de los sujetos sociales y políticos o de fundarse sobre la convergencia institucional de CAN y MERCOSUR, favorables al proceso de expansión capitalista, con una agenda encabezada por el IIRSA (Iniciativa para la Integración de la Infraestructura Regional Suramericana) que es el único acuerdo firmado entre los 12 países que incluye más de 500 megaproyectos con un costo de más de 400 000 millones de dólares, como proyecto de interacción física que tiene como fin principal facilitar la extracción de la riqueza productiva latinoamericana con la intención de trazar una nueva geopolítica del espacio.

3- Las Propuestas

América Latina tiene ante si tres opciones de integración internacional que tendrán profundas implicaciones económicas, políticas y sociales en el futuro del continente.

• La profundización de la neocolonización basada en acuerdos de libre comercio y de protección de inversiones con los Estados Unidos y sus satélites.

• La apuesta a un neodesarrollismo capitalista, como lo realizan Brasil y Argentina en el MERCOSUR.

• Inscribirse en los procesos con horizonte socialista en el ALBA.

La integración por la Unión de los Pueblos es la que esboza el ALBA. El ALBA es un proyecto político y soberano que sustituye los principios de competencia y libre comercio por la ética de solidaridad, persiguiendo la complementariedad productiva y el intercambio compensado. Las propuestas de integración del ALBA se nutren de la cultura colectiva de los pueblos originarios revalorando el «vivir bien» frente al «vivir mejor». El ALBA se fortalece con los Tratados de Comercio entre los Pueblos (TCP). El ALBA propone integrar las capacidades humanas junto a las riquezas territoriales para satisfacer necesidades de producción y reproducción de la vida. Hoy lo impulsan con una clara voluntad política antimperialista, Cuba, Venezuela, Bolivia y Nicaragua. Al ALBA se incorporan movimientos sociales a través de convenios de cooperación social.

La elaboración política de los convenios del ALBA ha exigido discutir dos grandes problemas de la agenda latinoamericana: las nacionalizaciones y las finanzas.

- La nacionalización de los recursos naturales es un tema latinoamericano; depende de la decisión soberana de cada país pero es clave para la utilización productiva. La nacionalización no es solo la antítesis de REPSOL, de la vieja PDVSA, también es la antítesis de la PETROBRAS actual o de PEMEX. No se trata de que la empresa sea formalmente estatal como PETROBRAS, pero que con sus acciones limita el alcance de la política soberana de Evo Morales. Necesitamos nacionalizaciones genuinas al servicio de los intereses del proyecto popular latinoamericano.

- Las finanzas: el problema de la deuda no ha desaparecido como tema importante para ciertos países, aunque no con la relevancia inmediata que presentaba en las décadas pasadas. Pero es como un cáncer en potencia; no hay que olvidar que antes de la crisis de 1982 no aparecía como problema y de repente estalló. Mientras la deuda persista constituye un peligro.

Otro problema es la discusión sobre el Banco del Sur. Tenemos que darle seguimiento al perfil que vaya adoptando el Banco. Hay bancos muy importantes como el Banco Nacional de Desarrollo Económico y Social (BNDS) de Brasil, estatal, que por su peso es casi un Banco del Sur y lo que hace es financiar a las multinacionales. No podemos llegar a tener un Banco del Sur que financie a las transnacionales. Uno de los peligros que corre el Banco del Sur es el de contribuir a la reorganización de la arquitectura financiera continental en términos favorables a resolver la crisis de los poderosos y no de los pueblos.

Aprovechar la oportunidad que genera la crisis del capitalismo y los avances políticos en Latinoamérica para dar pasos hacia la transición al socialismo. Un proyecto de integración plena, socialista, tiene muchos puntos en común con los principios del ALBA pero va más allá. Lo central es la vida en común con la naturaleza, la reducción creciente de las desigualdades sociales y el respeto por los proyectos pluriétnicos y multiculturales, en un mundo sin explotados ni explotadores. Los proyectos populares avanzan en la medida en que se hacen reales las reformas sociales que le dan legitimidad. Un aporte interesante desde Latinoamérica para el Foro Mundial de Alternativas es destacar que en nuestra región está surgiendo una variedad de alternativas al calor de las rebeliones populares que han permitido desarrollar una importante conciencia antineoliberal, antimperialista y anticapitalista en el rumbo al socialismo.

II – Dimensión sociopolítica

A – La situación en nuestro continente

Se abre un nuevo proceso histórico en América Latina, caracterizado por acontecimientos que cuestionan radicalmente la vigencia del modelo neoliberal y que abren la posibilidad de cambios profundos. Vivimos un período de transición que combina la lucha contra el neoliberalismo, el capitalismo y el imperio en una búsqueda original por construir alternativas poscapitalistas y socialistas.

Atravesamos una coyuntura de cambio que presenta elementos y procesos diversos que oscilan «entre lo que no puede dejar de ser y lo que todavía no es». Los movimientos sociales y organizaciones políticas en sus diversas formas son los protagonistas indiscutibles de la historia regional contemporánea, en la que están en juego la configuración del Estado y su institucionalidad, el ejercicio de una ciudadanía que incluya a sectores históricamente excluidos, la convivencia inter y multicultural, y la democracia.

El proceso de resistencia y lucha en nuestro continente tiene diferentes tiempos y ritmos. De un lado, están los países donde se están produciendo reformas radicales y transformaciones más profundas; del otro, los países donde los gobiernos progresistas se han quedado en la administración de la crisis, y otros, en donde los movimientos sociales, desde la oposición, desarrollan las luchas contra el imperialismo y el sistema. Esta coyuntura abre expectativas para el triunfo de nuevos gobiernos progresistas en la región.

La presencia de los actores sociales es diversa y configura un panorama extremadamente complejo donde se destaca la acción de los pueblos originarios y movimientos indígenas que han pasado de la reivindicación étnica a la lucha por el gobierno y el poder, de las mujeres y de los trabajadores de empresas públicas estratégicas. Esta participación se combina con el trabajo de los movimientos políticos revolucionarios en diversos sectores. La dirección de las luchas no es uniforme, en algunos casos surge de las bases y desde la transformación de los movimientos sociales en organizaciones políticas; en otros, viene desde arriba, de la iniciativa de los gobiernos.

La combinación de tareas, en el período de transición, de resistencia al imperialismo y al sistema con las de gobierno, ha replanteado la relación entre movimientos sociales, partidos políticos y gobiernos, en algunas ocasiones con temas todavía no resueltos.

El discurso de los actores sociales más fuertes pasó de la defensa de las condiciones de vida, a la defensa de los recursos naturales, a la propuesta de un Estado plurinacional, a la convocatoria a Asambleas Constituyentes.

Los procesos electorales se han convertido en un instrumento para el acceso de las fuerzas populares al gobierno aprovechando estructuras institucionales existentes. La convocatoria a las Asambleas Constituyentes es la apuesta institucional de los movimientos.

El uso por gobiernos progresistas de los excedentes generados por la explotación de recursos naturales para financiar su desarrollo y la cooperación con otros países se ha convertido en una base para la integración regional. Cuba, por su parte, aporta un paradigma de solidaridad apoyando con sus limitados recursos a otros países de la región.

B – Tareas. ¿Qué es posible hacer en función del socialismo o poscapitalismo?

Entre las diversas tareas destacamos las siguientes:

- Dar cuenta de la presencia activa del imperialismo en su fase actual y de los peligros que ello entraña para la humanidad y los pueblos del Tercer Mundo, concretamente para los pueblos de América Latina y los actuales procesos de gobiernos populares o de izquierda.

- Atender a las posibilidades que se abren en la actual coyuntura continental y en cada país a fin de trabajar para articular las luchas de resistencias con los procesos electorales, entendiendo a los gobiernos como instrumentos políticos para profundizar el proceso de cambios y la construcción del sujeto revolucionario, no como un fin en sí mismo. Es importante por ello el papel vital que cumplen las Asambleas Constituyentes basadas en la más amplia participación popular.

- La organización política tiene entre sus responsabilidades y potencialidades la de superar la sectorialidad y sectorialización de las miradas, las luchas y las propuestas y los actores, reconstruir el tejido social (la sociedad) y la conciencia, es decir, lo uno, desarrollar redes sociales, económicas, culturales, y otras.

- La construcción del actor colectivo, fuerza social y política capaz de protagonizar e impulsar los procesos de cambio: articular partidos, movimientos sociales y otras organizaciones, crear frentes políticos y coordinaciones coyunturales. Tener en cuenta el peso específico que tienen los indígenas, negros y mestizos. Considerar también el papel que pueden desempeñar las clases medias. Buscar temas e intereses para incorporarlos a la plataforma alternativa.

- Asumir el lugar central de la batalla cultural, en las distintas manifestaciones y ámbitos en que ella existe y se desarrolla: construcción de subjetividades, imaginarios, ideales, no solo para combatir la hegemonía dominante y dominación sino como medio para la conformación una cultura alternativa, socialista propia. Esto reclama en primer lugar la transformación de nosotros mismos.

- La transformación cultural supone también la construcción de un nuevo pensamiento crítico, y también las vertientes indo-afro-latinoamericanas. Esto implica incluir la descolonización.

- Asumir la formación política como un elemento estratégico central del quehacer político en la actualidad.

- Construir la unidad como articulación de identidades y referencias diversas y múltiples, no como unicidad. Abandonar las relaciones jerárquicas y subordinantes entre actores sociales y políticos y construir una organización horizontal, sin confundir esto con espontaneísmo, ni basismo.

- Apostar a la democracia social popular participativa y desde abajo, como objetivo, y medio. Recuperar derechos, ponerlos en ejercicio y construir una ciudadanía activa, crítica y transformadora que incorpore a los sectores históricamente excluidos de ella.

- Trabajar en el desarrollo permanente del internacionalismo, nutriéndonos de las luchas independentistas y anticapitalistas de los pueblos.

- Tomar a la solidaridad como base de un modo de vida superador del individualismo del mercado capitalista, incorporándola a la batalla cultural y ética por la nueva civilización humana.

- Asumir el socialismo como perspectiva histórica de la lucha por la construcción de una nueva civilización humana, asumiendo la tarea de actualizarlo y revitalizarlo con las enseñazas de las experiencias del siglo xx y las nuevas experiencias de lucha de los pueblos, particularmente latinoamericanos.

En lo inmediato:
- Asumir las tareas de formación política, de cuadros y de base, articulando esta labor estratégica y permanente con la batalla cultural.

- Estudiar y dar seguimiento a las manifestaciones y formas de existencia de las clases y sus luchas en las condiciones actuales.

- Trabajar con los diversos actores políticos y sociales en nuestros países para avanzar en el sentido de estas conclusiones y otros temas que pudieran surgir del trabajo colectivo con ellos.

C – Dimensión cultural

Vivimos un momento de cambios en el terreno económico y político, pero también en el de las ideas y de la cultura. Un campo amplio y complejo por lo general descuidado, cuando no ignorado, por los actores sociales y políticos que luchan por la emancipación de la humanidad.

En este nuevo escenario, con los grandes cambios tecnológicos de comunicación, las migraciones, consumismo, y otros, se está produciendo aceleradamente una fragmentación, desterritorialización e hibridación de la cultura popular.

Frente a esto, se presenta el desafío que exige cuestionar las ideas y prácticas pasadas que han sido superadas, pero rescatando la **memoria histórica y tradiciones**, para vincular las experiencias y legados de las luchas anteriores con las presentes.

Frente a la cultura del sistema económico hegemónico imperialista y su lógica de mercado, hay que promover una «**nueva cultura**» que resignifique lo económico y reconstruya los mercados. Esto implica revalorizar los diferentes espacios de encuentro, y estimular los sentidos de solidaridad y cooperación, lo cual conlleva a una reapropiación de los espacios territoriales por parte de comunidades y distintas organizaciones y movimientos sociales. Por ejemplo, animar las redes para la recuperación de saberes, del sentido de la producción y modos de consumo responsable.

La crisis económica se está convirtiendo en tierra fértil para movimientos milenaristas fundamentalistas, que pregonan la resignación, el fatalismo, constituyendo un obstáculo serio para construir valores y el empoderamiento de ciudadanía.

La democracia liberal está en crisis; su modelo individualizante está colapsado, por lo cual es indispensable tomar en cuenta los derechos colectivos y plantear la plena vigencia de los derechos de los pueblos originarios que históricamente han sido dominados y excluidos bajo un sistema imperante de colonialismo interno.

Existe un mayor reconocimiento de la **diversidad cultural,** y diferentes actividades la promueven y la afirman. Sin la aceptación de la diversidad no se construye identidad. El camino es la unidad en la diversidad.

Hay prácticas cotidianas de nuestros pueblos que se refieren a lo económico y lo cotidiano familiar preservando diversos saberes, tradiciones y modos de relación intercultural. En todos los niveles de la sociedad estas prácticas fomentan una cultura de paz, incluido el aporte **de las artes y los artistas** en la reconstrucción cultural y creación de nuevos sentidos, desde la estética, lo lúdico y la fiesta.

En perspectiva de transformaciones sustanciales, cabe apuntar a una **soberanía cultural**, del cuerpo y del ser, lo que implica desarrollar un nuevo concepto de la soberanía para aplicarlo a la libertad de decisión de las personas, comunidades y organizaciones, no sólo del Estado-nación.

La recuperación de la identidad es un componente sustantivo en la lucha de emancipación. En tal sentido, como un paso histórico de justicia se impone el respeto y reconocimiento de la **identidad indígena y afrodescendientes**, como parte de la reconstrucción de la nación, sin dividirla ni debilitarla. El Estado-nación sigue siendo un punto de unión importante; la lucha por la liberación continúa, pero incluye pueblos indígenas y afrodescendientes, en un nuevo proyecto de identidad, de comunidad, nacional y humana.

El impulso de **autonomías integrales** y desarrollo autocentrado se verá reforzado con la articulación de los diferentes grupos sociales que actúan autónomamente, afirmando su fuerza nacional e internacional.

A los **medios de comunicación** hay que insertarlos en el campo de la cultura aunque es evidente que al mismo tiempo trascienden este ámbito convirtiéndose en un poder político, pues el poder económico los compró y por medio de ellos controla la esfera política. Actualmente, la televisión, la radio y la gran prensa son los lugares donde se disputa el poder político y los sentidos.

En América Latina, las frecuencias radioeléctricas se han distribuido básicamente por dos vías: el amiguismo político, que alimenta la corrupción, y la subasta, que apuntala los procesos de monopolización. Esta ausencia de equidad es la violación más grave de la **libertad de expresión**, pues deja al margen a la sociedad. Una distribución equitativa debe considerar a tres sectores: el Estado (para asegurar un servicio público y plural), la empresa privada (con fines de lucro, pero que cumpla con la responsabilidad social) y la sociedad civil (movimientos sociales, jóvenes, indígenas, afrodescendientes, universidades y otros). Las frecuencias digitales abren la oportunidad para democratizar el espectro radioeléctrico, pero los grupos monopólicos pretenden hacer de ellas un gran negocio.

Se debe prestar una atención particular a Internet, en tanto espacio cada vez más decisivo en la creciente convergencia de medios, tanto para aprovechar las ventajas que ofrece, como para impedir que prosperen los intentos en curso para privatizarla. El abaratamiento de costos que se ha dado con las nuevas tecnologías, es un factor que hace posible desarrollar una capacidad de respuesta consistente, pero si va acoplada a una dinámica de redes.

Los procesos de integración en curso tienen un serio reto en la dimensión cultural, porque las políticas neocolonialistas e imperiales, con su premisa de «dividir para vencer», han cimentado una cultura de animosidad, hostilidad y hasta de rechazo entre nuestros pueblos, lo cual es preciso revertir.

Desde la perspectiva de las alternativas existe el reto de formular propuestas para que la dimensión cultural sea un eje constituyente y constitutivo de los procesos de integración.

Tenemos un espacio de avanzada: el **ALBA**, donde en materia cultural ha definido ya una programación estratégica. Por lo mismo, para el FMA este espacio debe ser un eje de su actuación futura en la región tanto para proponer/cuestionar, como para articular iniciativas. Específicamente, hay que considerar el Fondo Cultural del ALBA, para implementar iniciativas en los diversos países de la región, promoviendo la proyección e integración de las industrias culturales, la distribución y circulación de bienes culturales y la promoción de nuestros valores.

En este ámbito, se debe impulsar y concretar la creación de **Casas del ALBA**, concebidas como espacios de encuentro, información y difusión de ideas y expresiones culturales más diversas, procurando un signo antihegemónico.

FRANÇOIS HOUTART

Sociólogo, sacerdote católico de reconocida trayectoria en el movimiento de la teología de la liberación y profesor emérito de la Universidad Católica de Lovaina, se desempeña como director del Centro Tricontinental (CETRI) de esa universidad y de la revista *Alternatives Sud*, es presidente de la Liga Internacional por el Derecho y la Libertad de los Pueblos, secretario ejecutivo del Foro Mundial de Alternativas y miembro del Consejo Internacional del Foro Social Mundial. Ha escrito más de cuarenta libros.

Una lucha por la transformación integral de la sociedad

NALU FARIA

El 8 de marzo es la principal fecha de la agenda feminista y cada año son más los sectores de los movimientos sociales en general que la hacen suya. Por ello, se ha convertido en parte del calendario colectivo y agenda de los movimientos.

Al mismo tiempo, el mercado trata de capturar el sentido de esa fecha y transformarla en un día más para vender sus productos. Las empresas hacen homenajes, regalan flores, y envían postales virtuales y, lógicamente, realizan propaganda de muchos productos en promoción. Esa ofensiva desea transmitir la idea de que las mujeres ya lo conquistaron todo y que ya no hay más razones para el feminismo. Esto se torna más complejo porque un sector del feminismo tiene un discurso triunfalista que centra sus propuestas en modificaciones legales y normativas. De esta forma, centran su debate actual en el acceso a espacios de poder, pero sin cuestionar el modelo como un todo. Por ello, es fundamental reafirmar y recuperar el sentido histórico del origen del 8 de marzo, vinculado a la lucha de las obreras y socialistas de principios del siglo xx, y actualizar el sentido de las luchas de las mujeres en la actualidad.

Es cada vez más común oír que la vida de las mujeres ha cambiado mucho, que ya lo conquistaron todo. Unido a eso, crece la idea de que las mujeres son más protectoras, hospitalarias, cuidadosas y éticas. Esas características se usan muchas veces como argumentos para decir que las mujeres son eficientes, o inclusive superiores. A primera vista parece algo positivo, como si resultase un contrapunteo a la misoginia que cultiva el odio y la degradación de lo femenino y de las mujeres. Sin embargo, esa visión vincula la maternidad a las habilidades forjadas por las mujeres y fortalece el hecho de que existe una esencia, fijándolas en su papel considerado tradicional. Por consiguiente, sigue sin reconocer que las mujeres están dotadas de inteligencia y razón, tal como los hombres, y vincula sus características a la biología.

El análisis de la historia, o de los datos actuales, muestra que las mujeres han vivido en una posición de desigualdad a lo largo de milenios. Ese esfuerzo permanente por naturalizar la desigualdad entre hombres y mujeres es una característica de la sociedad capitalista.

El feminismo actuó, de forma contundente, para mostrar que esa desigualdad es parte de las relaciones sociales y de la estructura del conjunto de la sociedad. Las relaciones sociales entre hombres y mujeres tienen como base la división sexual del trabajo, superpuesta a la división social e internacional del trabajo. La división sexual separa lo que es trabajo para hombres y lo que es trabajo para mujeres, y también jerarquiza a partir del criterio de que el trabajo masculino vale más que el femenino. Es a partir de esto que se configura la dicotomía entre una esfera pública (producción) y una esfera privada (reproducción) que define el lugar de las mujeres en la sociedad. Tal proceso está basado en una cultura misógina y patriarcal que sitúa a los hombres como superiores y con poder sobre las mujeres.

Las mujeres resistieron y lucharon para eliminar ese orden y tener acceso a la esfera pública, al trabajo remunerado, a la educación, al poder de decidir sobre sus cuerpos, a la participación política y, además, para compartir el trabajo doméstico.

El siglo xx es considerado por muchas (os) estudiosas (os) como el siglo de las mujeres y del feminismo. Eso hace alusión a las profundas transformaciones que ocurrieron en la vida de las mujeres en varias partes del mundo.

Se sabe que muchas cosas cambiaron, otras no cambiaron y algunas se volvieron más complejas. Un ejemplo de esa complejidad es la tensión entre el tiempo de la producción y la reproducción que marca la vida de millones de mujeres. La responsabilidad casi exclusiva con las labores del hogar permanece como un compromiso de ellas, aún cuando se recurre a las soluciones de mercado, contratando empleadas domésticas.

Se pudieran enumerar otras muchas cuestiones que persisten como problemas, tales como los datos alarmantes de violencia, los menores salarios, la baja participación en cargos políticos y la exigencia de la maternidad como un destino.

En los últimos años se vive una paradoja. Por una parte, creció la incorporación del tema de la igualdad de género en los campos normativos e institucionales, a saber, gobiernos e instituciones multilaterales, es decir, existe una institucionalización que tiene en cuenta los problemas planteados durante muchos años por los movimientos de mujeres. Por otra parte, los datos sobre la condición de las mujeres aportan elementos complejos, ya sea en relación a la pobreza y el desempleo, al tráfico y la prostitución, a la responsabilidad de mantener por si mismas a sus familias, así como al aumento de la contaminación por VIH, entre otros. Existe también un evidente retroceso ideológico que va desde los ataques contra el aborto en los países donde está despenalizado, hasta el fortalecimiento de los sectores «pro-vida» y la persecución de las mujeres que recurren a esa opción en los países donde es ilegal. Entre los retrocesos está la expansión de la mercantilización de la vida y del cuerpo de las mujeres, que también está marcada por la dimensión de clase. De un lado, las privatizaciones de los servicios públicos y la disminución del Estado de bienestar, bajo el neoliberalismo, aumentó el trabajo doméstico. O sea, en todo el mundo, sobre los hombros de las mujeres recayó una enorme carga de trabajo, con la disminución de las políticas sociales. Forma parte de ese proceso lo que muchas estudiosas llaman «globalización de los servicios domésticos», que se refiere al gran contingente de mujeres que emigra de los países del Sur hacia el Norte para trabajar como empleadas domésticas.

Otra arista de la mercantilización es la imposición de un patrón de belleza como norma que se debe cumplir de forma obligatoria y que supuestamente se puede adquirir en el mercado. Es por ello que se venden centenares de productos y tecnologías que prometen eterna juventud y el cuerpo perfecto, o sea, el delgado. Esa perspectiva de belleza está vinculada a lo que se puede consumir. Junto a la industria de cosméticos y belleza, otro sector que obtiene grandes ganancias con el malestar de las mujeres, es la industria de medicamentos. Esa industria también vende ilusiones de bienestar y felicidad mientras invade el cuerpo de las mujeres y niega su autonomía.

El otro vértice de la estrategia tiene que ver con el intento de las empresas transnacionales de controlar la tierra, el territorio y la biodiversidad; y ahí choca de nuevo con las mujeres, que históricamente tienen un papel activo en la agricultura, en la selección y preservación de las semillas, en el conocimiento de las plantas medicinales y en la defensa de la biodiversidad.

Todos esos elementos muestran que las victorias no estarán consolidadas mientras no se cambie estructuralmente el modelo. Si observamos las actuales luchas organizadas por las mujeres y el dinamismo de un sector del movimiento de mujeres, es justamente eso lo que encontramos: cada vez más las luchas conectan esas dimensiones diversas. Es decir, la lucha de las mujeres no es sólo una agenda específica que se deba agregar a una agenda macro. Es una lucha de transformación integral de la sociedad y se entiende por eso que no se cambiará la vida de las mujeres mientras no cambie la vida de todas. La propuesta, por tanto, es superar la sociedad capitalista y machista y construir una sociedad socialista que rompa con todas las formas de explotación, opresión y discriminación.

NALU FARIA

Coordinadora de la Red Mujeres Transformando la Economía (REMTE).

Intervención en el XIV Encuentro del Foro de São Paulo

FERNANDO REMÍREZ DE ESTENOZ

Compañeras y compañeros:

Sean nuestras primeras palabras para agradecer al Frente Amplio por la organización de este Encuentro. El Foro de São Paulo se realiza esta vez en un Uruguay diferente: diferente gracias a la histórica victoria del Frente Amplio y a la elección del compañero Tabaré Vázquez a la Presidencia. La Revolución cubana ha contado siempre con el apoyo y la amistad del pueblo uruguayo y especialmente del Frente Amplio. Hoy les reiteramos nuestro saludo revolucionario y nuestra solidaridad en el enfrentamiento a los importantes retos que tienen ante ustedes.

Entre el 2 y el 4 de julio próximos se cumplirán dieciocho años de la celebración del Encuentro de Partidos y Organizaciones Políticas de América Latina y el Caribe, que dio origen a nuestro Foro de São Paulo, una de las primeras respuestas políticas surgidas a contracorriente de la implantación del llamado Nuevo Orden Mundial. Fue seis meses después de la caída del muro de Berlín y un año y medio antes de la desaparición de la Unión Soviética. Coincidía con el apogeo del mito del «fin de la historia» que la izquierda latinoamericana no vaciló en rechazar.

El Foro de São Paulo fue el producto de un cambio de época: fue la reacción de una izquierda latinoamericana y caribeña que transitaba, en parte sorprendida y en parte recelosa, del fin de una época de dictaduras y masiva represión; hacia el inicio de otra caracterizada por una compleja mezcla de incremento y desarrollo de la lucha social, cuestionamiento a la actividad política tradicional, especialmente por los jóvenes, y por primera vez, un reconocimiento institucional a sus resultados electorales.

Durante los primeros años de la existencia del Foro, sus miembros acumularon crecientes espacios institucionales, pero sus candidatos presidenciales no lograban aún vencer las brutales campañas de miedo, promovidas por la gran prensa, controlada totalmente por el imperialismo y la derecha, que vaticinaban el aislamiento, el colapso económico y el caos, si los pueblos intentaban liberarse del insoportable peso del neoliberalismo.

Fue en medio de la más grave crisis económica, política y social que se había desatado hasta entonces en la región que, en diciembre de 1998, se produjo la elección de Hugo Chávez a la presidencia de Venezuela. Luego siguieron Lula, Tabaré, Evo, Daniel y Correa.

Hoy nuestros miembros forman parte del gobierno en trece países latinoamericanos y caribeños, y en una cantidad superior ejercen el control de gobiernos locales y tienen representación parlamentaria nacional. A ellos se suma la reciente elección del presidente Fernando Lugo en Paraguay, que puso fin a más de seis décadas de monopolio del poder ejercido por el Partido Colorado.

Pero, esos éxitos traen aparejados nuevos retos. En las actuales condiciones del mundo, el acceso al gobierno no presupone el ejercicio del poder. Lo nuevo es que la izquierda latinoamericana y caribeña ya no solo le disputa el poder al imperialismo y a sus representantes criollos desde la oposición, sino también desde el gobierno.

También los éxitos de hoy pueden ser reversibles mañana, y por ello debemos dedicar una gran parte de nuestras energías a defender lo conquistado.

La aspiración y la meta es una América Latina y un Caribe libres de cualquier forma de dominación foránea, políticamente unida, y económica y socialmente integrada para el beneficio pleno de los pueblos.

Nuestra reunión se realiza cuando la humanidad atraviesa uno de los momentos más difíciles y complejos de su historia: un mundo con profundas injusticias y desigualdades, con guerras y conflictos; que enfrenta una nueva crisis económica, la cual coincide simultáneamente con una crisis energética, otra alimentaria y con una grave crisis del medio ambiente.

En la Conferencia de las Naciones Unidas sobre Medio Ambiente y Desarrollo, celebrada en Río de Janeiro hace ya 16 años, el compañero Fidel Castro alertó de modo profético que «una importante especie biológica está en riesgo de desaparecer por la rápida y progresiva liquidación de sus condiciones naturales de vida: el hombre»: los años le han dado la razón.

La administración Bush, a pesar de los cientos de miles de muertos y de la destrucción que han provocado sus agresiones a Irak y Afganistán, sigue empeñada en su política de guerras preventivas, disfrazada bajo el pretexto de la lucha contra el terrorismo, cuando sus verdaderos y egoístas objetivos son apoderarse de los recursos naturales del mundo, especialmente el petróleo, y garantizar, mediante la fuerza, su hegemonía mundial.

Las aventuras guerreristas de los Estados Unidos, su enorme gasto militar y sus recetas económicas neoliberales han agudizado los desequilibrios de la economía internacional, de lo cual la escalada vertiginosa de los precios del petróleo es un ejemplo elocuente.

Se ha impuesto al mundo un modelo económico depredador que devora los recursos energéticos no renovables y contamina al planeta. La última expresión de esa política irracional de los gobiernos de los Estados Unidos y Europa es la utilización de los alimentos para producir biocombustibles, lo cual ya tiene consecuencias dramáticas con la elevación de los precios de los alimentos y el aumento del hambre en el mundo.

La pobreza y la desigualdad no son privilegio de la mayoría de la humanidad que vive en las naciones pobres. También en los exclusivos y excluyentes países ricos, la pobreza y los conflictos han crecido.

Nuestro continente es el más desigual del planeta. En él, más de 200 millones de pobres no tienen los recursos elementales para subsistir mientras se desarrollan nuevos centros de consumo con un lujo chocante, demencial y suicida. Adicionalmente, el crimen y el narcotráfico continúan ganando fuerza en sociedades donde campean los asesinatos y los secuestros.

Fracasó el intento del imperialismo norteamericano de imponer en nuestro continente un Área de Libre Comercio de las Américas y ahora prioriza la firma de tratados de libre comercio bilaterales y subregionales, para así lograr por otra vía sus objetivos y afianzar su dominio.

Como respuesta a esa crisis profunda, en la región se vive un nuevo momento de lucha y el movimiento popular latinoamericano ha logrado importantes victorias y avances.

Gracias a la iniciativa de Venezuela, se desarrolla la Alternativa Bolivariana para los Pueblos de Nuestra América.

PETROSUR, PETROCARIBE, TELESUR y el BANCOSUR constituyen proyectos decisivos para el futuro de nuestra región. Estamos convencidos de que ese es el camino, y que nuestros países no tienen otra alternativa que la integración económica.

En Cuba, mantenemos nuestro objetivo de lograr una sociedad basada en la solidaridad humana y no en el egoísmo y las ganancias materiales. Durante los dos últimos años, nuestro pueblo ha ratificado su firme voluntad de mantener y defender la continuidad de la revolución y el socialismo, a partir del ejemplo del liderazgo histórico encabezado por los compañeros Fidel y Raúl y el decisivo rol del Partido Comunista.

Tal y como señalara el compañero Raúl Castro: «en ese empeño tendremos, como meta principal, seguir mejorando nuestro aún imperfecto pero justo sistema social, en medio de la realidad actual, que sabemos en extremo compleja y cambiante, y todo indica seguirá siéndolo en el futuro».

Por ese camino avanzamos, pese al incremento sin precedentes de las agresiones y de la feroz guerra económica por parte de la administración Bush, que ha costado a nuestro país más de $90 mil millones.

Seguimos avanzando también en el desarrollo de nuestra democracia, alentando el debate y la participación de los cubanos en el análisis y solución de nuestros problemas y deficiencias.

Recientemente realizamos elecciones locales y generales en las cuales la Revolución recibió un contundente apoyo y hemos convocado para fines del próximo año el Congreso de nuestro Partido.

Pese a las dificultades que enfrentamos y a las agresiones del imperialismo, continuamos la obra internacionalista y martiana de la Revolución.

Casi 200 000 trabajadores de la salud de nuestra patria han salvado o curado millones de pacientes en varios continentes.

Un millón de latinoamericanos y caribeños han recuperado la visión gracias a la «Operación Milagro».

Tres millones y medio de personas han aprendido a leer y escribir con el método cubano «Yo sí puedo».

En la actualidad estudian en nuestro país más de 30 000 jóvenes de 123 países; de ellos 23 532 cursan la carrera de medicina y hay otros 23 127 estudiantes que se forman junto a nuestras brigadas médicas en el exterior.

Compañeras y compañeros:

Ante el avance de las fuerzas progresistas y de izquierda, el imperialismo y, por supuesto, sus aliados en el continente, adoptan políticas cada vez más reaccionarias, como son la brutal injerencia de Washington para impedir el triunfo de alternativas populares, los fraudes cometidos para despojar a la izquierda de sus triunfos electorales, las campañas de miedo para descalificar a los candidatos progresistas, la criminalización de la lucha social y el aumento de la represión.

La administración Bush continúa organizando y financiando planes subversivos contra los gobiernos de Venezuela y Bolivia, y mantiene su opresión colonial sobre el hermano pueblo de Puerto Rico.

El gobierno estadounidense manipula el tema de las armas de exterminio masivo, cuando es responsable de más de la mitad de los gastos militares del mundo, se retiró del Protocolo de Kyoto, pese a que su país es el responsable de la cuarta parte de los gases y deshechos tóxicos del planeta, y constituye el primer y decisivo apoyo a los crímenes del gobierno sionista contra el pueblo palestino.

En pleno siglo xxi, la administración Bush, además del campo de concentración en Guantánamo, de las cárceles y vuelos clandestinos, ha legalizado la tortura, lo que constituye un acto de infamia, sin comparación en la historia de la humanidad.

Mientras proclama falsamente una guerra contra el terrorismo, el gobierno de los Estados Unidos, protege y apoya a los peores terroristas de nuestro continente, como Luis Posada Carriles y Orlando Bosh, y en violación de las leyes internacionales y de su propia legislación, se niega a extraditar a Venezuela al primero, mientras mantiene brutal e ilegalmente secuestrados a cinco jóvenes cubanos, precisamente por luchar contra el terrorismo y salvar vidas cubanas y estadounidenses.

Gerardo Hernández, Antonio Guerrero, Ramón Labañino, Fernando González y René González, cumplen injustas penas de prisión por defender a su pueblo, y a otros pueblos, del terrorismo.

Esta semana hemos presentado ante la televisión pruebas fehacientes de la vinculación impúdica y directa que existe entre los más connotados grupos terroristas radicados en los Estados Unidos, el gobierno de ese país y su Sección de Intereses en La Habana, y conocidos personajes de la contrarrevolución.

Compañeras y compañeros:

Como respuesta a la ofensiva imperialista en América Latina y el Caribe han surgido y se desarrollan nuevas organizaciones y agrupaciones que incluyen tanto movimientos sociales como indígenas que comparten muchos de nuestros objetivos y con los que debemos ser capaces de articular un esfuerzo común.

Estos movimientos adquieren, día a día, mayor desarrollo y madurez. Junto a ellos debemos marchar unidos los partidos y movimientos políticos de la izquierda.

En nuestro continente como en el resto del mundo, el tema de la unidad de las fuerzas y sectores revolucionarios, de izquierda y progresistas, es decisivo. La división continúa siendo un talón de Aquiles y una debilidad de la que se aprovechan las fuerzas de derecha y el imperialismo.

Una unidad que es fundamental en la lucha por el socialismo, un socialismo diseñado y construido por nuestros propios pueblos.

El momento es de lucha. Hoy debemos intensificar nuestra solidaridad con todos aquellos que combaten y se esfuerzan por un futuro mejor.

En primer lugar, con el gobierno de Evo Morales en Bolivia, que sufre una feroz campaña del imperialismo y la reacción local, que exacerban la amenaza de una fragmentación nacional que afectaría a la gran mayoría de los bolivianos, sin distinción de clase, raza o filiación política, con tal de evitar que en Bolivia se afiance un gobierno que por primera vez representa y lucha por la abrumadora mayoría del pueblo boliviano, que fue excluido, explotado y discriminado por cinco siglos.

También demandan urgente solidaridad:

•   La Revolución Bolivariana en Venezuela, para frustrar una nueva ola de la campaña desestabilizadora;

•   El gobierno de Fernando Lugo que enfrenta una descomunal tarea para responder a las esperanzas del pueblo paraguayo,

•   El Frente Farabundo Martí para la Liberación Nacional, con el fin de neutralizar la injerencia de los Estados Unidos en la próxima campaña electoral en El Salvador y rechazar toda posibilidad de fraude en las elecciones de 2009;

- El movimiento independentista puertorriqueño, que este año librará nuevas e importantes batallas en el Comité de Descolonización y en la Asamblea General de la ONU.

- El pueblo ecuatoriano ante la agresión y violación de su territorio y soberanía; y, tantas otras causas que debemos apoyar.

Como parte del esfuerzo común para incrementar, ampliar e intensificar la imprescindible coordinación y trabajo conjunto de las fuerzas de izquierda del continente, nuestro Partido ha decidido convocar para el mes de enero del próximo año al «Encuentro de Partidos y Movimientos Políticos de América Latina y el Caribe con motivo del 50 aniversario de la Revolución Cubana». Esa será, sin duda alguna, una oportunidad para intercambiar sobre lo que hemos hecho, lo que estamos haciendo y lo que vamos a hacer para defender y desarrollar cada día más nuestro proyecto socialista; y será también un excelente escenario para reflexionar y exponer criterios sobre cuánto y cómo han cambiado el mundo y América Latina y el Caribe desde aquel 1ro. de enero de 1959, y sobre los logros y retos comunes que hoy tenemos como izquierda latinoamericana y caribeña.

Compañeras y compañeros:
Próximamente se conmemora el 80 aniversario del nacimiento del Che. Inspirados en su heroico ejemplo, continuemos su lucha para alcanzar en nuestro continente, un mundo mejor basado en la libertad y en toda la justicia.
  ¡Viva la Revolución!
  ¡Viva el Socialismo!
  ¡Hasta la Victoria Siempre!

Montevideo, Uruguay, 23 de mayo de 2008

FERNANDO REMÍREZ DE ESTENOZ
Miembro del Secretariado del Comité Central del Partido Comunista de Cuba y jefe de su Departamento de Relaciones Internacionales.

Declaración final del XIV Encuentro del Foro de São Paulo

Reunidos en Montevideo, en el XIV Foro de São Paulo, entre los días 23 al 25 de mayo de 2008, con la participación de 844 delegados de 35 países, los partidos participantes declaran:

El XIV Foro se realiza en momentos en que la humanidad se encuentra amenazada por las políticas de una globalización impulsada únicamente en beneficio del gran capital.

La política de guerra preventiva llevada adelante por los Estados Unidos y sus aliados han llevado sangre y muerte a varias regiones del mundo. El imperio pretende por esta vía desarrollar su pretensión hegemónica, frenar el desarrollo autónomo de nuestros países y los procesos de unidad e integración que permitan a nuestro continente una mejor defensa de sus riquezas naturales.

Hoy el planeta se ve amenazado por el profundo deterioro del medio ambiente y el cambio climático, producto de la explotación salvaje de los recursos naturales. Sin embargo los países industrializados se niegan a tomar las medidas acordadas en foros internacionales que impidan continuar por el camino del desastre.

La crisis financiera en los Estados Unidos amenaza, junto con el aumento incontenible del precio del petróleo, con provocar una recesión mundial.

La manipulación y especulación desatada por las grandes transnacionales aprovechando el aumento de la demanda mundial de alimentos, la concentración de la propiedad de las tierras, los monocultivos irracionales, el uso de maíz por los Estados Unidos para producir etanol y el control de las fuentes acuíferas, han provocado una escalada de los precios de los productos agrícolas, que amenazan con sumir a grandes poblaciones del mundo en hambrunas de incalculable alcance.

La situación de América Latina y el Caribe en estos tiempos

«No vivimos una época de cambios sino un cambio de época»

El momento político de América Latina se caracteriza por el continuo avance de las fuerzas políticas y sociales de izquierda, que se refleja en la conquista del gobierno por parte de fuerzas progresistas pertenecientes al Foro. Esto se da en 13 países de América Latina y el Caribe.

Los movimientos y organizaciones sociales y ciudadanas ganan también cada vez más espacio a través de sus luchas en contra de las políticas neoliberales y organizan múltiples movilizaciones y foros desde donde impulsan la permanente presentación de alternativas a los modelos que se han implementado en nuestro continente en las últimas décadas.

Como manifestamos en la consigna de este XIV Foro, las fuerzas progresistas del continente que se encuentran en el gobierno buscan por distintas vías implementar proyectos que, de acuerdo a las características propias de cada país, les permitan encarar los principales problemas que el neoliberalismo ha generado. En todos nuestros países los niveles de marginalidad, pobreza, analfabetismo, la carencia de planes de salud, la violencia estructural, el endeudamiento externo e interno, la falta de cohesión social, la privatización de importantes recursos que se le han quitado a la soberanía de nuestros países constituyen una muy pesada herencia.

En este cuadro, si es innegable la diversidad de proyectos, también es real que todos están contribuyendo al desarrollo, a la afirmación de la soberanía y progreso de nuestros países. Las políticas sociales impulsadas por todos ellos constituyen un primer paso para enfrentar los graves problemas de la región.

Se ha comprobado reiteradamente el fracaso de las recetas de los organismos multilaterales de crédito, como el FMI, el BID y el Banco Mundial, y todos los gobiernos progresistas han emprendido caminos diferentes y al margen de esos dictados.

El bloque conservador se opone a los cambios

El avance de los proyectos progresistas en América Latina está siendo enfrentado por el imperialismo norteamericano y las derechas nacionales, por las empresas transnacionales y por las grandes empresas mediáticas que sistemáticamente cumplen campañas de desinformación.

La ofensiva de la derecha tiene múltiples formas

Han introducido en América Latina el concepto de guerra preventiva y han aumentado la militarización. Es una situación totalmente inédita comandada por los Estados Unidos y que utiliza al gobierno de Colombia como cabecera de puente. El ejemplo más flagrante es el ataque militar perpetrado en el territorio del hermano pueblo de Ecuador. El reciente despliegue de la IV Flota marca claramente el intento de los Estados Unidos de amedrentar a nuestros pueblos y gobiernos.

Las derechas nacionales intentan llevar adelante procesos separatistas en algunos países como Bolivia y Venezuela, a contravía de la historia que en estos momentos es de integración de nuestros pueblos.

Intentan mediante el fraude, como en el caso de México, impedir que nuevas fuerzas progresistas alcancen el gobierno. En 2009, de no cumplirse las recomendaciones de la OEA y otras organizaciones internacionales, se corre el riesgo que ello se repita en las próximas elecciones de El Salvador.

Criminalizan la protesta social y la lucha política de la izquierda

Aún hoy apelan a la privatización de empresas estratégicas, como en México con sus enormes recursos petroleros.

Mantienen en pleno siglo XXI situaciones coloniales como en el caso de Puerto Rico.

Desde este XIV Foro de São Paulo los partidos reunidos en él manifestamos que:

Saludamos al pueblo paraguayo y a todos los partidos y organizaciones sociales que contribuyeron al triunfo de la candidatura del compañero Fernando Lugo, al cual le auguramos éxito y le manifestamos nuestra voluntad de contribuir en todos los aspectos de su gestión.

Lucharemos por garantizar la paz y la estabilidad democrática de la región latinoamericana y caribeña. Por ello rechazamos el Plan Colombia, la Iniciativa Mérida y el Plan Balboa entre otros, que son la punta de lanza de la intervención militar y la injerencia política en la región, y que amenazan a los proyectos de transformación en marcha.

Cerraremos filas para impedir que el concepto de guerra preventiva, que ha bañado de sangre y destrucción a otros pueblos y zonas del mundo, se instale en nuestro continente. En tal sentido, denunciamos que la política antiterrorista de Bush y sus aliados busca criminalizar la protesta social, así como perseguir a los movimientos sociales y políticos que luchan por la transformación de nuestros pueblos. Rechazamos toda forma de terrorismo, pero nos negamos a que se use esa excusa para criminalizar la protesta social y llenar de miedos a la sociedad.

La situación que vive la hermana Republica de Colombia constituye el principal factor de riesgo para la estabilidad y la paz en la región. Por ello debemos extremar nuestros esfuerzos por lograr una salida negociada al conflicto armado, que asegure una paz duradera y evite la generalización del conflicto en la región. El acuerdo humanitario constituye un paso significativo en esa dirección que permite la liberación de los rehenes civiles y militares.

Defenderemos en toda instancia la vigencia de los derechos humanos y la profundización de la democracia constituye para nuestros partidos un objetivo permanente. Nuestro continente ha sufrido miles de desaparecidos y asesinados como consecuencia de su lucha por la libertad, la democracia y en defensa de la justicia social y la paz.

Seguiremos luchando contra el bloqueo que desde hace décadas sufre la hermana República de Cuba. El XIV Encuentro saluda muy especialmente a los compañeros cubanos este año en que estamos en vísperas de conmemorar 50 años de su Revolución. Exigimos, una vez más, la liberación de los cinco patriotas cubanos encarcelados ilegalmente en los Estados Unidos por evitar actos de terrorismo.

Impulsaremos los diversos proyectos de integración que esperamos puedan converger, MERCOSUR, Comunidad Andina de Naciones, CARICOM, ALBA-TCP y UNASUR, y que permitan terminar con la vieja realidad de las venas abiertas de nuestra América: integración que sin ser copia de modelos geocéntricos, refleje la realidad de nuestra región y se constituya en beneficio de nuestros pueblos y como alternativa a la globalización neoliberal.

No habrá destino para nuestros países en caso de mantenernos aislados. América Latina y el Caribe son el continente de la esperanza. Sus riquezas son incalculables pero su inserción en el mundo dependerá exclusivamente de la fuerza y legitimidad que alcancen sus procesos de integración. Los países centrales aspiran a dividirnos para lograr acuerdos de libre comercio en su exclusivo beneficio. Respondamos con la integración.

Saludamos y apoyamos firmemente la creación de la UNASUR, que engloba iniciativas como la del Banco del Sur, como eje de una futura unidad política de los países y los pueblos de América del Sur, y la propuesta de la creación del Consejo Sudamericano de Defensa. Su fortalecimiento permitirá avanzar en la creación de una organización permanente integrada únicamente por los países de América Latina y el Caribe, sin exclusiones.

Expresamos nuestra solidaridad con los procesos que llevan adelante los gobiernos hermanos de Venezuela, Bolivia, Ecuador y Nicaragua; y rechazamos los intentos de desestabilización por parte de los Estados Unidos.

Propondremos impulsar proyectos de desarrollo sustentable que, respetando el medio ambiente, defendiendo la biodiversidad y con el ser humano como centro, aseguren la soberanía alimentaria y el desarrollo cultural de nuestros pueblos.

Como parte de la defensa de nuestras riquezas naturales, expresamos nuestra solidaridad con México en su lucha por preservar sus recursos petroleros.

Apoyamos y defendemos los derechos y reivindicaciones de los pueblos originarios y los afro descendientes, exigimos el respeto de sus tradiciones, saberes y cultura, y la defensa de sus territorios interculturales.

Lucharemos por la democratización de los medios de comunicación, para ponerlos al alcance de toda la sociedad, en particular de quienes nunca han sido escuchados. Declaramos nuestra decisión de luchar por la igualdad social de acceso a la tecnología de la información y a Internet que debe preservar su carácter de bien público global.

La lucha contra el narcotráfico y sus redes requiere de una mirada más integral que incluya la corresponsabilidad de los grandes países consumidores, un enfoque de salud pública y la no criminalización de los cultivos. Luchamos contra la trata y explotación sexual de niñas, niños y mujeres.

La migración es un fenómeno multifactorial. En su expresión económica es una tragedia social y familiar para nuestros países que debe ser enfrentada con políticas públicas de desarrollo social y empleo dirigidas a mejorar las condiciones de vida de nuestros pueblos. Exigimos el respeto irrestricto de los derechos humanos de los migrantes que son violentados en los países receptores, sobre todo en los Estados Unidos, la Unión Europea y Japón. Nos pronunciamos en contra de la construcción de muros y por la libre circulación de las personas.

Continuaremos la lucha por terminar con el fenómeno del colonialismo. Acogemos los procesos de descolonización en el Caribe como prioridad y condición para que prevalezca una verdadera democracia en América Latina y el Caribe. Reiteramos el llamado de apoyo a la libre determinación e independencia de Puerto Rico en base a la resolución 1514 (XV) de la Asamblea General de la ONU.

Nos unimos a los esfuerzos de solidaridad con la autodeterminación e independencia de Puerto Rico para llevar su caso ante la Asamblea General de la ONU a partir del presente año.

De igual manera respaldamos los reclamos de descolonización e independencia de Bonaire, Curazao, Martinica, Guadalupe y Guyane.

Los partidos del Foro de São Paulo agradecen al Frente Amplio de Uruguay la organización del XIV Foro y el cálido recibimiento que ha brindado a todos los delegados.

Ha sido una nueva oportunidad para reafirmar los lazos que unen a los partidos que lo integramos y la vocación de unidad en la diversidad que es nuestra seña de identidad.

En la pluralidad y diversidad del Foro de São Paulo reside el secreto de una larga y fructífica existencia. En su capacidad de «debatir sin herirse, discrepar sin dividirse y polemizar sin dejar de sentirse compañeros», está la garantía de su preservación como un auténtico espacio de socialización de experiencias y de articulación de acciones de solidaridad.

Promoveremos la unidad de las izquierdas y el fortalecimiento de sus organizaciones políticas en todos los países como herramienta importantísima para impulsar los procesos de cambio.

En este sentido, recomendamos también el fortalecimiento de las organizaciones juveniles en el ámbito de los partidos miembros del Foro de São Paulo, incluida la creación de un espacio de articulación propio entre las organizaciones juveniles de los partidos miembros.

Nos comprometemos a redoblar esfuerzos por alcanzar la equidad de género y saludamos los avances alcanzados en esta lucha que se manifiesta en la presencia de dos presidentas en países de América Latina, amplias bancadas femeninas y un importante número de compañeras liderando movimientos sociales.

Al culminar nuestros trabajos en Montevideo dejamos un fraterno saludo al pueblo uruguayo y nos convocamos para el XV Encuentro en Ciudad de México, donde sigamos reafirmando nuestra inquebrantable voluntad de lucha por lograr la definitiva liberación de nuestros pueblos y por el socialismo.

Montevideo, Uruguay
22 al 25 de mayo de 2008

ocean sur
una nueva editorial latinoamericana

oficinas de ocean sur

México: Juan de la Barrera N. 9, Colonia Condesa,
Delegación Cuauhtémoc, CP. 06140, México DF
Tel. (52) 5553 5512   ▪ E-mail: mexico@oceansur.com

Cuba: Tel: (53-7) 204 1324   ▪ E-mail: lahabana@oceansur.com

El Salvador: E-mail: elsalvador@oceansur.com

Venezuela: Tel: (58) 412 295 5835 ▪ E-mail: venezuela@oceansur.com

EE.UU.:   E-mail: info@oceansur.com

distribuidores de ocean sur y contexto LATINOAMERICANO

ARGENTINA: **Cartago Ediciones S.A.**
www.cartago-ediciones.com.ar
Tel: 011-4304-8961
E-mail: info@cartago-ediciones.com.ar

CHILE: **Editorial "La Vida es Hoy"**
Tel: 222 1612
E-mail: lavidaeshoy.chile@gmail.com

COLOMBIA: **Ediciones Izquierda Viva**
Tel/Fax: 2855586
E-mail: ediciones@izquierdaviva.com

CUBA: **Ocean Sur**
E-mail: lahabana@oceansur.com

ECUADOR:
Ediciones La Tierra
(distribución de Contexto Latinoamericano)
Tel: (2) 256 6036
E-mail: ediciones_latierra@yahoo.com

Libri Mundi S.A. (Ocean Sur)
Tel: (2) 224 2696
E-mail: ext_comercio@librimundi.com

EL SALVADOR Y CENTROAMÉRICA:
Editorial Morazán
E-mail: editorialmorazan@hotmail.com

MÉXICO: **Ocean Sur**
Tel/Fax: 5553 5512
E-mail: mexico@oceansur.com

PERÚ: **Ocean Sur Perú**
Tel: 330 7122
E-mail: oceansurperu@gmail.com

PUERTO RICO: **Libros El Navegante**
Tel: 7873427468
E-mail: libnavegante@yahoo.com

VENEZUELA: **Ocean Sur**
E-mail: venezuela@oceansur.com

AUSTRALIA: **Ocean Press**
Tel: (03) 9326 4280
E-mail: info@oceanbooks.com.au

EE.UU. Y CANADÁ: **CBSD**
www.cbsd.com
Tel: 1-800-283-3572

GRAN BRETAÑA Y EUROPA:
Turnaround Publisher Services
E-mail: orders@turnaround-uk.com

www.oceansur.com ▪ info@oceansur.com